DAS NEUE LEGO® IDEEN BUCH

AF639956

TEXT VON HANNAH DOLAN, SIMON HUGO, TORI KOSARA,
JULIA MARCH UND CATHERINE SAUNDERS

INHALT

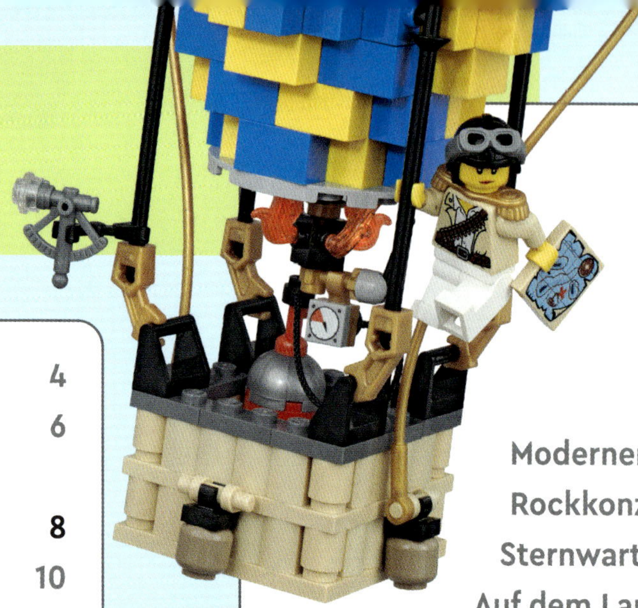

Erlebe eine Ballonfahrt
auf Seite 61.

Beobachte die Sterne
auf Seite 44.

Baue einen Hund auf Seite 105.

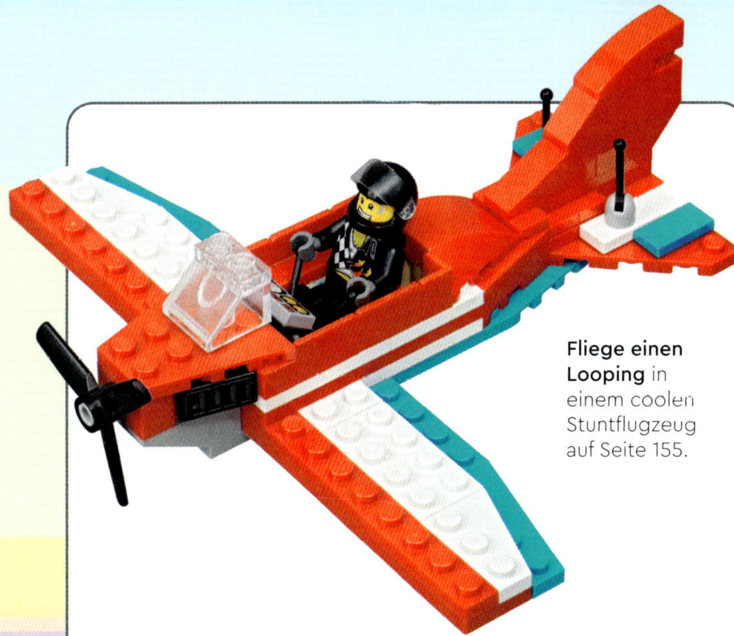

Fliege einen Looping in einem coolen Stuntflugzeug auf Seite 155.

EINLEITUNG

Mit einer Kiste LEGO® Steine und etwas Kreativität kannst du fast alles bauen, was du dir vorstellst! In diesem Buch findest du Hunderte von Ideen, die dich zum Bau toller Modelle mit deiner LEGO Sammlung inspirieren sollen. Hier findest du ein paar wichtige Infos, bevor du mit dem Bauen beginnst.

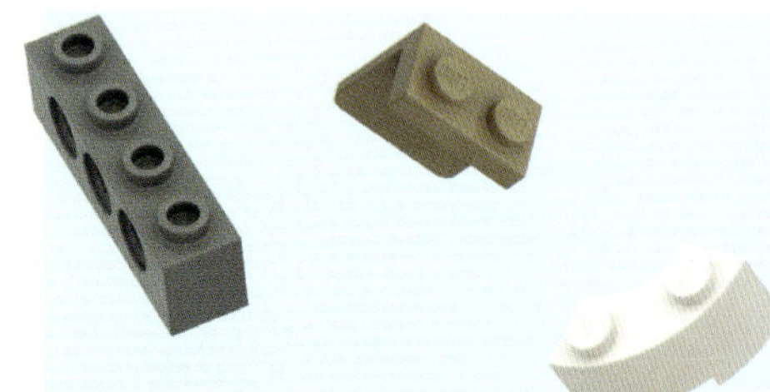

STEIN AUF STEIN

Es gibt Tausende verschiedene LEGO Elemente in vielen Farben. Mehr über Steine und Elemente erfährst du auf den Seiten »Steinarten« und »Nützliche Elemente« am Ende dieses Buchs.

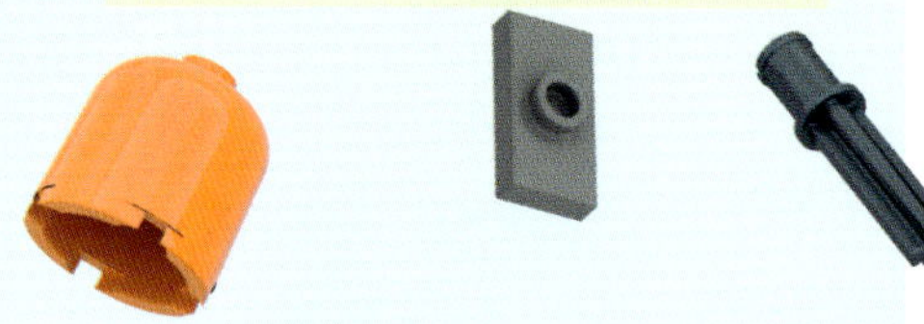

SAMMLE DEINE ELEMENTE

Was brauchst du unbedingt, wenn du bauen willst? LEGO Elemente! Es spielt keine Rolle, wie groß oder wie neu deine Sammlung ist. Die ersten Elemente des LEGO Spielsystems von 1958 passen noch immer perfekt zu denen, die heute produziert werden. Du kannst LEGO Elemente auch gebraucht kaufen, sie mit Freunden und Nachbarn teilen oder in Schulen und Bibliotheken damit spielen.

IDEEN

Alles kann inspirierend sein. Lass deine Fantasie von den Modellen in diesem Buch anregen und baue dann deine eigenen. Anregungen für deine Modelle findest du überall: in der Welt um dich herum oder in Büchern, Fernsehsendungen, Filmen und Spielen.

BAUE ETWAS EIGENES

Die Modelle in diesem Buch sollen nur eine Anregung sein, du musst sie nicht exakt nachbauen. Sei kreativ und baue etwas Eigenes. Ja, vielleicht baust du etwas völlig anderes als das, was du in diesem Buch siehst – und das wäre toll!

WÄHLE EINE TECHNIK

Einige Bilder auf den folgenden Seiten zeigen dir, wie die Modelle zusammengebaut werden und welche nützlichen Bautechniken es gibt. Probiere einige davon aus, um festzustellen, was dir damit gelingt.

SCHREIB'S AUF

Schau dir die Modelle im Buch an und schreibe auf, was dir daran gefällt und was nicht. Dir werden die lustigsten Ideen kommen, noch bevor du mit dem Bauen beginnst.

SUCH'S DIR AUS

Wenn du nicht weißt, womit du anfangen sollst, erstelle am besten eine Liste mit Ideen. Suche dir dann eine aus und beginne mit dem Bauen.

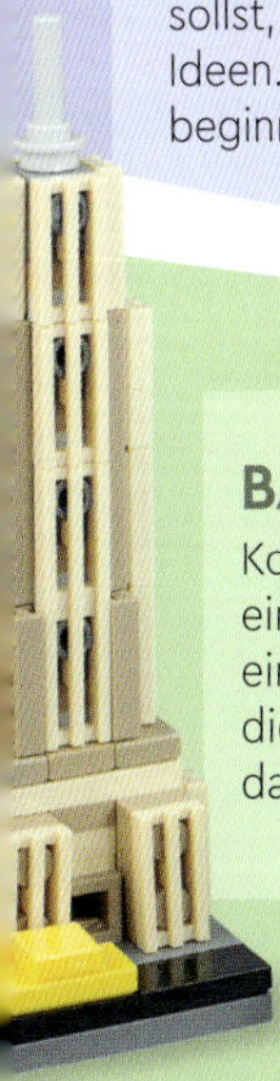

UND LOS GEHT'S!

Bei so vielen tollen LEGO Elementen und all den coolen Modellideen fällt dir der Anfang vielleicht schwer. Probiere doch einige dieser Ideen einfach mal aus!

BAUE LOS

Kombiniere am Anfang einfach ein paar LEGO Elemente miteinander. Schau dir die Form an, die du gebaut hast. Was könnte daraus entstehen?

PLANE VORAUS

Du könntest dein Modell zeichnen, bevor du mit dem Bauen beginnst, oder du bist einer dieser Baumeister, die gern loslegen, ohne vorher eine Skizze zu machen.

SCHAU DIR DEINE ELEMENTE AN

Breite eine Handvoll Elemente vor dir aus und überlege, mit welchen du bauen wirst. Kannst du mit einigen dieser Elemente ein Modell in diesem Buch nachbauen?

BAUTIPPS

Sobald du bereit bist loszulegen, musst du wie ein echter Baumeister denken. Hier sind einige Tipps für den Anfang. Du kannst sie befolgen, aber vielleicht hast du auch selbst schon eine Vorstellung, wie du vorgehen möchtest. Hauptsache, du hast Spaß!

SORTIEREN

Ordne einige deiner LEGO Elemente nach Art und Farbe, bevor du mit dem Bauen anfängst. So sparst du Zeit und musst beim Bauen nicht lange nach Elementen suchen.

GROSSE MODELLE – ODER KLEINE

Überlege, in welchem Maßstab du dein Modell bauen willst und ob du die richtige Menge LEGO Elemente hast. Im Minifiguren-Maßstab baust du etwas, in dem Minifiguren sitzen, spielen oder wohnen können. Im Mikromaßstab ist alles etwas kleiner. Und wenn du etwas größer als im Minifiguren-Maßstab bauen willst wie das Baby rechts, spricht man bei solchen Modellen von „Miniland-Maßstab".

MIKROMASSSTAB

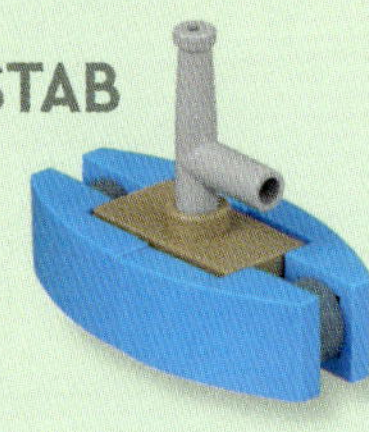

MINIFIGUREN-MASSSTAB

MINILAND-MASSSTAB

NICHT WACKELN!

Baue deine Modelle auf einer stabilen Basis und füge in deine Steinstapel Platten ein. Das verhindert, dass sie umkippen.

GENÜGEND PLATZ

Am besten baust du auf einer großen Fläche mit viel Platz für deine Elemente und Modelle. Baue möglichst auf einem Tisch oder auf dem Fußboden.

MESSE DEINE MINIFIGUREN AB

Sollen in deine Modelle Minifiguren passen, achte auf die richtige Höhe und Platz für Arme und Beine, damit du sie einladen kannst.

VERÄNDERN

Kein Problem, wenn du das perfekte Element nicht hast. Sei kreativ und überlege, welche anderen Elemente du dafür verwenden kannst.

BAUE STABIL

Drücke deine Steine fest zusammen, damit deine Modelle stabil werden. Du kannst Elemente auch fixieren, indem du sie mit anderen Elementen überlappst. Mit stabilen Modellen kannst du immer wieder spielen.

MITEINANDER BAUEN

Manchmal macht es mehr Spaß, Modelle mit Geschwistern und Freunden zu bauen. Teilt doch Ideen fürs Bauen miteinander!

FRÖHLICHE FARBEN

Wieso müssen eigentlich alle Piratenschiffe braun sein? Baue doch mal für deine Piratencrew ein Schiff in pink. Verwende beim Bauen alle Farben, die dir gefallen.

MACHT NICHTS!

Wird dein Modell nicht so, wie du willst, fang einfach von vorn an. Oder du kannst daraus etwas anderes machen. Es gibt kein richtiges oder falsches Bauen.

WEITERMACHEN!

Gib nicht auf, wenn etwas schiefläuft. Das Bauen an sich macht Spaß, also verbinde deine Steine so lange bis es klappt.

BAUE DEINE EIGENE WELT

Schau dir die Natur, die Gebäude, Fahrzeuge und Menschen, die du täglich siehst, genau an. Welche tollen Details hast du bisher nicht bemerkt und wie könntest du sie mit LEGO® Elementen nachbauen? Baue sie genau so, wie du sie siehst, oder erschaffe mit lustigen Elementen etwas Einmaliges.

BAUIDEE

Auftrag: Baue ein Museum.
Zweck: Ausstellung interessanter Dinge
Ausstattung: Säle, Exponate, Vitrinen, Besucher
Extras: Geschenkeladen, Café, bewegliche Funktionen

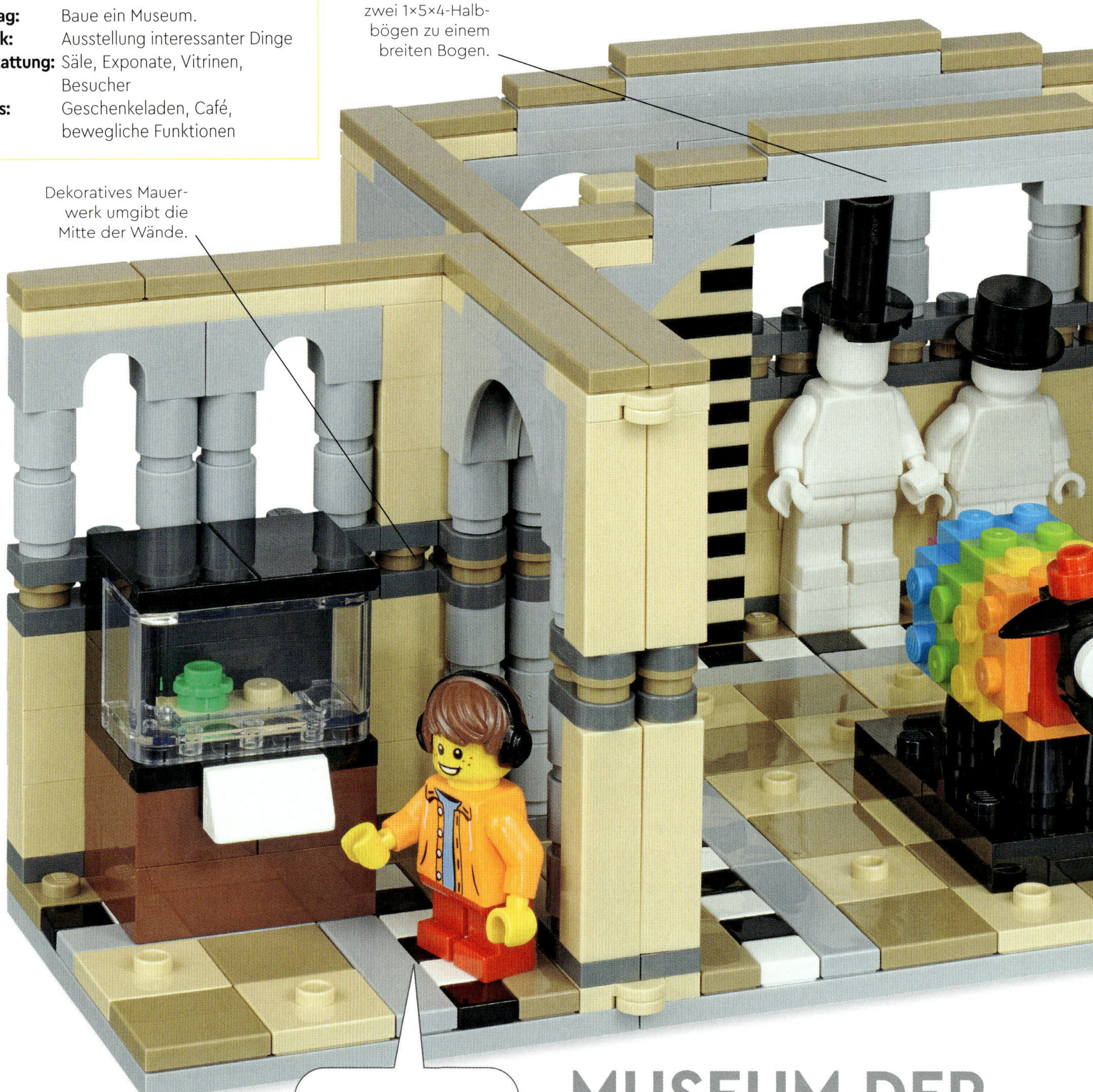

MUSEUM DER IRREN DINGE

In Museen stehen viele alte, berühmte und ungewöhnliche Dinge, die man betrachten und erkunden kann. Was für ein Museum baust du – vielleicht eins über Naturkunde, Wissenschaft oder übe Kunst? Was dich fasziniert, wird sicher auch viele Besucher anlocken.

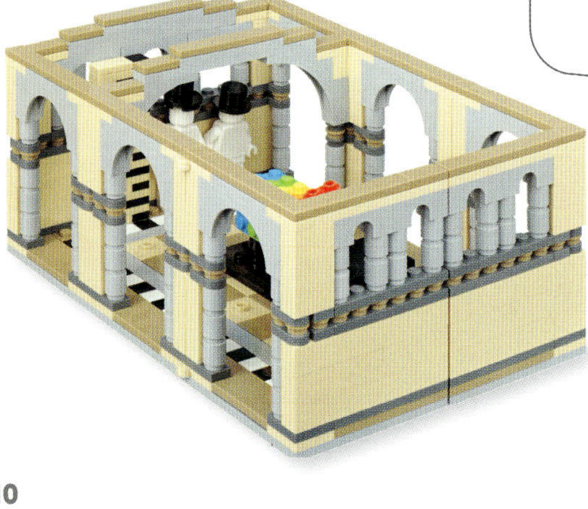

GESCHLOSSENE SEITEN

AUFGEKLAPPT

Im Museum sind auf zwei Seiten Scharnierplatten eingebaut, die sich öffnen oder zusammenfalten lassen. Die geöffneten Scharnierplatten nehmen zwei Drittel der Länge des Gebäudes ein.

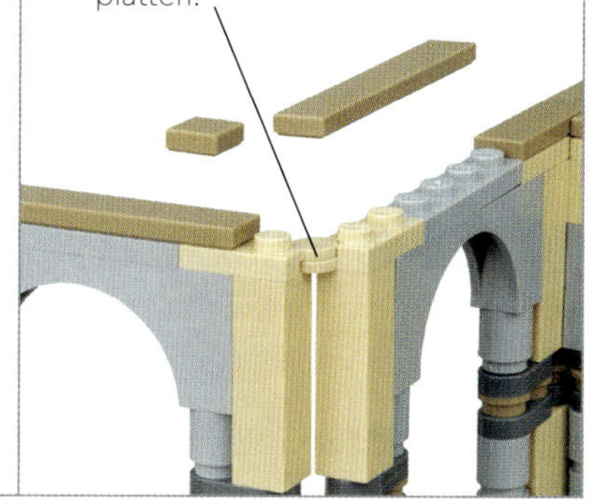

OFFENER GRUNDRISS

Plane den Bau deines Museums sorgfältig. Die Säle sind durch offene Durchgänge verbunden, damit sich die Besucher frei bewegen können. An Steckerplatten auf dem Fußboden werden deine tollen Exponate befestigt.

EXPONATE

Minifiguren bestaunen als Besucher in deinem Museum Dinge, die es nirgendwo sonst gibt: die Statue eines strahlenden Regenbogenschafs, rekordverdächtige Wunderdinge wie den größten LEGO Zylinderhut der Welt und eine toll getarnte Eidechse. Äh, wo ist sie denn?

STATUE EINES REGENBOGENSCHAFS

HÖCHSTER ZYLINDERHUT

GETARNTE EIDECHSE

DACHGARTEN

Hebe deine LEGO Häuserbaukunst auf das nächste Level! Arbeite mit farbenfrohen Details und nutze Alltagsräume kreativ. Der blühende Dachgarten auf diesem zweistöckigen Wohnhaus ist ein erholsamer Ort, an dem Minifiguren der Natur nahekommen können.

BAUIDEE

Auftrag:	Baue ein Minifigurenhaus mit kreativen Außenräumen.
Zweck:	Gärtnern, Entspannung
Ausstattung:	Dachterrasse, Pflanzen, Blumen
Extras:	Sitzgelegenheiten, Trittsteine, Wasserspiele

Hinter einer niedrigen Mauer um den Dachgarten sind die Minifiguren sicher.

SEITENANSICHT

Experimentiere mit originellen Fensteröffnungen.

Eine grüne Basisplatte für das ganze Gebäude wirkt wie ein Garten.

1×1-Halbkreis-kachel

1×1-Viertelkreis-kachel

2×6-Platte passt zur Farbe der Wand.

SEITENPANEELE

Dieses farbenfrohe Haus fällt dank der seitlichen Kachelmuster richtig ins Auge. Jedes dekorative Paneel besteht aus 12 kleinen Kacheln auf einer 2×6-Platte, die seitlich auf in die Wände eingebauten Klemmplatten sitzt.

HEITERES HAUS

Lebhafte Farben, Platten und Kacheln sorgen für die auffällige Architektur deines Wohnhauses. Mit kleinen Elementen könntest du auch ungewöhnliche Details und Muster in die Ecken einfügen. Und welche Möbel könntest du bauen?

Diese Ranke „wächst“ aus einem Stein mit vier Seitennoppen.

Baue mit transparenten 1×6×5-Steinen große Fenster – oder lass sie einfach offen.

KLEINER ORT, GROSSE IDEEN

Nun zu den Außenbereichen. Welche Teile könntest du für deinen Dachgarten nutzen? Wie wäre es mit einem Wasserspiel, einem Steingarten oder einem Grillplatz? Oder gar mit einer DJ-Kabine und Discokugel!

AUSBAUEN

Mach dein Ökohaus noch grüner mit einer „lebenden Wand“ aus Kletterpflanzen. Baue sie an Elementen mit Seitennoppen oder Klemmen an.

WILDWUCHS

Viele LEGO Elemente wirken wie Pflanzen. Wenn du sie mit anderen Elementen aus deiner Sammlung kombinierst, wächst die Anzahl der Büsche und Blüten, die du bauen kannst, immer weiter!

Grüne Federelemente sitzen an Kacheln mit Klemmen.

Blätter klemmen an vier 1×1-Platten mit Stangen.

„Stängel“ stecken in Löchern in der Hausbasis.

Runde 1×1-Platte mit drei Blättern

Klauenelement klemmt an 1×1-Platte mit Stange.

GEISTERHAUS

Huu! Dieses Haus sieht eindeutig gespenstisch aus – doch keine Angst vor der Herausforderung, es zu bauen. Alles hängt von den Details ab, vom gruseligen Baum neben dem abweisenden Haus bis zum grausigen Tor mit seinen klirrenden Ketten. Da wagt sich nur die mutigste Minifigur hinein!

Braune Halbbögen ergeben gute Äste.

Hängepflanzen haben diesen einst mächtigen Baum überwuchert.

Dieses Halbbogenelement ist kleiner als die anderen beiden.

Wer versteckt sich hinter dieser Tür?

Die Torflügel sind an zwei 1×1-Steinen mit Klemmen schwenkbar.

Als Schild dient eine bedruckte Kachel.

GRUSELIGER AUSSENBEREICH

Baue die Wände deines Geisterhauses aus LEGO Elementen in dunklen oder gedeckte Farben. Zusätzlich angebaute Struktursteine die zwischen glatten Elementen Ziegel „freilegen", lassen das Haus schäbig und heruntergekommen aussehen.

BAUIDEE

Auftrag: Baue ein schauriges Haus.
Zweck: Deine Minifigurenfreunde erschrecken – oder auch deine Mitmenschen!
Ausstattung: Zugenagelte Fenster, altmodische Details
Extras: Verhexter Baum, quietschendes Tor, unheimliche Bewohner

DACHAUFBAU

Die Dachspitze ist aus sechs Dachsteinen dreieckig gebaut. Sie sitzen auf einem Bogenstein und zwei dekorativen Rollensteinen darunter und werden oben von einer Reihe Steckerplatten zusammengehalten.

VERFLUCHTES HAUS

Im Inneren ist das Haus in drei schaurige Räume eingeteilt. Ein Gespenst haust auf dem Dachboden und ein Vampir lauert im Erdgeschoss. Dagegen wirken Spinne und Maus wie niedliche und nette Mitbewohner.

SEITENANSICHT

INNENANSICHT

BAUIDEE

Auftrag:	Baue Minimonstertrucks und eine Rennstrecke.
Zweck:	Sport und Wettrennen
Ausstattung:	Trucks, Rennstrecke, Hindernisse
Extras:	Stadionsitzplätze, Feuer, Bügel

MONSTERTRUCK-RALLYE

Monstertrucks beeindrucken mit ihren riesigen Reifen und tollen Modifikationen. Baue ein paar Autos im Mikromaßstab und lass deine Trucks dann über eine Rennstrecke rasen. Monstertrucks haben oft lustige Namen und witzige Merkmale wie Flecken, Haizähne oder einen Hundeschwanz. Womit fallen deine Trucks auf?

ZERMALMEN

Monstertrucks lieben Buckel, Rampen und Hindernisse, die sie überfahren oder abräumen müssen. Teste Wassergraben, Bügel und Feuergrube – sogar kleine Autos, die „zermalmt" werden sollen! Welche tollen Hindernisse kannst du noch für deine Rennstrecke bauen?

AUFBAU

Jeder Truck wird mit seitlichen Teilen gebaut, samt ein paar Platten mit Klemmen, an denen die Radachsen sitzen. Die Achsen selbst sind Stangenelemente und die Räder sind aus runden Platten mit Löchern.

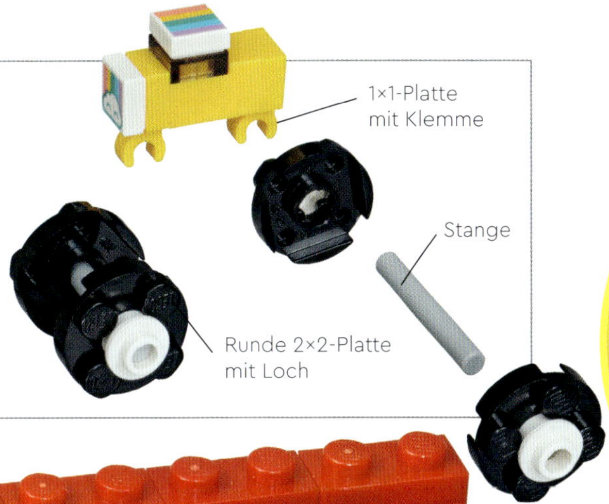

AUSPROBIEREN

Glatte weiße Kacheln auf einer rechteckigen Basis eignen sich auch für andere Sportanlagen wie einen Tennis- oder Fußballplatz für Minifiguren.

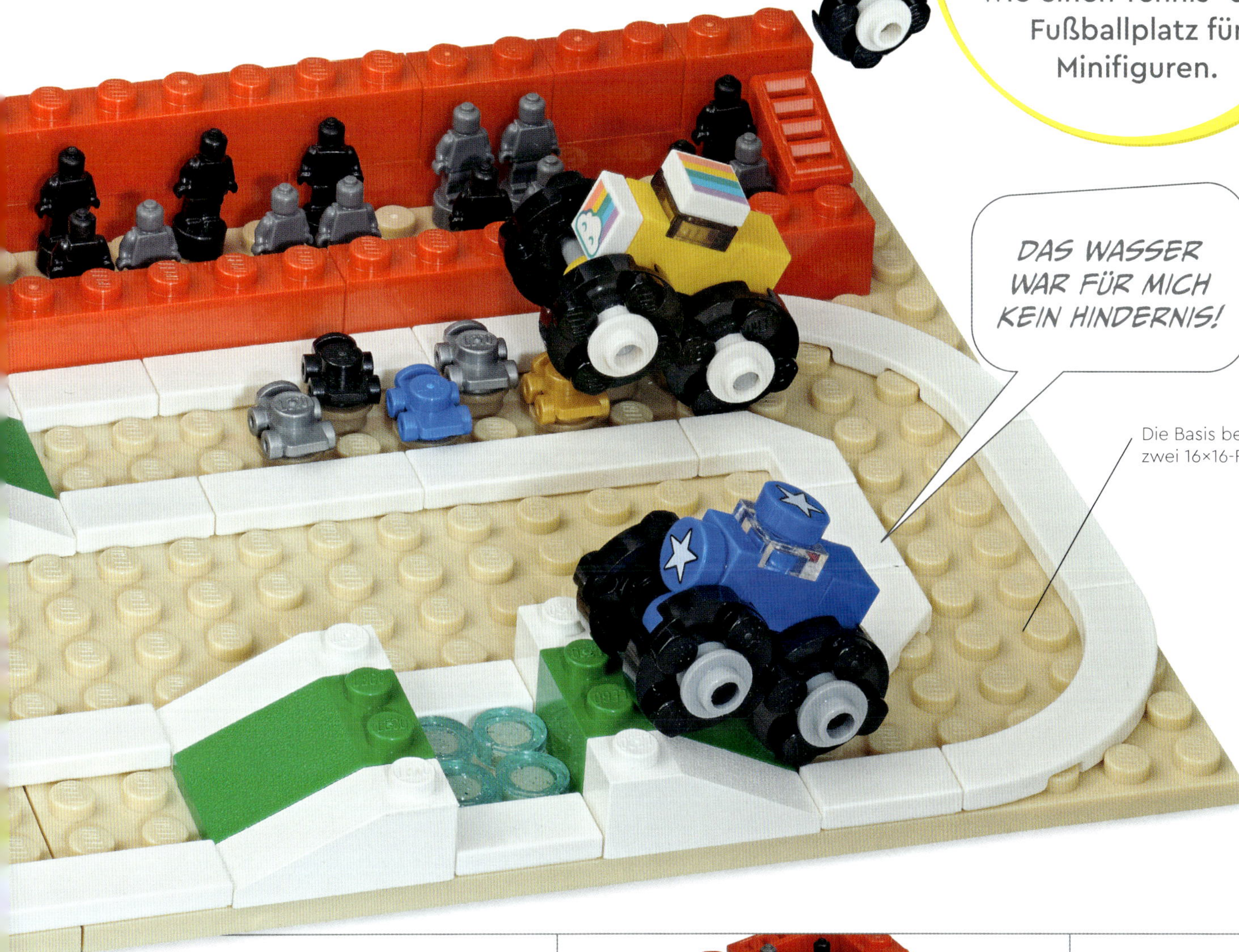

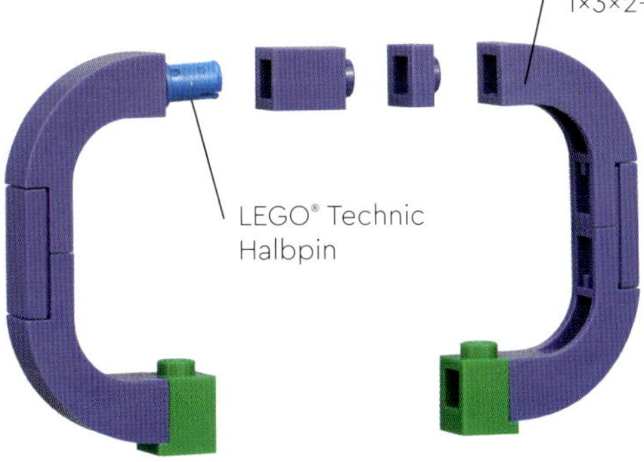

DURCHS RUNDE

Dieser Bügel aus vier Bogenelementen, die seitwärts an grünen Lampensteinen sitzen, markiert die Start-/Ziellinie. Beide Hälften sind oben durch einen 1×1-Stein und einen LEGO Technic Halbpin verbunden.

BAUIDEE

Auftrag: Baue einen Leuchtturm.
Zweck: Schiffe zum oder vom Land leiten
Ausstattung: Turm, Laterne, Steg
Extras: Land, Angelausrüstung, Seilbahn, Küsten- und Meerestiere

Runde 2×2-Platte mit achteckiger Stange

HELLES LICHT

Das Wichtigste an einem Leuchtturm ist sein Scheinwerfer, der nahende Schiffe vor Untiefen warnt. Dieser Turm hat zwei helle Leuchtfeuer aus 2×2-Gleitplatten in Radarschüsseln.

Transparente Minifigurenköpfe als Ersatzlampen

ERSATZLAMPEN

REALITÄTSNAH

Staple für dieses unübersehbare Gebäude Lagen roter und weißer Steine (oder in beliebigen Farben) auf Platten. Baue so hoch, wie du möchtest. Du könntest sogar noch ein Haus für den Leuchtturmwärter anbauen.

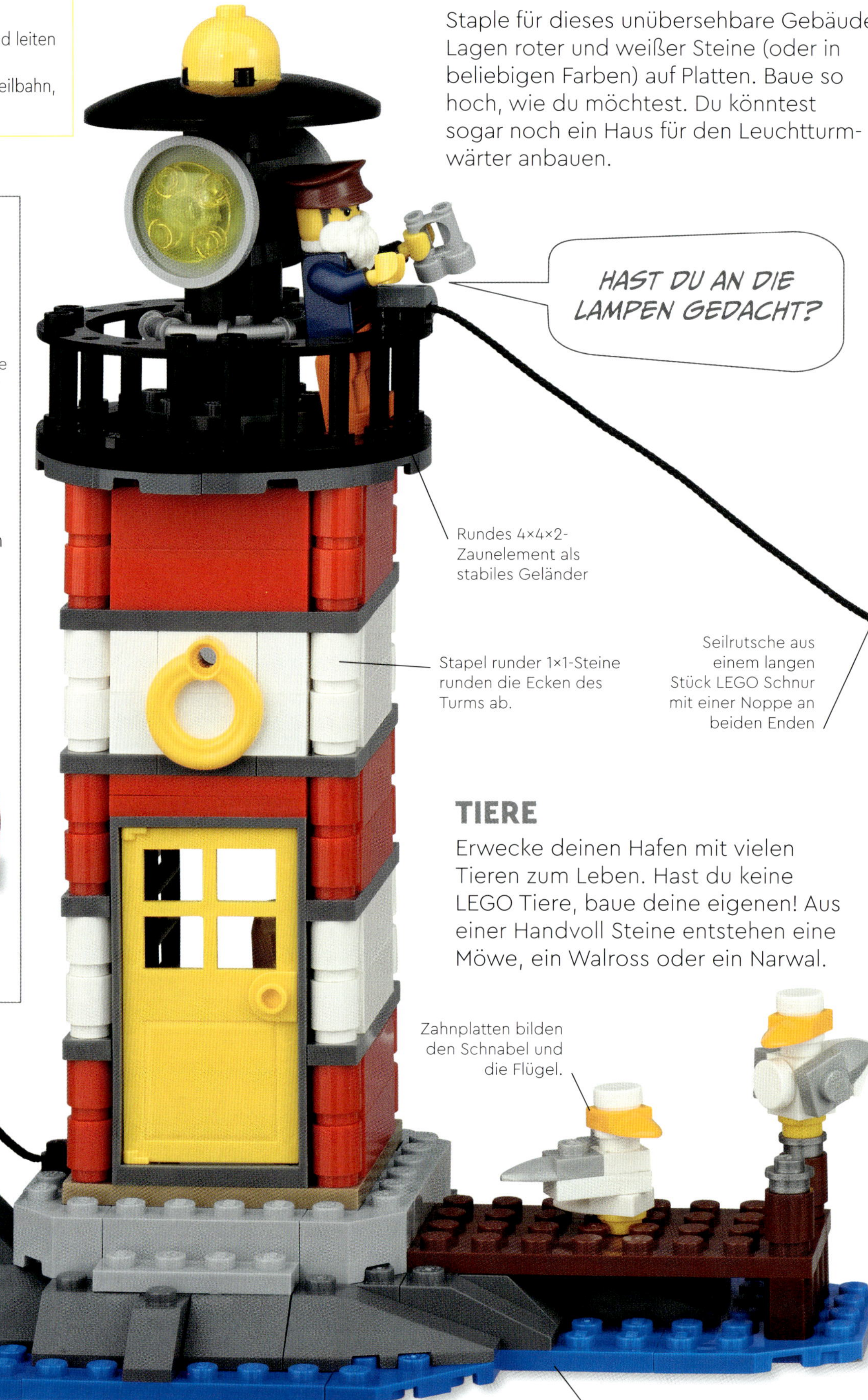

Rundes 4×4×2-Zaunelement als stabiles Geländer

Stapel runder 1×1-Steine runden die Ecken des Turms ab.

Seilrutsche aus einem langen Stück LEGO Schnur mit einer Noppe an beiden Enden

TIERE

Erwecke deinen Hafen mit vielen Tieren zum Leben. Hast du keine LEGO Tiere, baue deine eigenen! Aus einer Handvoll Steine entstehen eine Möwe, ein Walross oder ein Narwal.

Zahnplatten bilden den Schnabel und die Flügel.

Auf Basisplatten steht dein Modell sicher.

WALROSS

LEUCHTTURM

Themenmodelle wie dieses sind tolle Teamprojekte. Wenn du Ideen, Bautipps und LEGO Elemente mit Freunden oder Geschwistern teilst, macht das Bauen und Spielen gleich noch mehr Spaß. In dieser Küstenanlage gibt es einen zentralen Leuchtturm sowie eine kleine Landzunge und ein paar Meerestiere. Jeder von euch kann einen anderen Teil der Szene bauen.

KOMMT DOCH REIN

Dekoriere auch das Innere deines Modells. Der Leuchtturmwärter hat einen Kamin, der ihn wärmt, persönliche Dinge auf dem Sims und eine hilfreiche Karte an der Wand.

AUSPROBIEREN

Dieser Leuchtturm hat das klassische Rot-Weiß-Muster, aber du kannst auch andere Farbmuster wählen. Schiffe müssen sie jedoch leicht erkennen!

ICH WUSSTE DOCH, ICH HABE WAS VERGESSEN!

Mit diesem Steuerrad wirkt das Teleskop realistisch.

LAND AHOI!

Dieser kleine Küstenabschnitt besteht aus grauen und grünen Steinen und Lampensteinen. Das Teleskop dient zur Beobachtung von Schiffen und die Seilbahn zur Versorgung des Leuchtturmwärters.

Die Landspitze ist großteils aus einem Felspaneelelement.

Hast du dieses Kistenelement nicht, baust du eine Box aus kleinen Steinen und Platten.

Halbpin passt auf das Farbrollerelement.

1×1-Kegel

SEILBAHN

Eine einfache Rolle auf einem Seil liefert dem Leuchtturm wichtige Vorräte wie eine Pizza. Ein kleines Rad, das an einem Farbroller mit Pin auf der Box sitzt, gleitet übers Seil.

Die Flosse bewegt sich an Klemmscharnieren auf und ab.

NARWAL

BAUIDEE

Auftrag:	Baue eine unterirdische Welt.
Zweck:	Versorgung mit Wasser und Strom und Entsorgung von Abwässern
Ausstattung:	Röhren, Leiter, Pflaster, Kanalisation
Extras:	Schubkarren, Werkzeuge, Schilder, Kegel

UNTER DEN STRASSEN

Hast du mal darüber nachgedacht, was unter deinen Füßen ist? In einer Stadt befindet sich dort ein Netzwerk aus Röhren und Kabeln, die Wasser, Strom, Gas und Abwässer befördern (irgendwo müssen die ja hin ...). Du kannst eine ganze unterirdische Welt bauen – seltsame Lebewesen, Fluchttunnel oder gar verborgene Schätze.

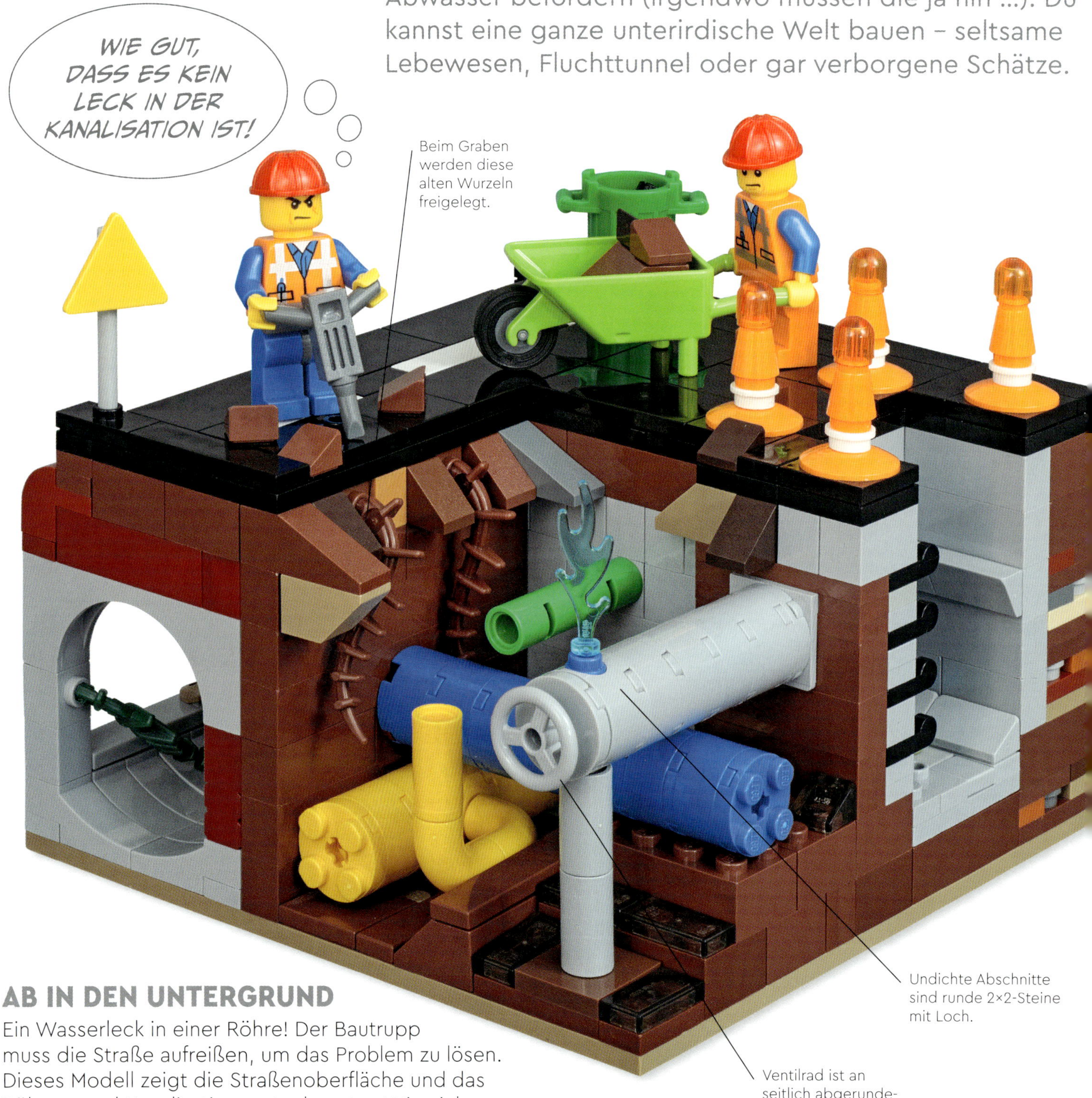

Beim Graben werden diese alten Wurzeln freigelegt.

Undichte Abschnitte sind runde 2×2-Steine mit Loch.

Ventilrad ist an seitlich abgerunde-ten Steckerplatten angebracht.

AB IN DEN UNTERGRUND

Ein Wasserleck in einer Röhre! Der Bautrupp muss die Straße aufreißen, um das Problem zu lösen. Dieses Modell zeigt die Straßenoberfläche und das Röhren- und Kanalisationsnetz darunter. Wie viele Ebenen wird dein Modell haben? Wie sind deine Untergrundszenen mit der Welt darüber verbunden?

BAUTIPP

Das Modell wirkt oben glatt, enthält aber mehrere sorgfältig platzierte Noppen zur Sicherung von Minifiguren, Mülltonne, Kegeln und Aushub.

SEITENANSICHT

Die dünneren Röhren sind aus LEGO Technic Zylindern.

Platten mit Stangen als Leiter in diesen Schacht

SEITENANSICHT

WO HAST DU DIESE TOLLE SUPPE HER?

VON UNTEN!

KANALISATIONSANSICHT

Ratte sitzt auf einer Steckerplatte.

IN DER UNTERWELT

Durch den kleinen Nebentunnel huschen Ratten! Die Mündung der beiden Tunnel weist eine runde 4×4-Platte mit Loch und vier Makkaronikacheln als Abdeckung auf.

UNTER DER ERDE

Tief unter der Erde liegen unendlich viele Gesteine und Mineralien. Bergleute graben Schächte und Stollen, um Gold, Zinn, Kupfer und andere Bodenschätze zu finden. Dieses Modell ist ebenfalls zweiteilig – zusätzlich zur Welt unter der Erde musst du auch die Landschaft auf der Oberfläche bauen.

BAUIDEE

Auftrag: Baue eine Goldmine.
Zweck: Förderung wertvoller Gesteine und Mineralien
Ausstattung: Eingang, Lore, Schienen, Werkzeuge, Gesteine, Laternen
Extras: Goldader, Pflanzen, Dynamit

Gras wächst oben auf dem Modell in Bodenhöhe.

Zwei Kacheln bilden den zerbrochenen Balken über dem Bergwerkseingang.

Bergleute brauchen immer Platz für ihre Werkzeuge.

Gold am Eingang lässt auf mehr im Inneren schließen.

ALLES MEINS!

Graben und Felsen bewegen ist Schwerarbeit. Baue für deine Bergleute eine Lore und Gleise zum Transport ihrer schweren Last. Versorge sie auch mit Werkzeugen und guter Beleuchtung. Da unten ist es sehr finster!

Hängelampen beleuchten die unterirdische Höhle.

Schienen gibt es meist in LEGO City senbahn-Sets.

INNENANSICHT

AUSPROBIEREN

Unterirdische Bahnen gibt es nicht nur für Bergleute! Baue ein modernes U-Bahnnetz mit tollen Zügen und Stationen für LEGO® City Pendler.

Zerklüftete Wände aus 2×4×6-Felspaneelen

SEITENANSICHT

LORE

Das Chassis der Bergwerkslore ist ein LEGO® Mighty Micros Fahrgestell mit kleinen Zugrädern. Die schrägen Seiten werden auf dem Chassis aus vier Kacheln mit Klemmen an 1×2-Platten mit Stangen angebaut.

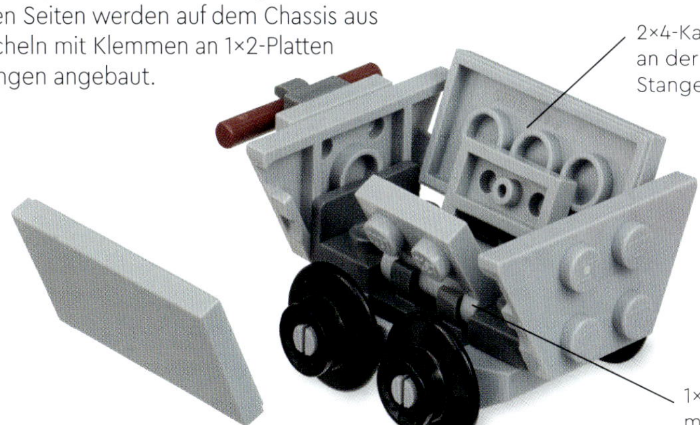

2×4-Kachel steckt an der Platte mit Stange.

1×2-Platte mit Stange

MIKROSTADT

Modelle im Mikromaßstab sind sehr klein und das Bauen kann recht schwierig sein. Mit cleverer Planung und kreativem Einsatz von Elementen sind deine Mikromodelle genauso beeindruckend wie größere. Dieses Stadtbild ist auch modular – du kannst die Gebäude verschieben, um deine Stadt neu zu gestalten.

STADTPLANUNG

Deine Farbauswahl macht auf einfache Weise sichtbar, was Modelle im Mikromaßstab darstellen. Hier steht Rot für eine Feuerwache, Weiß für ein Krankenhaus und Beige für ein Wohnhaus. Auch einfache Mikrofahrzeuge wie eine Feuerwehr erwecken die Stadt im Mikromaßstab zum Leben.

Autos werden auf 1×1-Platten in der Straße gebaut.

Die Sprungbrettleiter wird durch einen Rostdachstein gebildet.

VERÄNDERN

Deine Stadt im Mikromaßstab muss nicht modular sein. Mehrere zusammengestellte kleine Gebäude können genauso beeindrucken wie auf einer Basis kombinierte.

BAUIDEE

Auftrag: Baue eine Stadt im Mikromaßstab.
Zweck: Stadtplanung, Mikrobauen
Ausstattung: Feuerwache, Krankenhaus, Wohngebäude
Extras: Fahrzeuge, Bäume, Freizeitbereiche

SEITENANSICHT

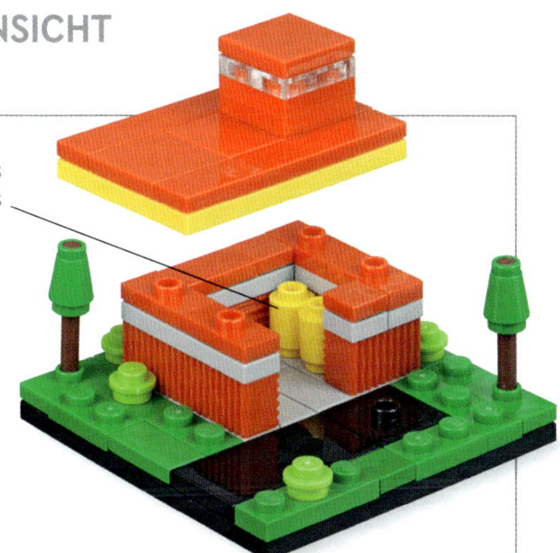

FEUERWACHE

WOHNGEBÄUDE

BASISMODULE

Alle Bereiche der Stadt sind freistehende Modelle, die du für verschiedene Stadtbilder verschieben kannst. Sie sitzen auf der Hauptbasis stabil auf Steckerplatten, lassen sich aber auch leicht abnehmen.

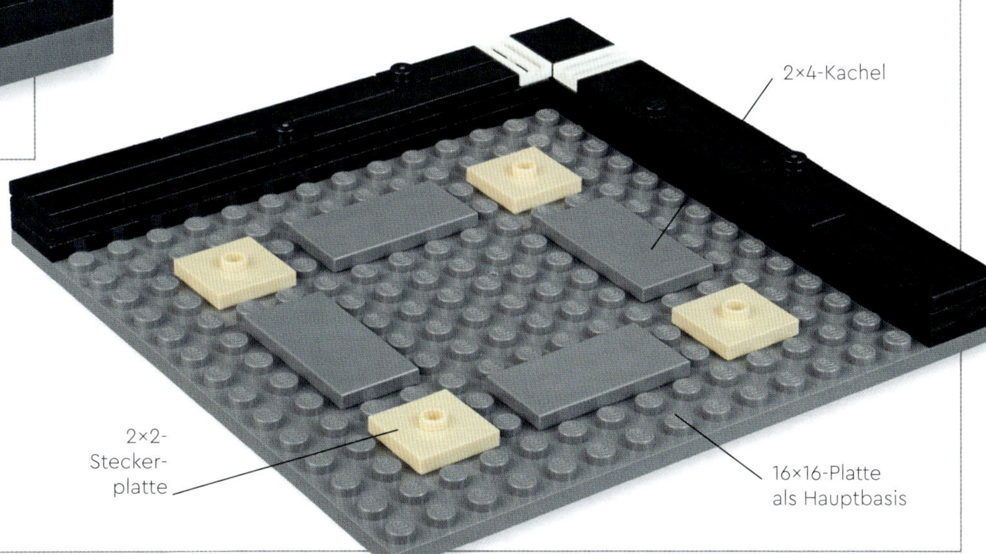

SKYLINE AM WASSER

Willkommen in der Großstadt! Die Skylines von Städten wie London, New York, Sydney und Dubai sind weltberühmt. Du kannst dich von ihnen inspirieren lassen oder deine eigene Fantasiestadt erträumen. Sei kreativ bei der Wahl deiner Farben, der Form der Dächer und des Stils der Fenster.

BAUIDEE

Auftrag:	Baue eine Skyline am Wasser.
Zweck:	Ein Ort für Arbeit, Freizeit und zum Shoppen
Ausstattung:	Hohe Gebäude mit verschiedenen architektonischen Merkmalen
Extras:	Bäume, Wasser, Mauern

STADTPLANUNG

Eine Großstadt lässt sich vielfältig erbauen. Füge ein niedriges Gebäude ein oder baue einen Wolkenkratzer doppelt so hoch wie die anderen. Transparente blaue Kacheln bilden das glitzernde Wasser vor dieser Skyline. Du könntest noch mehr Wasser, eine Landungsbrücke und einige Schiffe anbauen.

AUS HOLZBLÖCKEN

Eine Seite dieses L-förmigen Gebäudes besteht aus einem Stapel gebogener Holzblocksteine. Auf der anderen Seite sitzen fast bis oben abwechselnd blaue und transparente Platten.

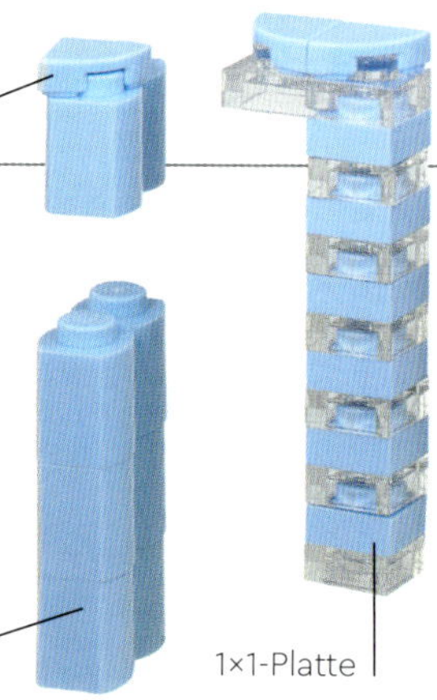

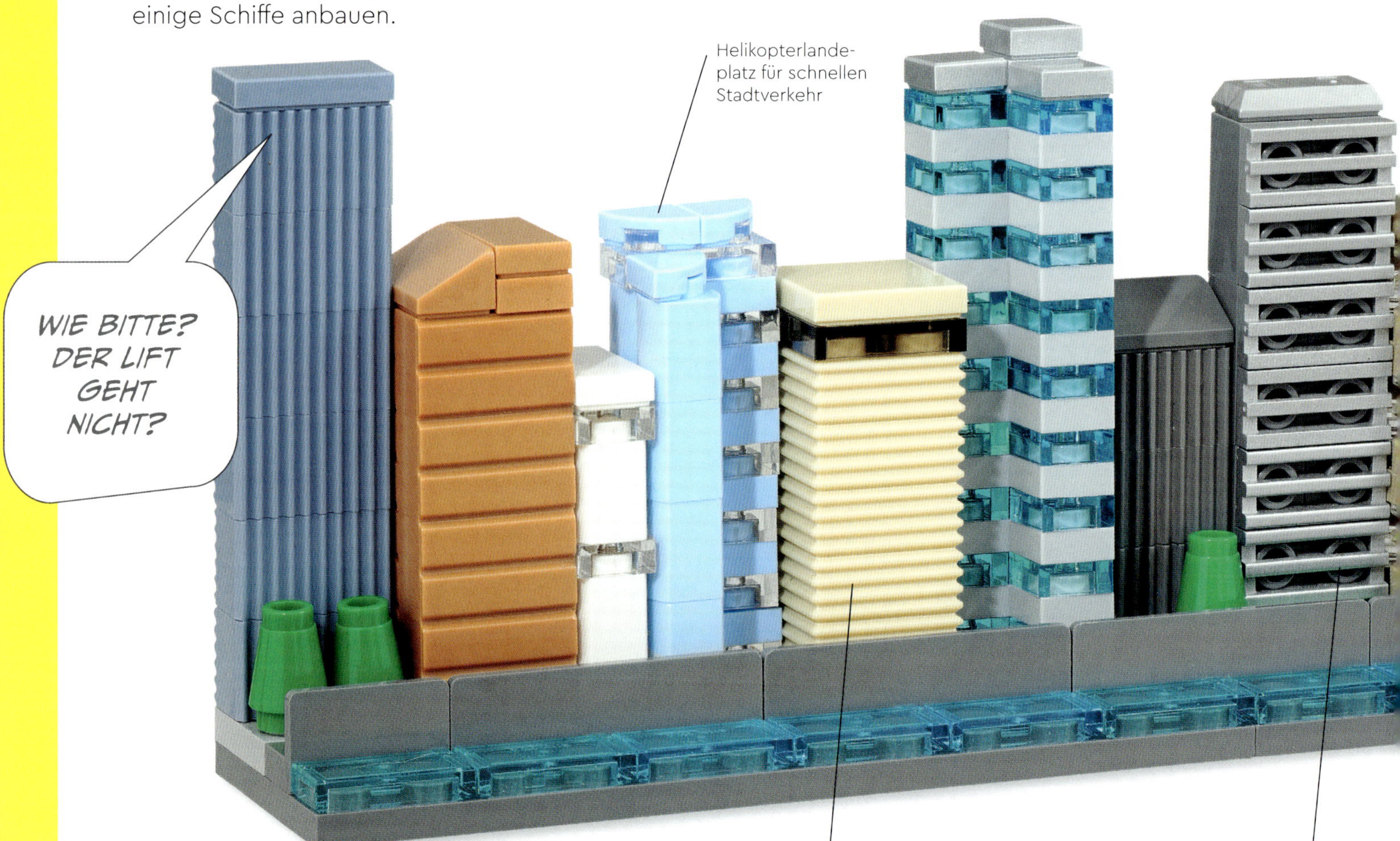

Überlege, wozu deine Gebäude dienen, wenn du sie entwirfst. Sind es Büroblocks, Hotels, Wohngebäude oder ein Hochhaus als Polizeizentrale?

SEITEN-ANSICHT

GANZ RUND

Dieser schimmernde Wolkenkratzer besteht ganz aus runden Elementen – runden 1×1-Steinen, runden 2×2-Platten und einer 2×2-Kuppel. Sein Beobachtungsdeck ist aus zwei auf einer Stange steckenden kleinen Radarschüsseln.

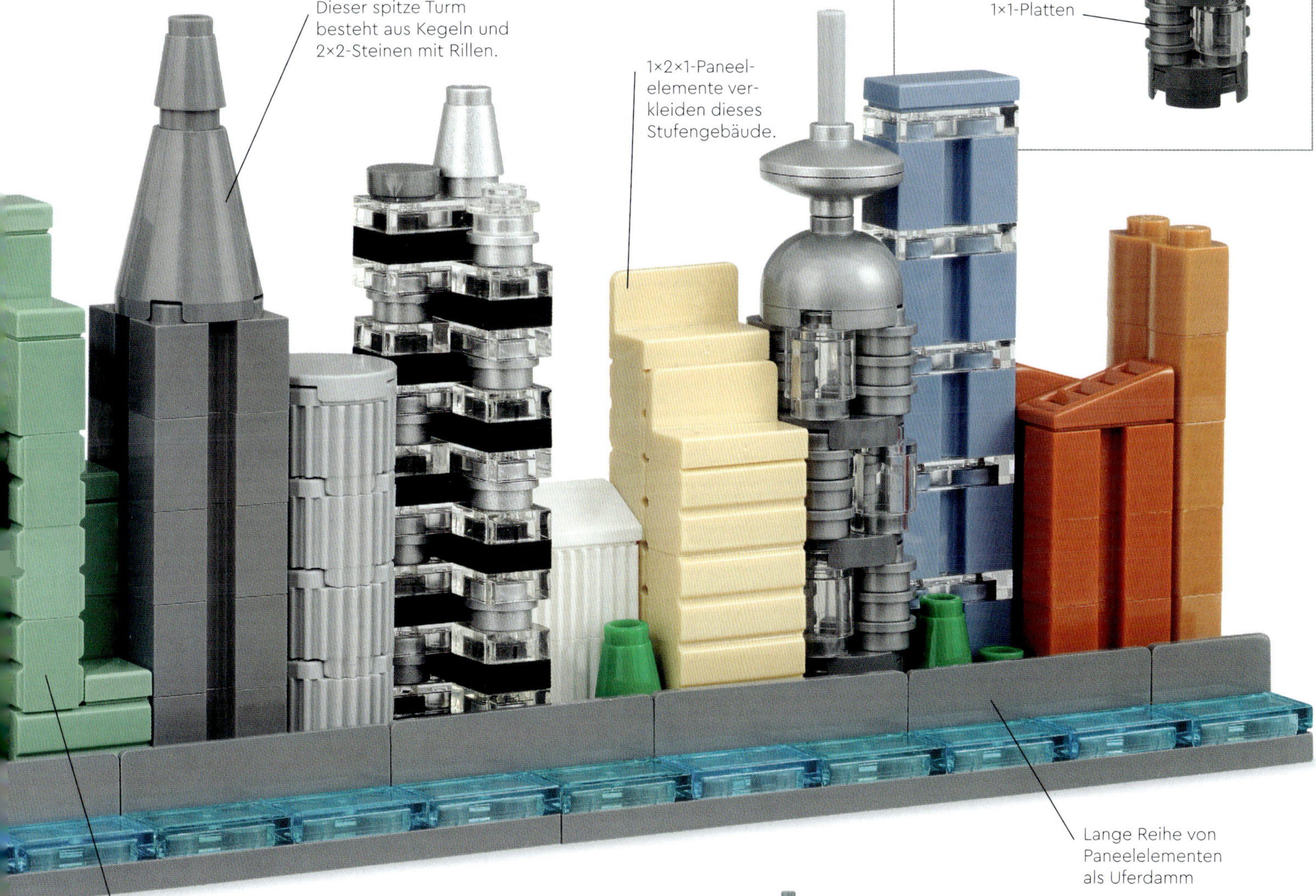

RÜCKANSICHT

MIKROHAFEN

Ein Hafen ist ein geschäftiger Ort, an dem Frachtschiffe und Ausflugsboote regelmäßig ein- und ausfahren. Hier sind Details alles, egal, ob du im Mikro- oder Minifigurenmaßstab baust. Dieses Modell passt genau auf eine 16×16-Basisplatte. Es gibt einen gelben Kran, der Containerschiffe be- und entlädt, eine Fabrik und sogar einen eleganten Wohnblock.

BAUIDEE

Auftrag:	Baue einen Mikrohafen.
Zweck:	Ein Ort zum Arbeiten und Spielen
Ausstattung:	Landebrücken, Schiffe, Kran, Wasser
Extras:	Fabrik, Apartments, Straße, Grünfläche, Autos

Dank Riffelsteinen wirkt diese Fabrikfront industriell.

Aus Pflanzenschösslingen werden in einer Mikrowelt Palmen.

Minifiguren-Schlauchtülle als Jachtmast

Piers sind auf runden 1×1-Platten sitzende 1×6-Kacheln.

AUSBAUEN

Erweitere deine Hafenszene nach links und lege einen Strand mit Strandhütten an. Füge auf der rechten Seite viele bunte Schiffscontainer ein.

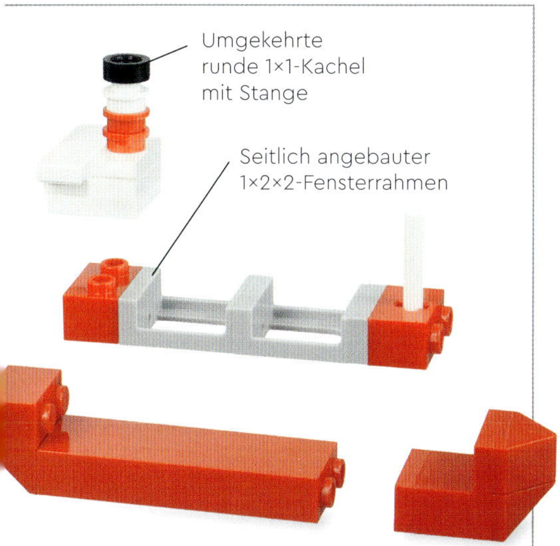

Umgekehrte runde 1×1-Kachel mit Stange

Seitlich angebauter 1×2×2-Fensterrahmen

SCHIFFSBAU

Der seitwärts gebaute Rumpf dieses Schiffs enthält Fensterrahmen als realistisch wirkende Frachträume. Die Steuerbrücke wird aus verschiedenen Platten aufgebaut und an einem Stein mit Seitennoppen befestigt.

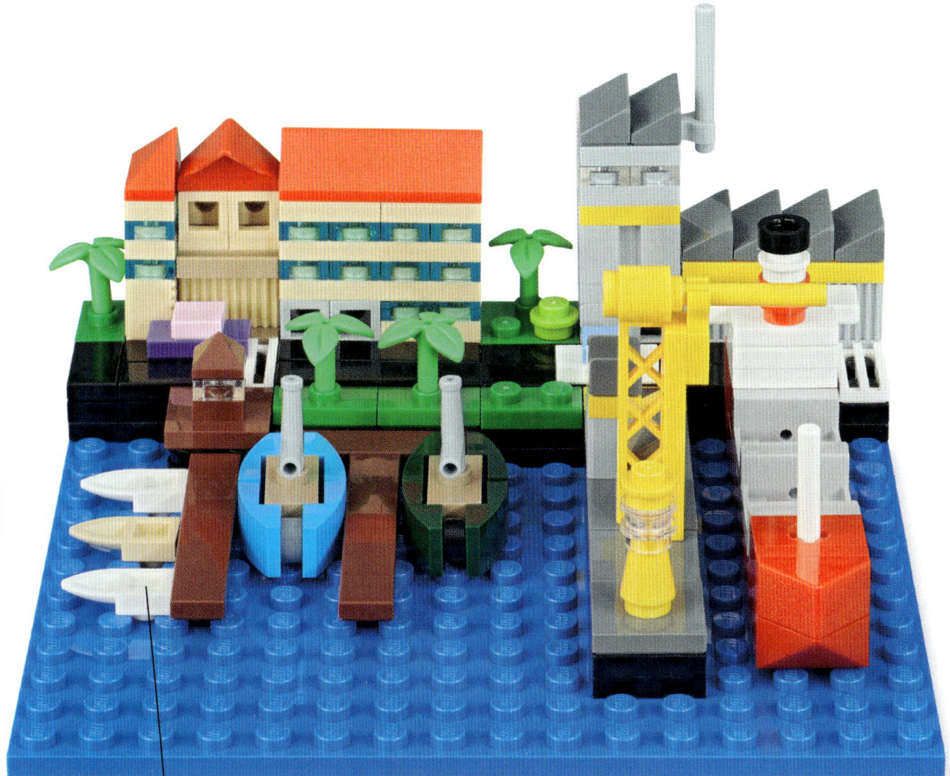

Diese kleinen Boote sind umgekehrte Zahnplatten.

FRONTANSICHT

Ein Leuchtturm leitet Schiffe bei Nacht.

ARBEIT UND FREIZEIT

Dieser Hafen ist ein Industriegebiet, in dem Schiffe Waren laden und entladen, aber auch ein cooler Freizeitort. Kleinere Boote liegen an den hölzernen Landungsstegen und die Apartmentbewohner genießen den großartigen Ausblick aufs Meer.

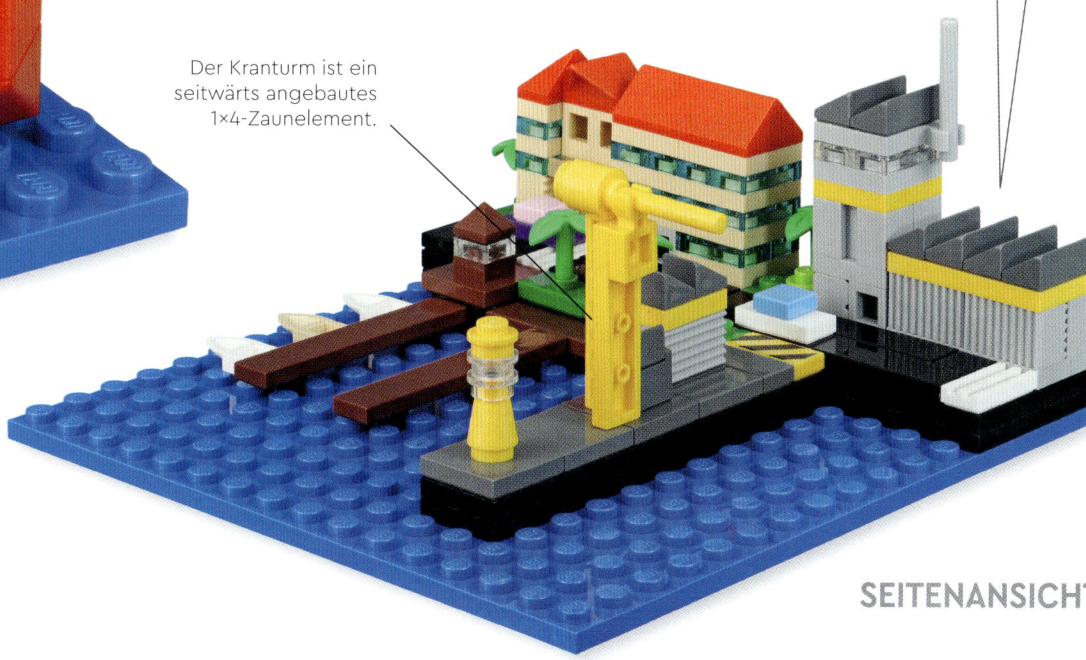

Der Kranturm ist ein seitwärts angebautes 1×4-Zaunelement.

SEITENANSICHT

BAUIDEE

Auftrag:	Baue einen Laden.
Zweck:	Ein Ort zum Stöbern für Minifiguren
Ausstattung:	Große Fenster, buntes Äußeres, ausgestellte Waren
Extras:	Gehsteig, Geldautomat, Balkon

VERLOCKENDER ORT

Nicht nur mit seinen breiten Fenstern zieht dieser Laden Kunden an. Sehr auffällig sind auch die bunten Wände, Fenster- und Türrahmen und die Markisen. Im Inneren gibt es Platz zum Herumbummeln für deine Minifiguren, eine Kasse und natürlich jede Menge Spielwaren.

SPIELZEUGLADEN

n jeder LEGO® Hauptstraße ist der Spielzeugladen lie Hauptattraktion! Besonders fallen an der ußenfront die Schaufenster auf – groß genug, m die Ladenprodukte auszustellen. Sie können iedlich, komisch oder festlich sein, vor allem aber nwiderstehlich, damit vorbeigehende Minifiguren infach stehenbleiben und gucken müssen.

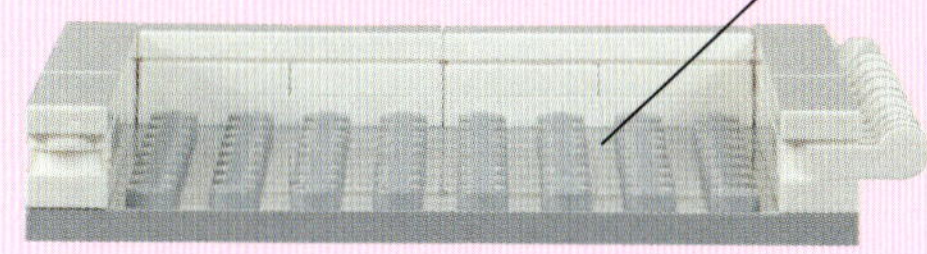

BAUTIPP

Baue mehrstöckige Gebäude mit leicht abnehmbaren Etagen, die mit glatten Kacheln und einer 1×4-Platte mit zwei Noppen bedeckt sind.

INNEN-ANSICHT

SEITENANSICHT

GELDAUTOMAT

Die Rückseite dieses Automaten reicht bis ins Innere und dient dort als Ausstellungsfläche. Dank bunter runder 1×1-Platten sieht sie wie eine „Suche und Baue"-Wand im LEGO Store aus.

BAUSTELLE

Deine Geschicklichkeit beim Bauen kannst du am besten auf einer LEGO Baustelle beweisen – egal, ob das Modell, an dem deine Minifiguren arbeiten, nie gebaut wird. Es kann ja einfach eine „Dauerbaustelle" bleiben! Überlege auch, welche schweren Fahrzeuge du für dein Bauprojekt benötigst.

BAUIDEE

Auftrag:	Baue eine Baustelle.
Zweck:	Bau von Gebäuden, Hebe- und Grabearbeiten
Ausstattung:	Entstehende Gebäude, Gerüste, Baufahrzeuge
Extras:	Absperrgitter, Geräte und Fahrzeugzusätze

IM BAU BEFINDLICH

Wird hier ein kleines Haus oder ein großes Gebäude wie eine Burg oder ein Stadion gebaut – ja, sogar eine Stadt? Fange mit deinen fähigsten Minifiguren mit der Planung an. Schau dir die Elemente in deiner Sammlung an und überlege, welche unfertigen Details du kreativ an deiner Baustelle anbringen könntest.

Eine glatte braune Kachel ergibt eine gute Holzplanke.

Jeder Bauarbeiter braucht eine Werkzeugkiste – oder Lunchbox!

Hohe 1×1×5-Steine eignen sich für rasches und stabiles Bauen.

Unfertige Wand aus strukturierten und Standardsteinen

Absperrungsbasis aus Klammern in runden Steckerplatten

HILFREICHE MASCHINEN

Minifiguren schaffen nicht alles allein – sie benötigen Baufahrzeuge wie dieses, um auf der Baustelle Schutt zu beseitigen, zu graben und Dinge zu heben. Du könntest sogar mit Freunden zusammen eine ganze Fahrzeugflotte bauen.

AUSBAUEN

Rufe das ganze Bauteam zusammen! Welche anderen Fahrzeuge und Maschinen wären noch hilfreich auf deiner Baustelle? Welche Aufgaben könnten sie erledigen?

HECKANSICHT

ANHÄNGER

WINDPARK

Windparks wie dieser stehen meist an windigen Orten – am Meer oder auf Hügeln. Der Wind dreht die Rotorblätter an den Turbinen, die dann mit Generatoren Strom erzeugen.

AUSPROBIEREN

Hast du keine Rotorelemente, steckst du drei lange Platten mit Hilfe eines runden 2×2-Steins mit Achsloch auf den LEGO Technic Achsenpin.

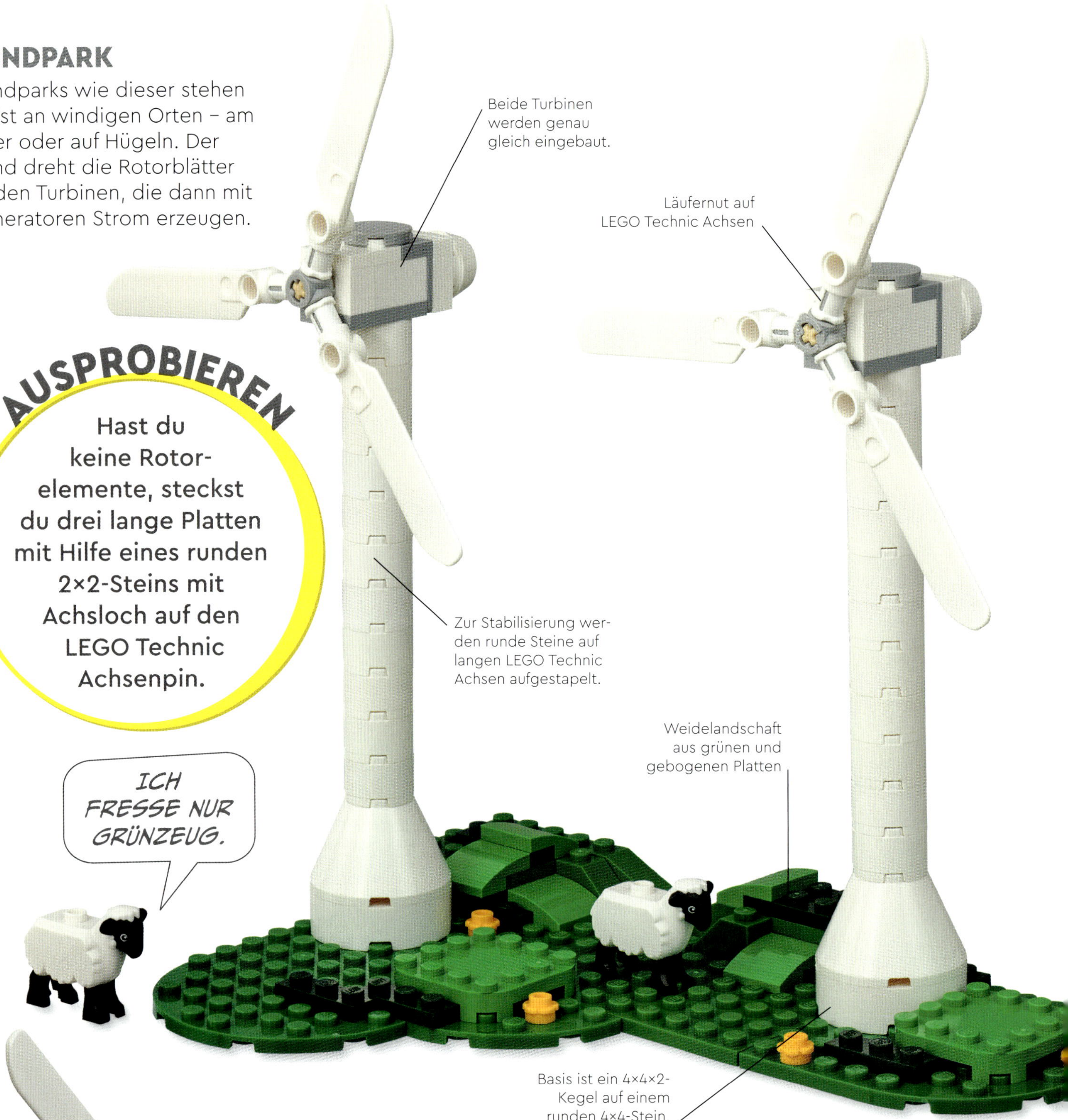

ROTORBAU

Der horizontale obere Teil einer Windturbine heißt Maschinengondel. Bei diesem Modell balanciert die lange Gondel das Gewicht der Rotorblätter aus, die sich auf einem LEGO Technic Achsenpin in einem Stein mit Achsloch frei drehen.

ERNEUERBARE ENERGIE

Autos und Häuser benötigen Energie. Erneuerbare Energie stammt aus Quellen, die nicht ausgehen, wie Wind, Wasser und Sonne. Baue Modelle zum Thema Energie, von Windparks und Solarpaneelen bis zu Wasserkraftwerken. Oder erfinde sogar neue Arten der Erzeugung oder Nutzung von erneuerbarer Energie!

BAUIDEE

Auftrag:	Baue Modelle und Ideen für erneuerbare Energie.
Zweck:	Erneuerbare Energien erzeugen
Ausstattung:	Rotoren, Generatoren, Stromquelle
Extras:	Windiger Ort, Solarpaneele

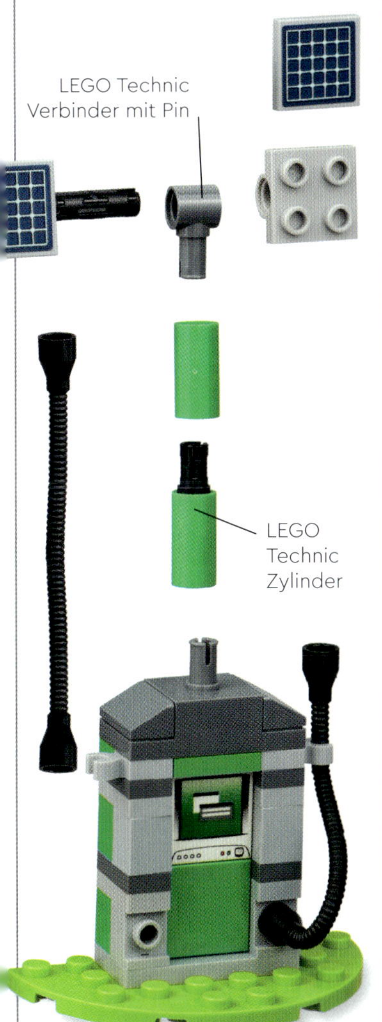

FANG DIE SONNE EIN!

Die Solarpaneele der Ladestation lassen sich neigen und drehen, um der Sonne den ganzen Tag zu folgen. Sie sind auf 2×2-Platten mit Ringen montiert, die auf einem langen LEGO Technic Reibungspin sitzen.

LADESTATION

Elektroautos fahren nicht mit Benzin, sondern mit Strom. Dieses LEGO Elektroauto wird „aufgeladen", indem es mit der Ladestation über ein Schlauchelement verbunden wird.

SEITENANSICHT

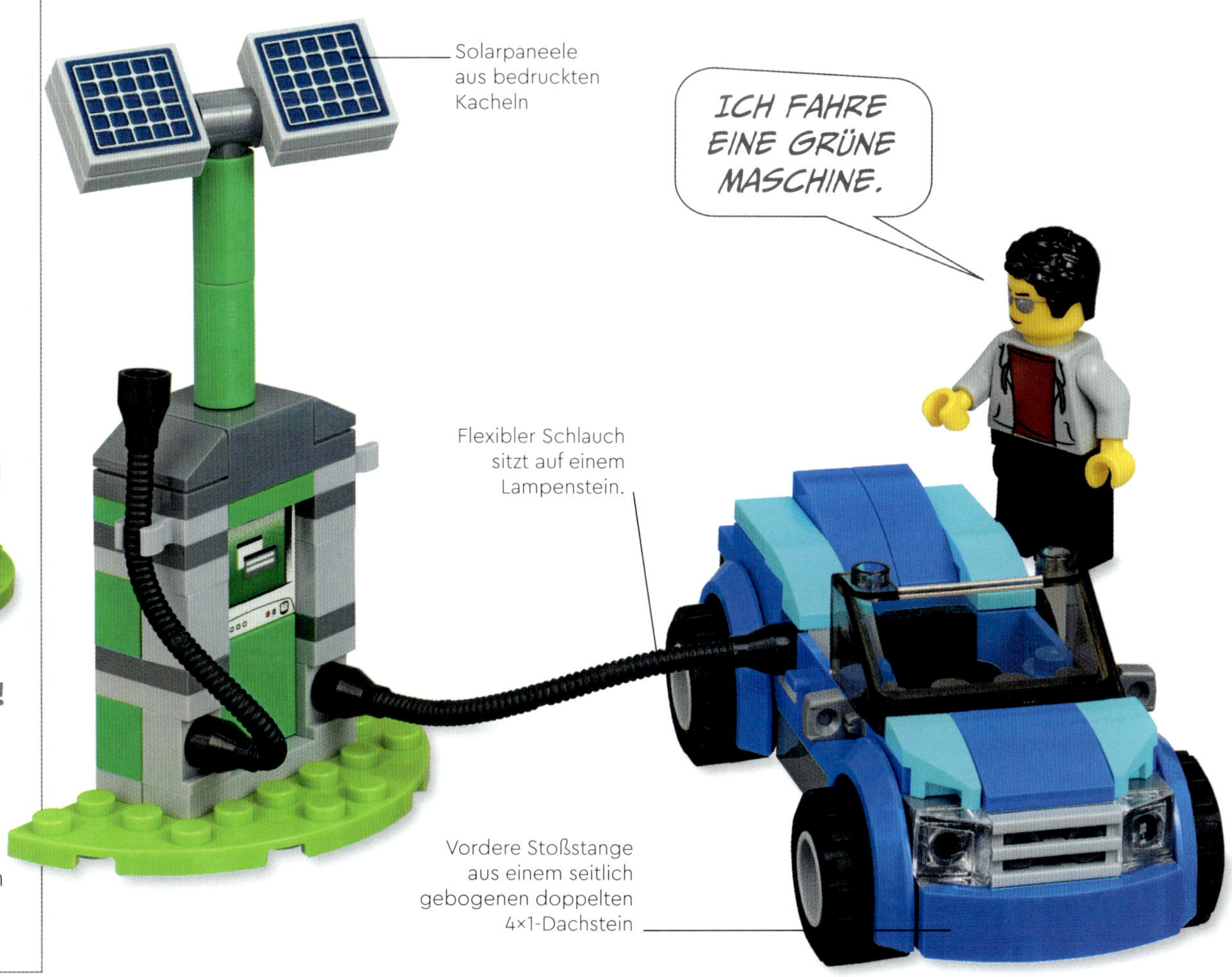

BOTANISCHER GARTEN

Botanische Gärten enthalten Pflanzen aus der ganzen Welt. Besucher können durch Tropen- und Wüstengebiete reisen und tolle Blüten betrachten, die sie normalerweise nicht zu sehen bekommen. Für deinen botanischen Garten baust du reale Pflanzen nach – oder eine fantastische Flora, die nur in deiner Fantasie existiert.

BAUIDEE

Auftrag: Baue einen botanischen Garten.
Zweck: Schöne Landschaften und Pflanzen zum Staunen
Ausstattung: Viele Pflanzen und Blüten, Wege, Zäune, Treibhaus
Extras: Ornamente, Statuen, Leuchten, Wasserspiele, Bänke

AUSPROBIEREN

Blüten gibt es in vielen Formen und Größen. Suche ausgefallene Arten in deiner Gegend oder im Internet als Anregung für deine botanischen Modelle.

GARTENGESTALTUNG

Eine sorgfältige Planung ist wichtig für den Bau eines botanischen Gartens. Überlege nicht nur, was wo wachsen soll, sondern denke auch an Wege, auf denen deine Minifiguren-Besucher herumwandern werden. Wird dein Garten auch Statuen, Wasserspiele oder Ruhebänke enthalten?

Krone einer Minipuppe als Blütenstempel

Wegebereich besteht aus einer einzigen 16×16-Straßenplatte.

SEITEN-ANSICHT

Dach aus fünf schrägen Fensterelementen

TREIBHAUS

In einem Treibhaus wachsen Pflanzen aus den Tropen. Baue aus LEGO Fensterelementen ein transparentes Gebäude, das tropische Pflanzen das ganze Jahr mit Wärme versorgt.

Gelbe Kristalle dienen normalerweise als Pommes frites für Minifiguren.

Ein rotes Kürbiselement ergibt eine knollige Knospe.

GARTENBELEUCHTUNG

Sorge für Atmosphäre, indem du Leuchten für abendliche Besucher aufstellst. Auf diesem klassischen Laternenpfosten sitzt in der Mitte ein Stein mit Noppen, an denen die vier Laternen hängen.

Jede Laterne sitzt auf einem Minifiguren-Farbroller.

Ein Stapel verschiedener Blattplatten wirkt natürlich.

SEITENANSICHT

SCHWIMMENDES DORF

Manchmal möchtest du historische Stätten möglichst genau nachbauen, aber du könntest auch Realismus und Fantasie kombinieren, um etwas Einzigartiges zu schaffen. Allein die Gebäude und die Anlagen eines mittelalterlichen Dorfes zu entwerfen und zu planen wäre schon ein interessantes Projekt – aber es könnte ja auch ein Dorf auf dem Wasser sein!

BAUIDEE

Auftrag:	Baue ein schwimmendes altes Dorf.
Zweck:	Ein historischer Wohnort mit ungewöhnlicher Lage
Ausstattung:	Häuser, Gasthof, wichtige Gebäude
Extras:	Flöße, Läden, Brücken

2×3-Kachel mit Klemmen als Gasthofschild

SEITENANSICHT

Grüne Elemente wirken wie Moos auf dem Dach.

Bogensteine passen perfekt um die Bogenfenster.

Besucher können ihre Boote am Holzsteg anbinden.

Überlappende blaue Kacheln wirken wie Wasserwellen.

ALTER GASTHOF

Schwarze Außenbalken und Gitterfenster wirken mittelalterlich. Baue deinen Minifiguren einen Ort, wo sie zusammenkommen und Tee trinken können. Welche Versammlungsorte benötige sie noch? Vielleicht einen Markt mit Verkaufsständen?

AUSPROBIEREN

Die Bewohner des schwimmenden Dorfs benötigen Boote nicht nur zum Fischen. Baue ihnen doch ein Kaufmannsfloß mit einem Einkaufssack!

Die Floßmitte bildet ein 1×2×2-Stein mit Seitennoppen.

FLOSS

BÜRGERMEISTERHAUS

Dieses ausgefallene Haus könnte dem Bürgermeister des mittelalterlichen Dorfs oder deiner liebsten Minifigur gehören. Den Eingang umgeben goldene LEGO Flaggen. Wie unterscheidet sich das Haus von den übrigen Häusern der Stadt?

Mittelalterliche Häuser sind oben meist breiter als unten.

RÜCKANSICHT

Flachdach aus zwei 4×6-Platten mit Halbnoppen

DER BÜRGER-MEISTER HEIßT DICH WILLKOMMEN!

Vor jedem Haus des Dorfs hängt ein Rettungsring.

Gebogene Dachsteine bilden die Kanten dieses Dachs.

Umgekehrte Dachsteine stützen den Überstand.

Kleine transparente Elemente als Schaum auf der Wasseroberfläche

AUF WASSER LEBEN

Das Dorf ist auf Stelzen erbaut, damit die Wellen unter den Häusern durchströmen, statt an die Wände zu klatschen. Baue auf die Stelzen stabile Plattformen aus großen Platten und füge Stege und Brücken aus kleineren hinzu.

4×6-Platte als Steg an der Front

10×12-Platte als Hauptplattform

HÄUSER AUF DEM WASSER

Alle Häuser sind auf Stelzen erbaut, damit sie hoch über dem Wasser stehen. Statt Gärten haben die Häuser Stege, wo Minifiguren für das Abendessen angeln und ihre Boote festmachen können. Versuche doch, die Gebäude mit Brücken zu verbinden.

MODERNER BAHNHOF

Einige der markantesten Gebäude der Welt sind Bahnhöfe. Es gibt sie in allen Größen und Baustilen, von verzierten historischen Bauten bis zu eleganten modernen Meisterwerken. Dank gebogener und transparenter Elemente wirkt dieser Mikrobahnhof klassisch und zeitgemäß.

BAUIDEE

Auftrag:	Baue einen Bahnhof.
Zweck:	Für ankommende und abfahrende Züge
Ausstattung:	Bahnhofsgebäude, Schienen, Züge
Extras:	Bäume, Gärten, Fahrkartenschalter

KLARE FORM

Die riesige Bahnhofshalle besteht ausschließlich aus transparenten Paneelelementen. An der Front und an der Rückseite zeigen die Paneelseiten nach außen, an den Seiten nach innen. So gibt es keine Lücken in den Ecken.

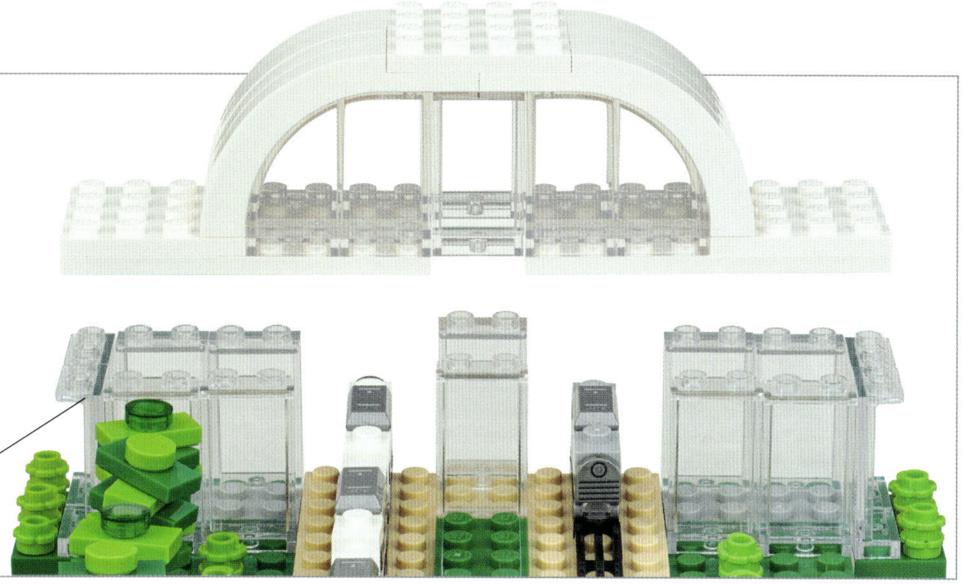

Transparentes 1×2×3-Paneelelement zeigt nach innen.

INNEN UND AUSSEN

Aus vielen gebogenen und transparenten Elementen werden deckenhohe Fenster gebaut, sodass es in der Bahnhofshalle strahlend hell ist. Die Grünflächen draußen bilden einen ruhigen Kontrast zum geschäftigen Treiben im Bahnhof.

RÜCKANSICHT

Vorn an jedem Zug sitzt eine gebogene bedruckte Kachel.

VERÄNDERN

In diesem Bahnhof stehen zwei gleichartige Züge, aber in deinen könnte auch ein schnittiger Zug oder eine altmodische Dampflokomotive einfahren.

1×1/1×1-Klammerplatten schließen die Fenster an beiden Enden ab.

Minifiguren-Rollerskates als Eisenbahnräder

FAHRGESTELL

Die Fahrgestelle sind nicht zusammengekoppelt.

VORDERANSICHT

BAUIDEE

Auftrag:	Baue einen Veranstaltungsort für Konzerte.
Zweck:	Hier können Minifiguren auftreten.
Ausstattung:	Bühne, Scheinwerfer, Lautsprecher, DJ-Boxen, Mikrofone
Extras:	Tanzfläche, Publikumssitze

Minifiguren-Megafone als Scheinwerfer

Stangenhalter mit Klemmen halten die Mikrofone.

SEITEN-ANSICHT

BÜHNENAUSSTATTUNG

Überlege, was für eine Bühne du baust, und achte darauf, dass es genug Raum für alle Scheinwerfer, Lautsprecher und Künstler gibt. Welche Minifiguren haben Musikinstrumente? Alle Figuren brauchen Platz, um glänzen zu können.

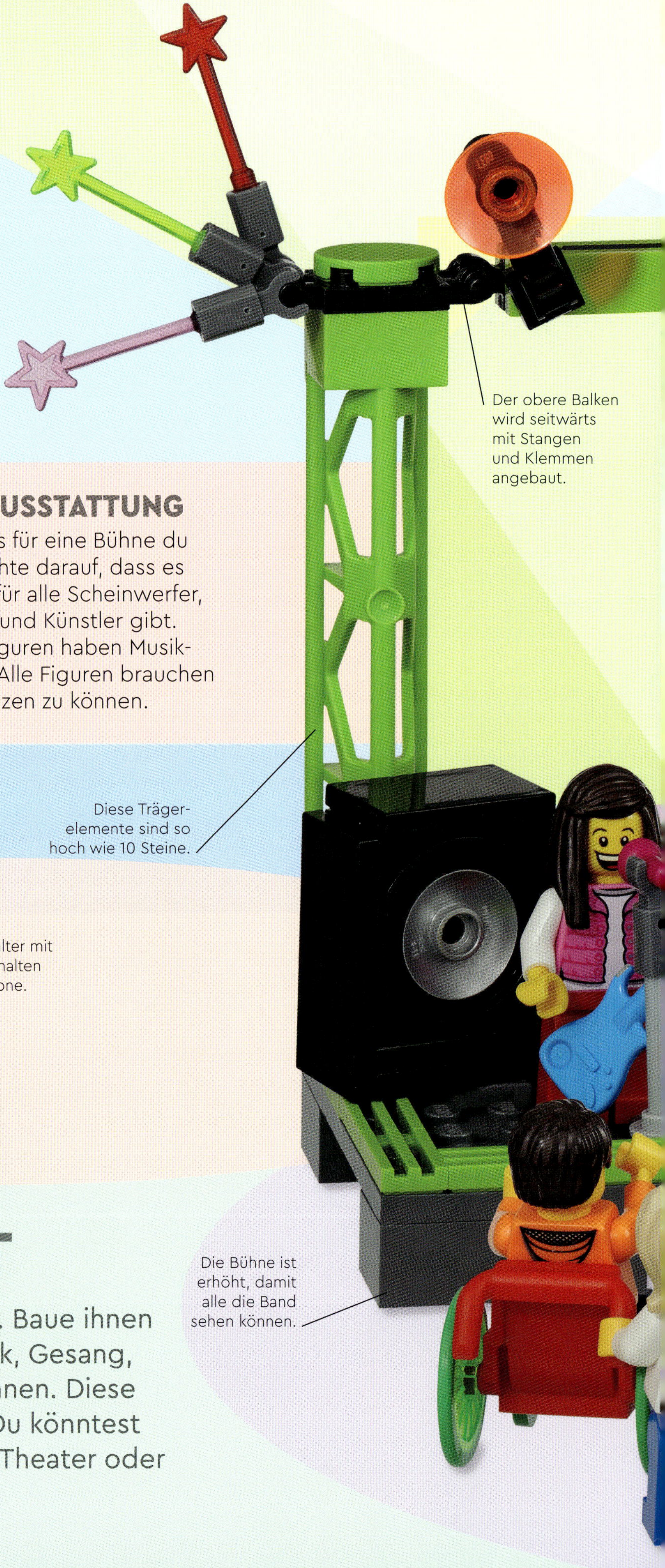

Der obere Balken wird seitwärts mit Stangen und Klemmen angebaut.

Diese Trägerelemente sind so hoch wie 10 Steine.

Die Bühne ist erhöht, damit alle die Band sehen können.

ROCKKONZERT

Manche Minifiguren treten gern auf. Baue ihnen einen Ort, wo sie ihr Talent für Musik, Gesang, Schauspiel oder Tanz beweisen können. Diese Minifiguren-Band rockt gleich los! Du könntest eine einfache Bühne wie diese, ein Theater oder ein ganzes Stadion bauen.

VERÄNDERN

Baue Bühnen für andere Livemusik-Events: ein Tanzturnier, eine Musicalaufführung oder sogar für ein klassisches Konzert mit Orchester!

MACH ES RICHTIG LAUT!

Die Lautsprechermembran ist ein Paar Radar-schüsseln, die auf der Rückseite eines Lampensteins hinten an der Box sitzen. Die Seiten der Box sind auf Steine mit Seitennoppen gebaute Kacheln.

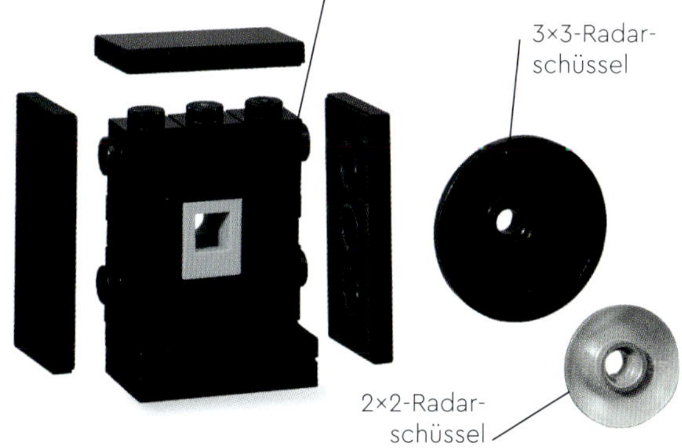

BAUIDEE

Auftrag:	Baue eine Sternwarte und Teleskope.
Zweck:	Beobachtung des Nachthimmels
Ausstattung:	Kuppeldach, Luke, bewegliches Teleskop
Extras:	Kleineres Teleskop, Garten, Nachtlebewesen

AUSBAUEN

Noch besser können deine neugierigen Minifiguren den nächtlichen Himmel von einer Sternwarte auf einer Drehscheibe aus beobachten – in alle Richtungen!

GUTER STANDORT

Am besten steht eine Sternwarte fern von künstlichem Licht, damit der Nachthimmel klar zu sehen ist. Dieses Mode steht auf einer grünen Basisplatte, aber du könntest es auch auf einen Hügel bauen. Was für eine Umgebung wirst du erschaffen?

STERNWARTE

Beim Bauen mit LEGO Steinen den Nachthimmel erforschen? Wissbegierige Minifiguren studieren ihn nachts aus dieser tollen Sternwarte. Ein mächtiges Teleskop steht unter dem Kuppeldach und wird durch die Luke auf die Sterne ausgerichtet. Teleskope müssen nicht groß sein. Du kannst auch ein kleines bauen, damit deine Minifiguren die Sterne im Garten beobachten können!

SEITENANSICHT

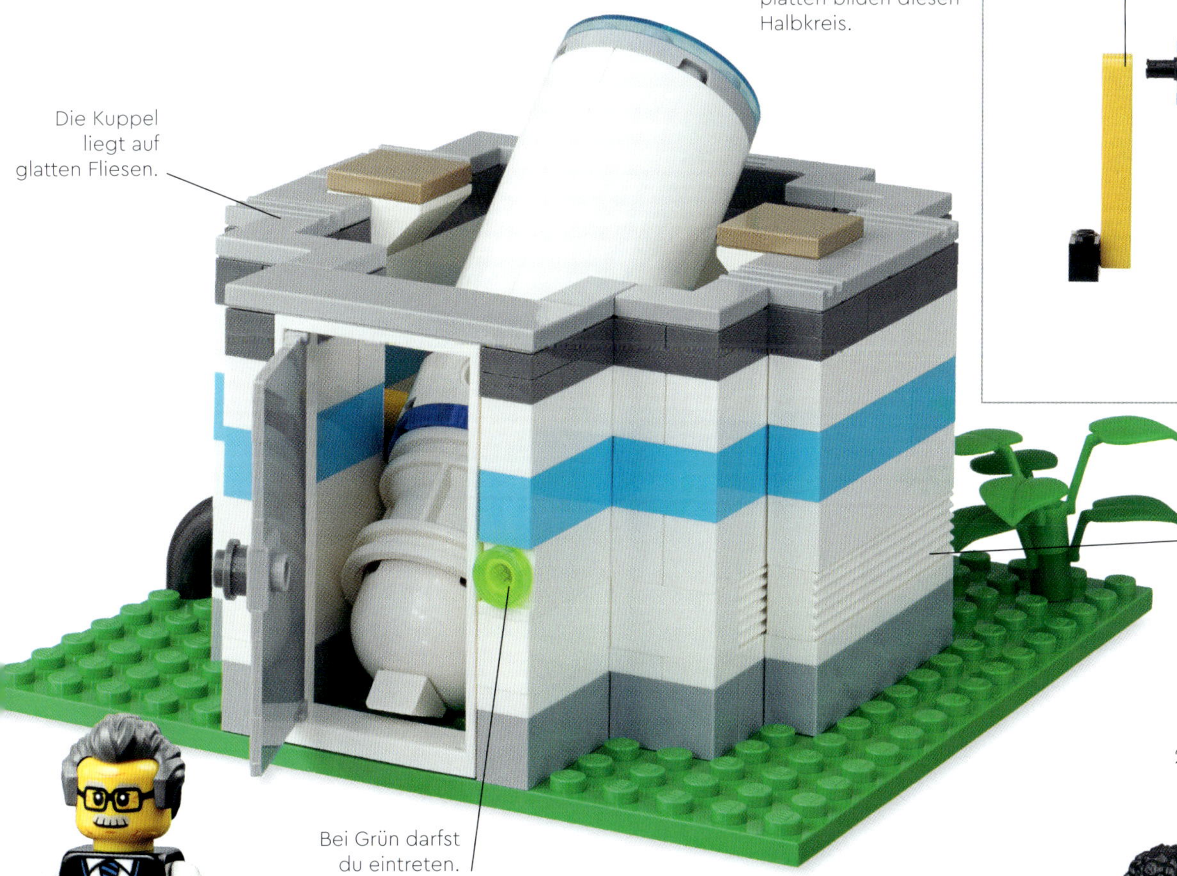

ZU DEN STERNEN!

Das an beweglichen Armen sitzende Teleskop lässt sich heben und senken. Diese Arme sind LEGO Technic Träger, die sich um LEGO Technic Reibungspins drehen.

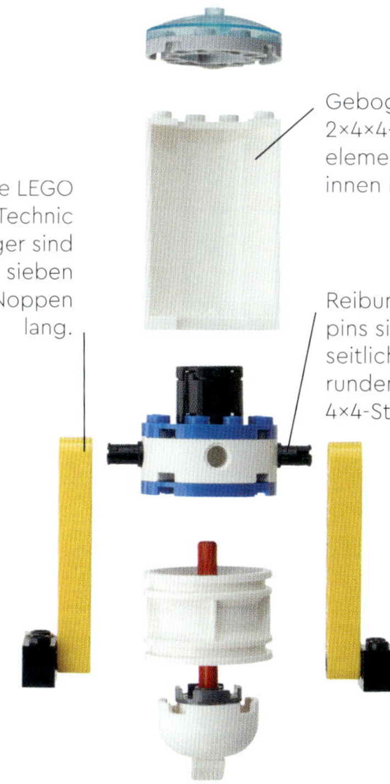

BEOBACHTEN IM GARTEN

Kleinere Teleskope lassen sich überall aufstellen. Dieses hier ist ideal, um mit einer Tasse Kakao die Sterne im Garten zu beobachten. Du könntest sogar ein ganz kleines Fernrohr in ein LEGO Haus einbauen.

BAUIDEE

Auftrag: Baue einen Bauernhof.
Zweck: Tierhaltung und Ackerbau
Ausstattung: Tierställe, matschige Erde, Feldfrüchte
Extras: Pflanzen, Zäune, Vogelscheuche

AUF DEM LAND

Überlege, was dir an Bauernhöfen und dem Leben auf dem Land am besten gefällt. Du könntest ein großes Bauernhaus oder mehrere kleinere Modelle wie diese hier bauen. Für ein Teamprojekt kannst du Hühnerhaus, Feld und Schweinestall mit den Modellen deiner Freunde oder Geschwister kombinieren.

RÜCKANSICHT

HEIMELIGE HÄUSER

Ställe für Tiere können einfache Unterstände oder aufwendigere Modelle mit originellen Details sein. Vielleicht möchten diese Hühner eine Dachterrasse oder einen Pool für ihr Hühnerhaus haben? Oder einen hohen Zaun, der Füchse fernhält!

EIERKISTE

Der traditionelle Hühnerstall wird aus glatten Kacheln auf Steinen mit Seitennoppen aufgebaut. Innen sitzt an der Rückwand eine kleine Hühnerstange. Im Moment wohnt ein Ei darin, das noch nicht ausgebrütet wurde.

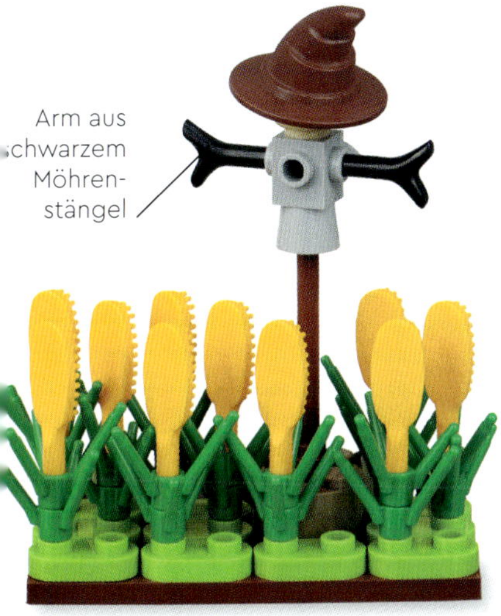

RÜCKANSICHT

HAUT AB!

Lass deine Felder von einer möglichst abschreckend wirkenden Vogelscheuche vor hungrigen Vögeln bewachen. Wie kannst du deine Felder noch schützen? Mit Wachkatzen, die am Zaun patrouillieren, oder einem Heer von Vogelscheuchen?

ZAUNPFOSTEN

Die Zäune für diesen Schweinestall bestehen aus Stangen und Stangenhaltern mit Klemmen. Die Stangen stecken auf der Basis des Modells in Teilen mit hohlen Noppen.

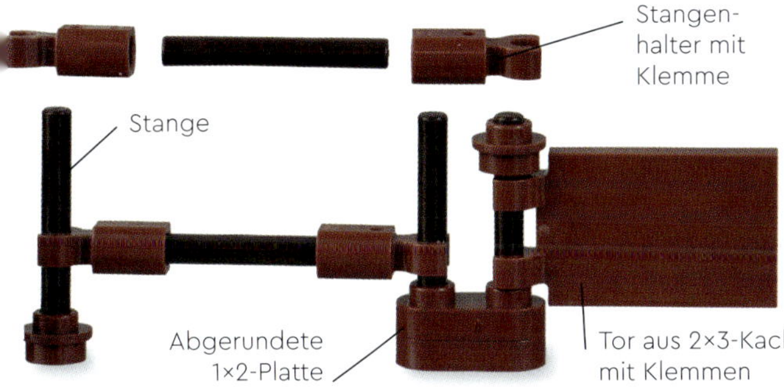

WIESO HAUEN MEINE SCHWEINE IMMER AB?

AUSPROBIEREN

Wie viele Bauernhoftiere kannst du aus Steinen bauen? Wie viele Elemente benötigst du für eine Ente?

COOLE MATSCHE

Diese Schweine haben Futter, Wasser und Schlamm zum Abkühlen. Was brauchen sie noch? Baue für sie einen Stall zum Schlafen oder ein Pferd, das ihnen Gesellschaft leistet.

TRAKTOR

Auf einer LEGO Farm gibt es viel Arbeit, vom Ackerbau bis zur Versorgung von Tieren, und wenige Maschinen arbeiten so schwer wie ein LEGO Traktor. Dieses wichtige Fahrzeug transportiert den Bauern und die Bäuerin und hilft beim Anpflanzen und bei der Ernte. Welche Zusatzgeräte kannst du bauen?

BAUIDEE

Auftrag:	Baue einen Traktor.
Zweck:	Heben, Ziehen, Pflanzen, Ernten
Ausstattung:	Klobige Reifen, Lenkrad, Fahrersitz, großer Motor
Extras:	Anhänger, Geräte, Zusatzmaschinen

SEITEN-ANSICHT

Minifigurenmikrofon als Handbremsgriff

Vorderräder sitzen auf einer 2×4-Platte mit Pins.

ANSICHT VON UNTEN

FÜRS GELÄNDE

Ein Traktor muss holpriges und schlammiges Gelände bewältigen und daher klobige Reifen haben. Außerdem kannst du mit Farben und speziellen Ausstattungsmerkmalen experimentieren. Was kann dein Traktor ziehen oder welche Arbeiten kann er verrichten?

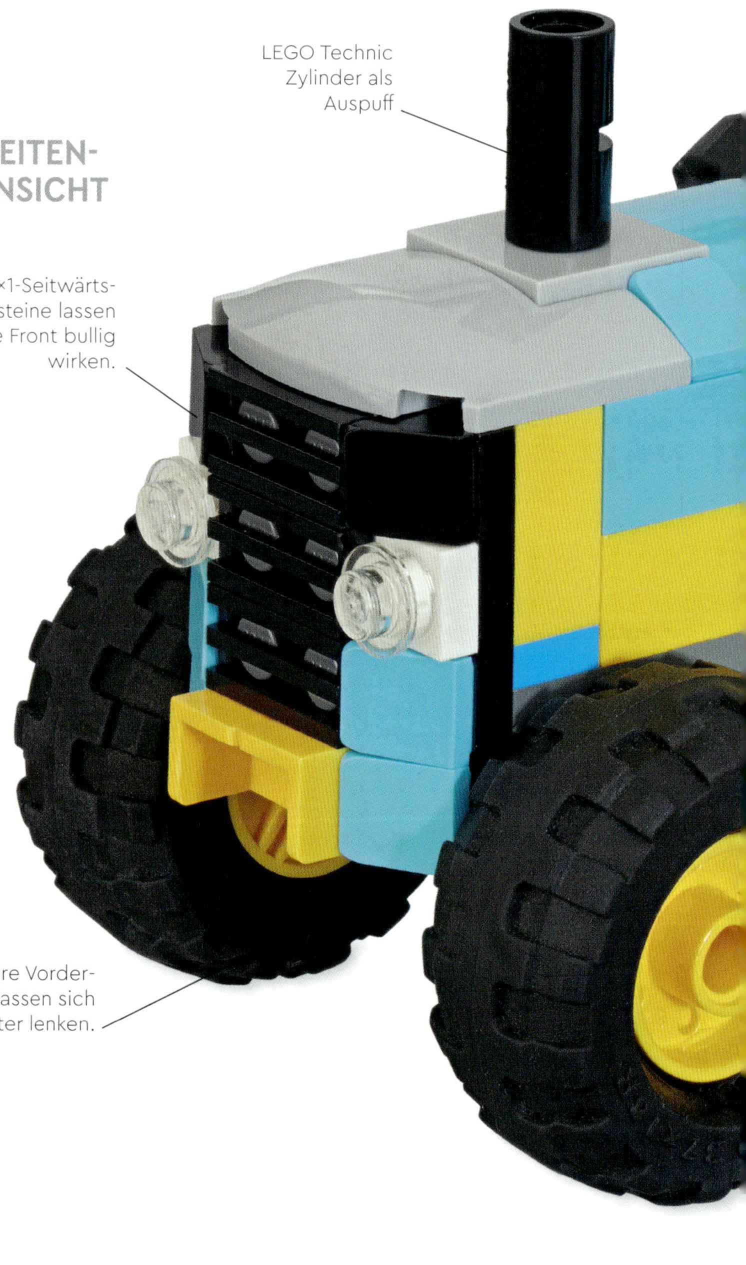

LEGO Technic Zylinder als Auspuff

1×1-Seitwärtsdachsteine lassen die Front bullig wirken.

Kleinere Vorderräder lassen sich leichter lenken.

AUSPROBIEREN

Außer Traktoren gibt es noch andere coole Dinge auf einer Farm! Baue einen Mähdrescher, ein Saatflugzeug oder sogar einen von Pferden gezogenen Pflug.

OKAY, ICH HOLE DANN MAL EIN PAAR KÜHE.

TRAKTORTEILE

Vorder- und Hinterabschnitte des Traktors werden separat gebaut und dann an das Hauptteil angesetzt. Der hintere Abschnitt sitzt an zwei Scharnierplatten – die großen Bogenelemente wirken wie realistische Schmutzfänger.

VORDERANSICHT

RÜCKANSICHT

BAUIDEE

Auftrag: Baue die Bühne für eine Talentshow.
Zweck: Vorführen spezieller Talente
Ausstattung: Bühne, Scheinwerfer, Jurytisch
Extras: TV-Kameras, Buzzer

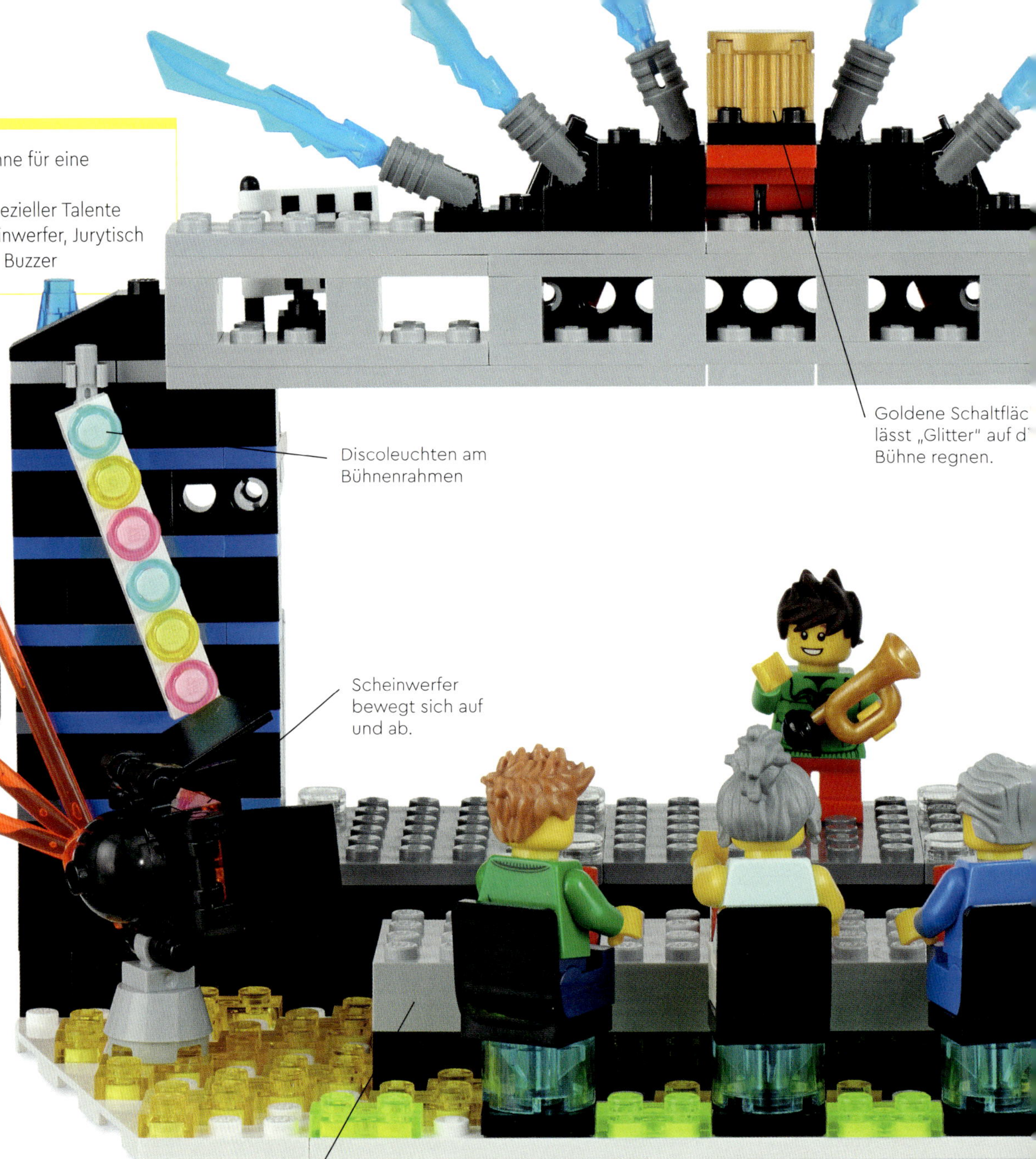

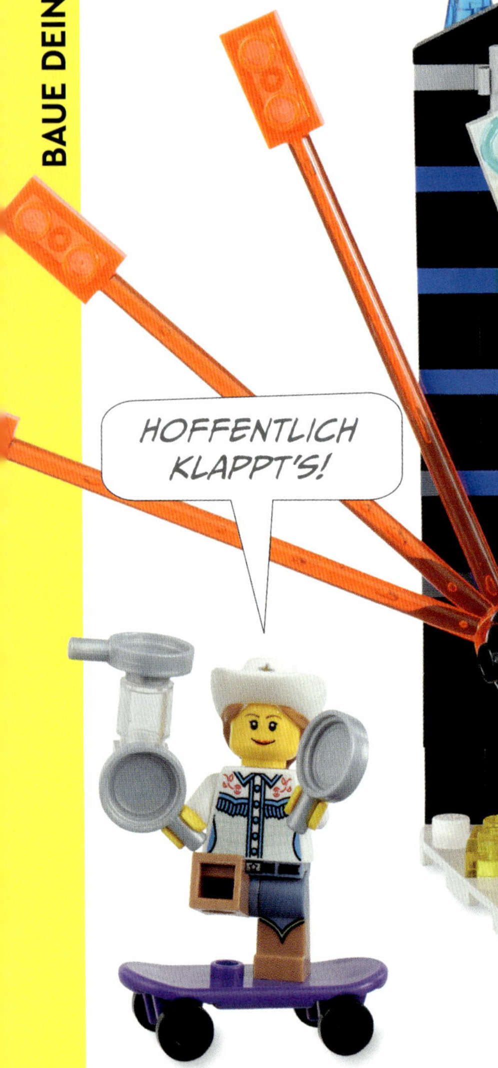

TALENTSHOW

Auf dieser Bühne passiert mehr, als du denkst. Drücken die Juroren auf ihre roten Buzzer, können sie eine Falltür öffnen, mit einer Flagge abwinken oder gar Fische auf die Kandidaten regnen lassen! Zum Glück gibt es auch einen Goldbuzzer, der die wahren Talente mit Glitter überschüttet.

BUZZERN

Jeder rote Buzzer sitzt auf einem verborgenen Wippmechanismus. Die Wippe in der Mitte lässt die Falltür aufgehen. Die Wippen links und rechts sind mit L-förmigen „Stachlern" verbunden, die die Flagge und den Fischeimer auslösen.

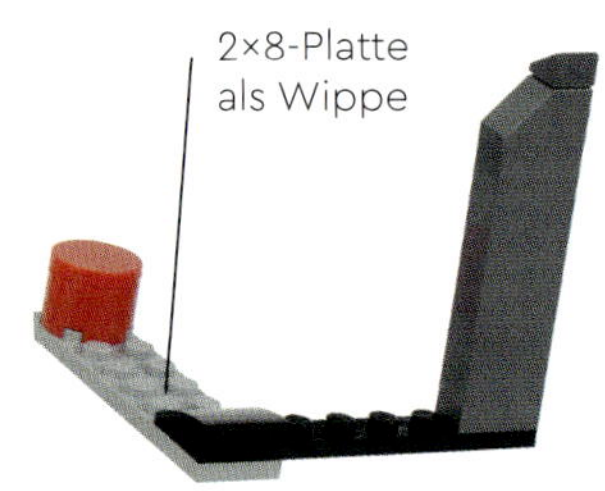

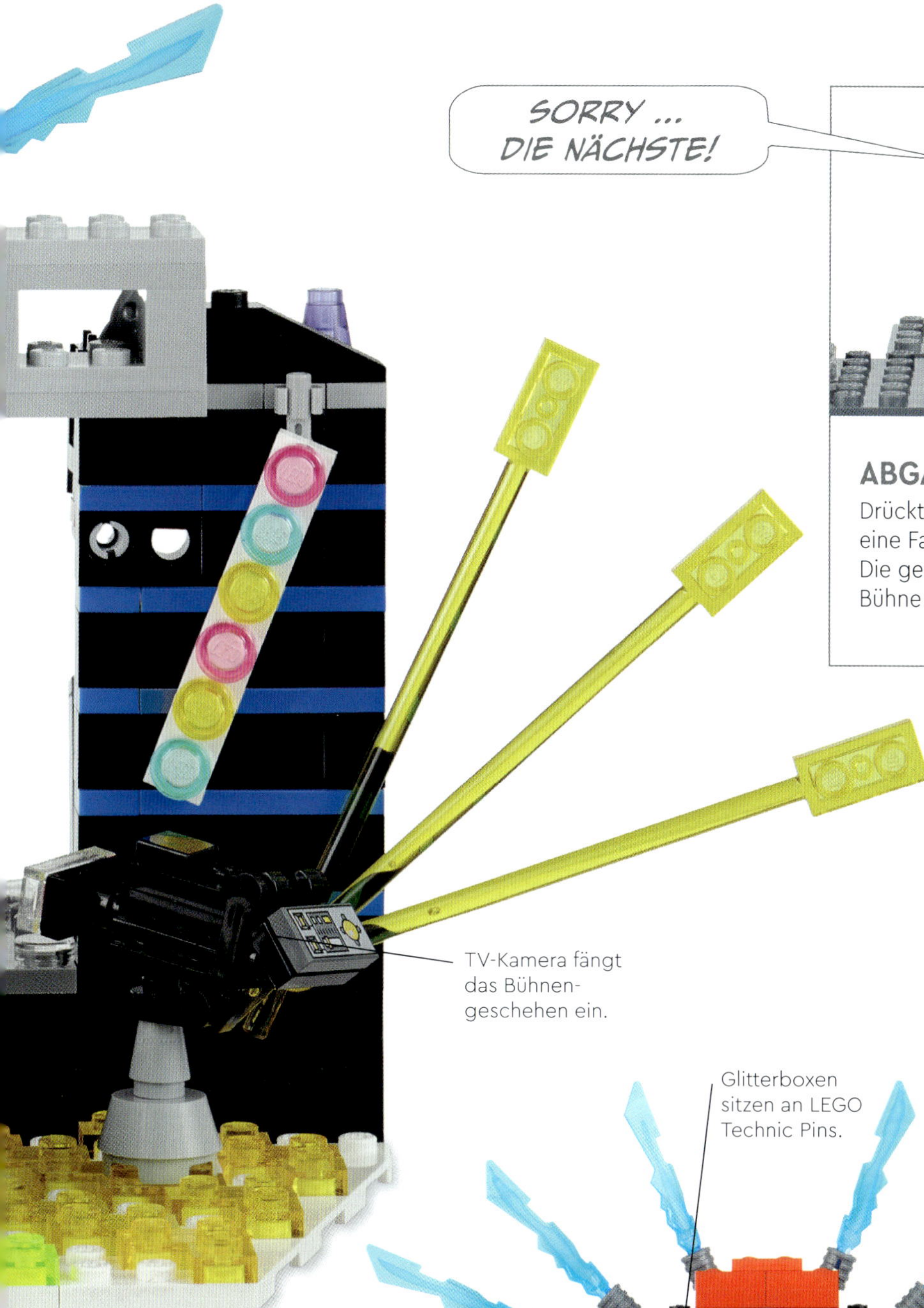

ABGANG

Drückt die mittlere Jurorin auf ihren roten Buzzer, befördert eine Falltür den unglücklichen Kandidaten von der Bühne! Die geschlossene Falltür aus einer 6×6-Platte passt sich der Bühne perfekt an – die Kandidaten sollten lieber aufpassen!

SHOWTIME!

Die Kamera neben der Bühne läuft und das riesige Spotlight hat sein Ziel gefunden – gleich wird dein Modell zu einer TV-Talentshow! Haben deine Minifiguren es wirklich drauf? Stell deine Lieblinge zusammen und überlege, welche tollen Talente sie haben könnten.

RÜCKANSICHT

ENTDECKUNGSREISEN

Begib dich auf eine Entdeckungsreise und begegne Tieren, Aliens, mythischen Ungeheuern, Wikingern und vielem mehr. Du erblickst die Wunder der Antike, fährst altmodische Fahrzeuge, besuchst Großstädte und landest auf anderen Planeten. Worauf wartest du noch? Schnapp dir deine LEGO® Elemente – und los geht's!

BAUIDEE

Auftrag:	Baue Modelle im Mikromaßstab.
Zweck:	Ausstellung, Reisen, Miniabenteuer
Ausstattung:	Details im kleinen Maßstab
Extras:	Souvenirs, Fahrzeuge, kleine Menschen

WAHRZEICHEN

Aus einer Handvoll Elemente und mit etwas Fantasie baust du tolle Mikromodelle berühmter Bauwerke und Wahrzeichen. Diese Modelle sind klein, haben aber einen großen „Wow-Faktor"! Stelle sie in deinem Zimmer aus, damit du mit deinen Freunden auf Weltreise gehen kannst, ohne das Haus zu verlassen.

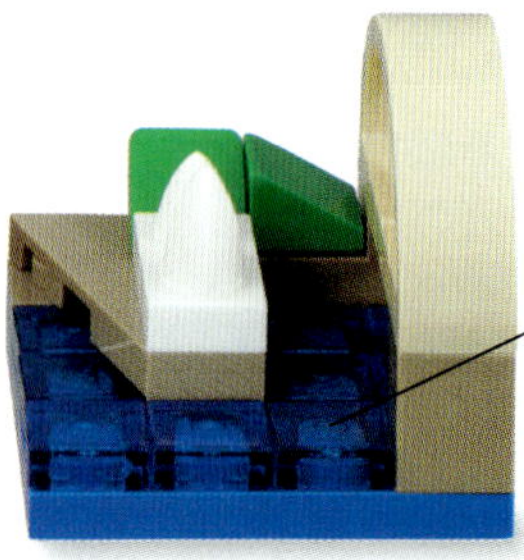

SEITENANSICHT

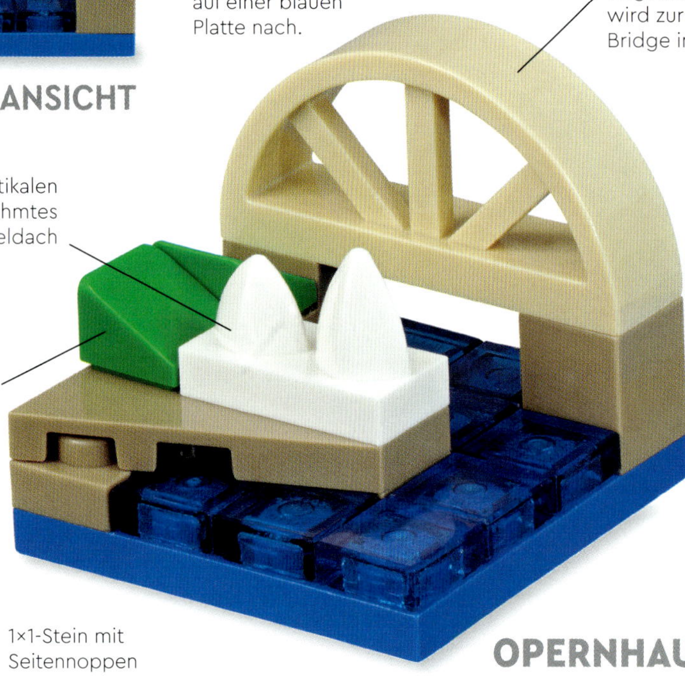

BAUTIPP

Schau dir Fotos echter Bauwerke oder Wahrzeichen an und beachte die für sie typischen Details. Mit welchen Elementen aus deiner Sammlung kannst du sie nachbauen?

OPERNHAUS VON SYDNEY

Ein einziges LEGO Element verleiht diesem Mikrobauwerk seine unverwechselbar typische Segelform. Baue doch den ganzen Hafen mit anderen passenden Elementen nach!

IMMER HÖHER

Baue für den Wolkenkratzer eine breite Basis, um ihn zu stabilisieren, und errichte ihn mit einzelnen Lagen. Die Rostkacheln und Platten sind seitwärts befestigt.

EMPIRE STATE BUILDING

Du benötigst nur einen Bruchteil der 10 Millionen Steine, aus denen der echte Wolkenkratzer erbaut ist. Gestapelte Steine mit Seitennoppen bilden ein hohes, stabiles Bauwerk, an dem du seitlich Details anbringen kannst.

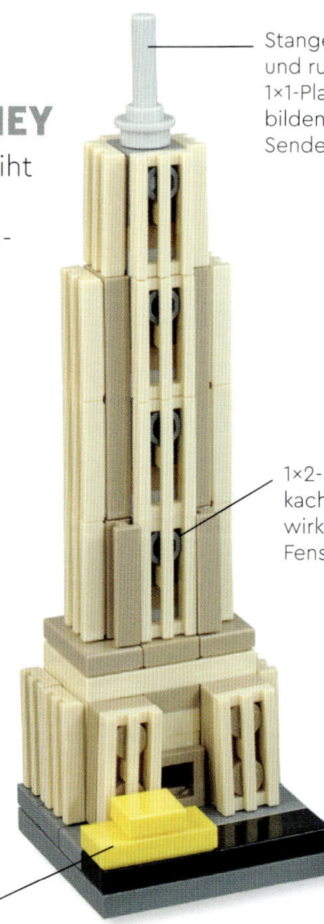

TAJ MAHAL

Das Taj Mahal im indischen Agra ist wie dieses Mikromodell symmetrisch gebaut. Das echte Taj Mahal wurde in 16 Jahren erbaut – aber so lange wird es für die Mikroversion nicht dauern!

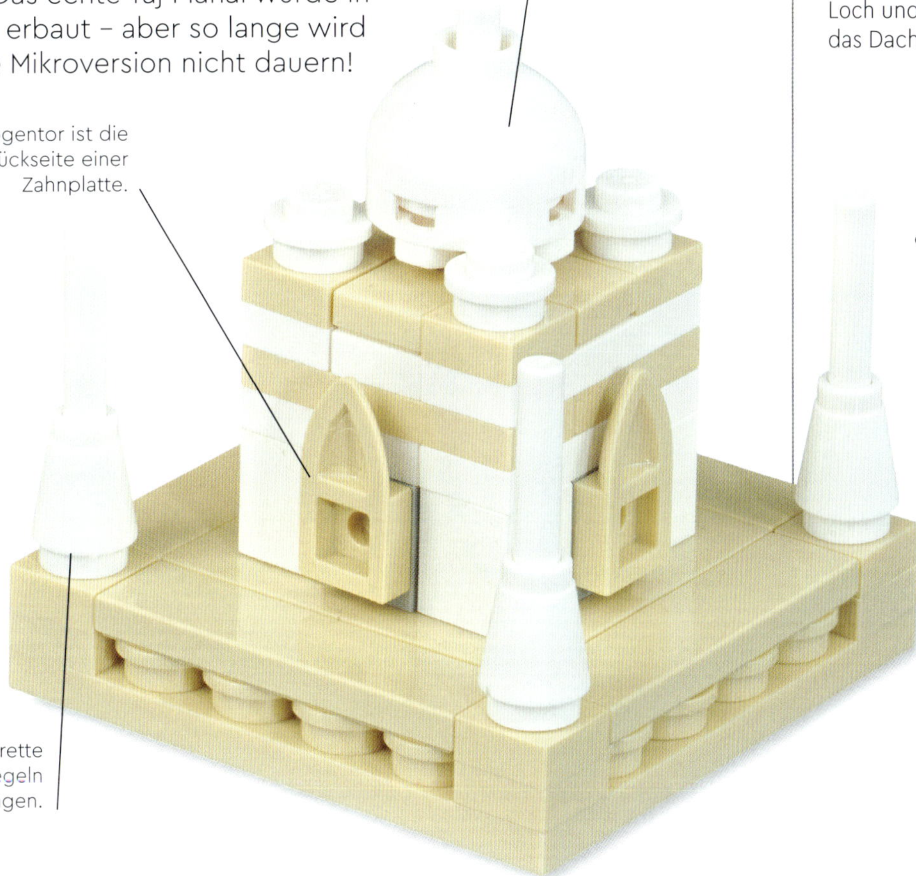

2×2-Kuppelelement bildet den zentralen „Zwiebelturm".

Bogentor ist die Rückseite einer Zahnplatte.

Baue Minarette aus 1×1-Kegeln und Stangen.

SICHERE STANGE

In diesem Mikrobauwerk sitzt eine goldene runde 1×1-Platte an einem Stangenelement. Sie geht durch eine runde 2×2-Platte mit Loch und die Kuppel darüber, um das Dach zu sichern.

Runde 1×1-Platte mit offener Noppe

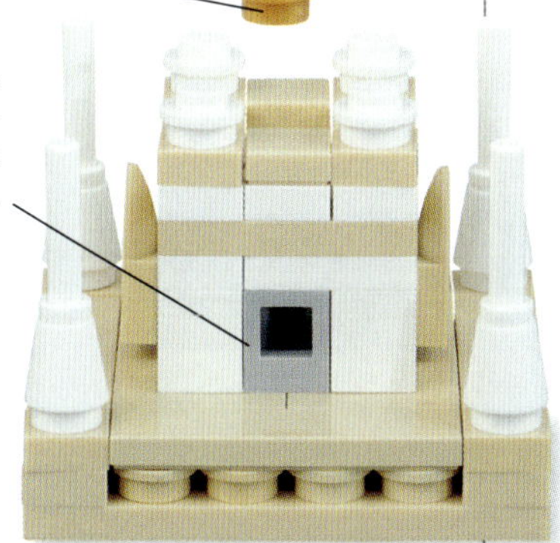

Die Rückseite eines Lampensteins hält die Tür.

EIFFELTURM

Die typische Form dieses Bauwerks lässt sich mit einer Handvoll LEGO Elemente leicht nachbauen. Baue den Turm allein oder fixiere ihn auf den Gärten drumherum.

Französische Flagge aus zwei 1×1-Platten und einer Kachel mit Klemme

Zwei transparente runde 1×1-Platten verbinden den Turm mit der Basis.

Zwei 1×3-Kacheln deuten den Fluß Seine an.

Runde 1×1-Steine als Bäume und Büsche

RÜCKANSICHT

DINOKONFERENZ

Ein Asteroid bedroht die Erde! Können sich die Dinosaurier retten? Fünf verzweifelte Dinos versammeln sich an einem Tisch, um sich zu beraten. Für eine lustige Szene wie diese benötigst du nur ein paar Modelle – Dinosaurier, Tisch, Baum, Asteroiden. Wie wäre es mit weiteren historischen Ereignissen?

BAUIDEE

Auftrag:	Baue eine prähistorische Szene nach.
Zweck:	Das Aussterben verhindern
Ausstattung:	Dinosaurier, Konferenztisch
Extras:	Asteroid, prähistorische Landschaft

AUSPROBIEREN

Versuche Maschinen oder Vorrichtungen zu bauen, die den Asteroiden abfangen oder ablenken könnten. Welche verrückten Apparate fallen dir ein?

BAUM

T-REX

Ein roter T-Rex wirft mit Ideen wild um sich. Seine kleinen Hände sind Kacheln mit Klemmen, um Dinge anzupacken.

STEGOSAURUS

Füße, Körper und Panzerplatten eines Stegosaurus sind groß, aber sein Gehirn ist eher klein. Seine Idee: Er will den Asteroiden mit dem Schwanz wegschlagen.

2×6-Winkelplatte für höckerige Schwingen

1×1-Platte mit Klemme als Krallen

Bedruckter gebogener 1-Dachstein bildet den mächtigen Schnabel.

PTERODACTYLUS

Pterodactylus hat einen kühnen Einfall: Hochfliegen und den Asteroiden wegschieben, bevor er einschlägt!

2×2-Steine bilden diesen zackigen Weltallfelsen.

ASTEROID

TRICERATOPS

„Wollen wir nicht erst mal austrinken?" Die Tassen mit köstlichem Sumpfwasser auf dem Tisch unten lenken Triceratops wohl ab.

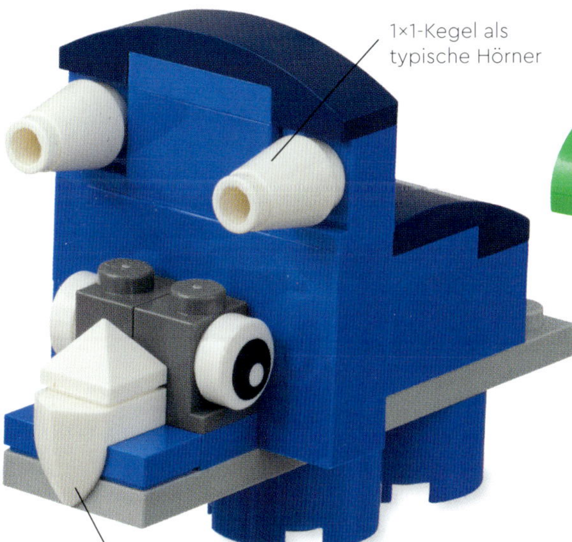

1×1-Kegel als typische Hörner

Zahnplatte wirkt wie ein spitzer Schnabel.

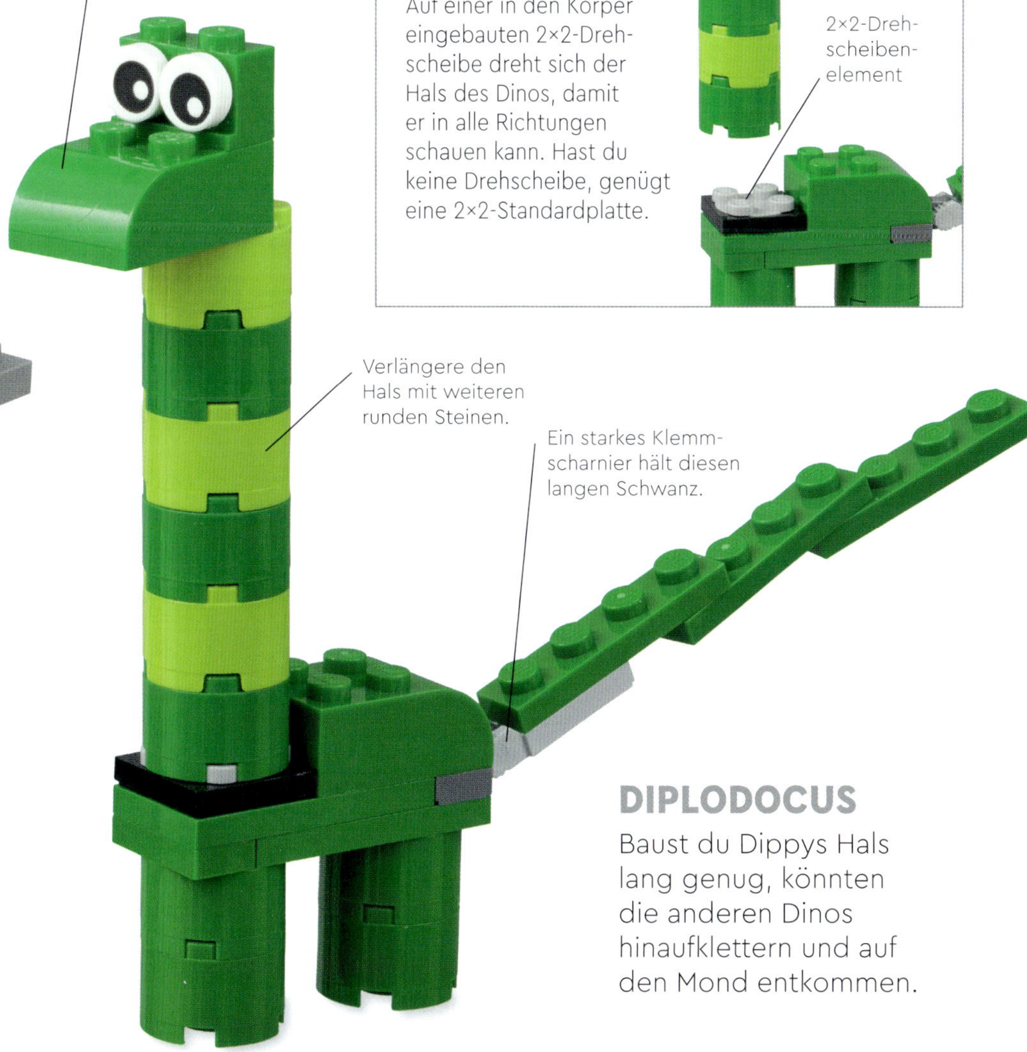

Schnauze aus abgerundetem 2×3-Stein

Verlängere den Hals mit weiteren runden Steinen.

Ein starkes Klemmscharnier hält diesen langen Schwanz.

DREHBARE KÖPFE

Auf einer in den Körper eingebauten 2×2-Drehscheibe dreht sich der Hals des Dinos, damit er in alle Richtungen schauen kann. Hast du keine Drehscheibe, genügt eine 2×2-Standardplatte.

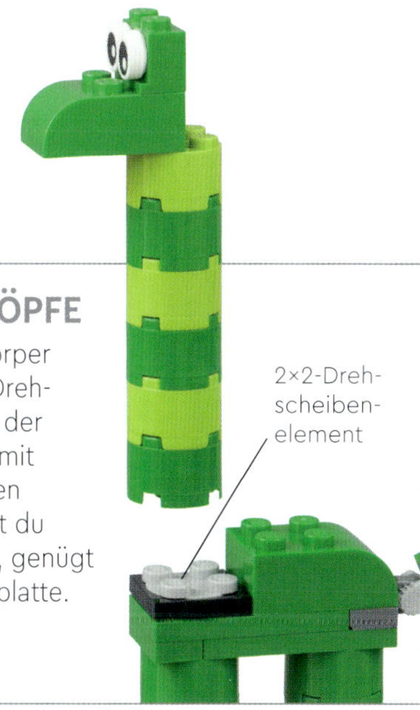

2×2-Drehscheibenelement

DIPLODOCUS

Baust du Dippys Hals lang genug, könnten die anderen Dinos hinaufklettern und auf den Mond entkommen.

...it Karte ...edruckte Kachel

KONFERENZTISCH

BAUIDEE

Auftrag:	Baue das alte Ägypten im Mikromaßstab.
Zweck:	Erkunden der antiken Welt
Ausstattung:	Sphinx, Tempel mit Säulen, Nilufer
Extras:	Vegetation, Boote

IM ALTEN ÄGYPTEN

Die Sphinx hat über Jahrtausende die Geschichte des alten Ägyptens an sich vorbeiziehen sehen. Stell dir vor, was diese berühmte Statue alles gesehen hat – den Fluss Nil natürlich und bestimmt viele Palmen! Diese Mikroszene hier enthält auch Boote und einen Steg, der zu einem Tempel am Fluss führt. Ist deine Szene auch so friedlich, oder sorgt eine randalierende Mumie für Chaos?

NILUFER

In diesem Mikromodell wirken dreiblättrige Pflanzenelemente wie hohe Palmen und eine Kachel bildet einen langen Steg. Du kannst weitere verschieden große Pyramiden hinzufügen.

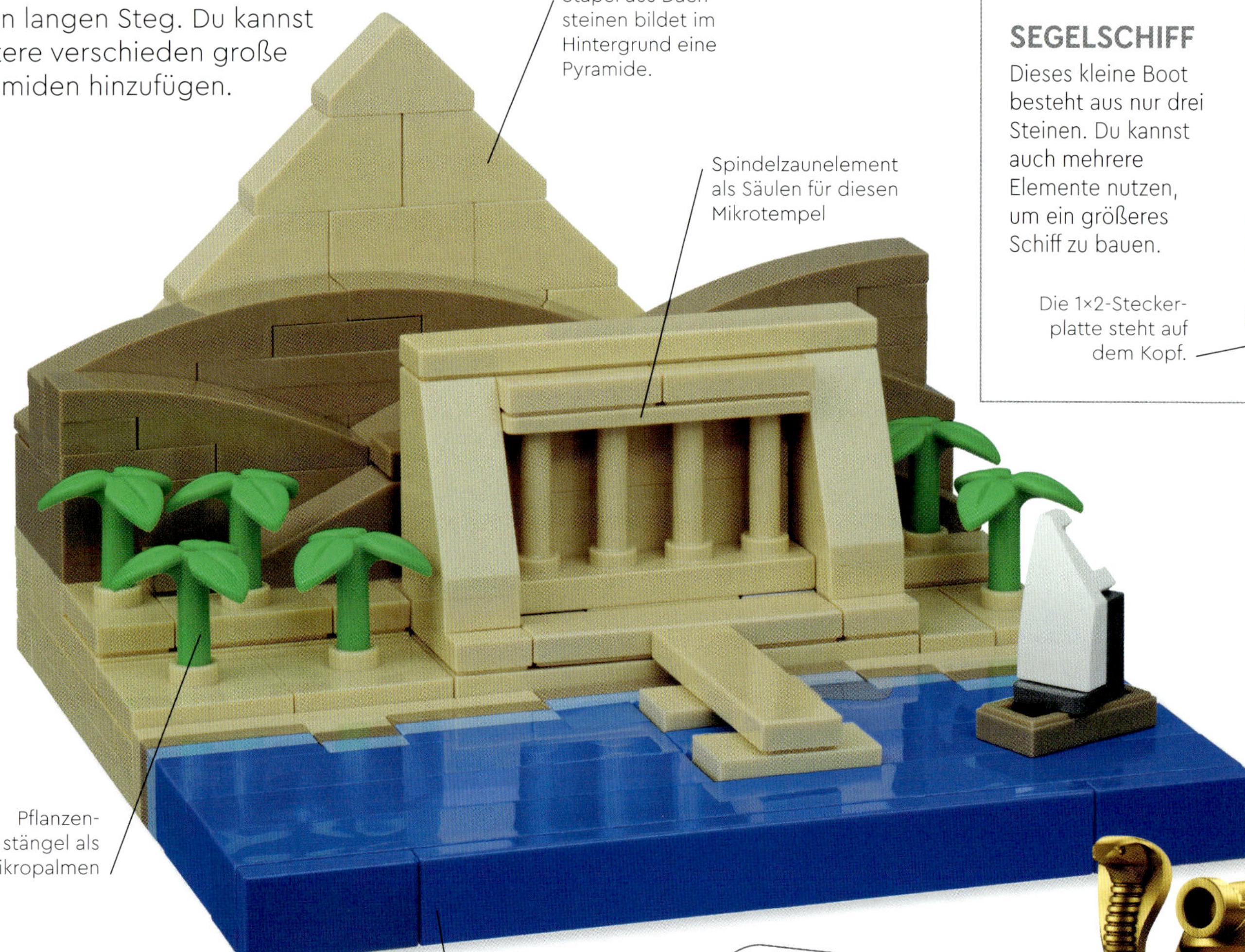

Stapel aus Dachsteinen bildet im Hintergrund eine Pyramide.

Spindelzaunelement als Säulen für diesen Mikrotempel

Pflanzenstängel als Mikropalmen

Blaue Steine mit Kacheln an den Seiten bilden einen ruhigen Fluss.

SEGELSCHIFF

Dieses kleine Boot besteht aus nur drei Steinen. Du kannst auch mehrere Elemente nutzen, um ein größeres Schiff zu bauen.

Die 1×2-Steckerplatte steht auf dem Kopf.

Der Steg hat eine Basis aus zwei 1×2-Steckerplatten.

SEITENANSICHT

SEITENANSICHT

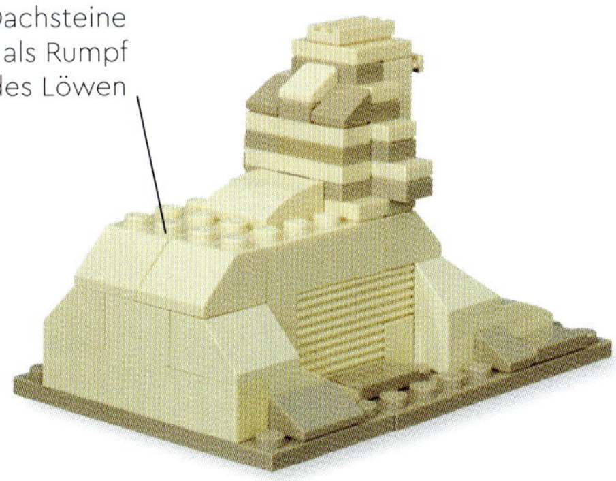

VON HINTEN

AUSBAUEN

Wenn du Mikromodelle wie dieses beherrschst, überlege, mit welchen Elementen aus deiner Sammlung du größere Versionen deiner Lieblingsmodelle bauen könntest.

SYMMETRIE

Verborgene Steckerplatten verleihen der Sphinx ihre typische Kopfform. Jede Lage ist etwas schmaler als die darunter. Steckerplatten zentrieren alle Lagen und machen den Kopf symmetrisch.

SPHINX

Die Sphinx ist ein Wesen mit Löwenkörper und Menschenkopf. Ihre steinerne Miene ist berühmt. Verleihe deiner Sphinx den richtigen Blick, indem du einen Stein mit runden Löchern auf ihr Gesicht setzt.

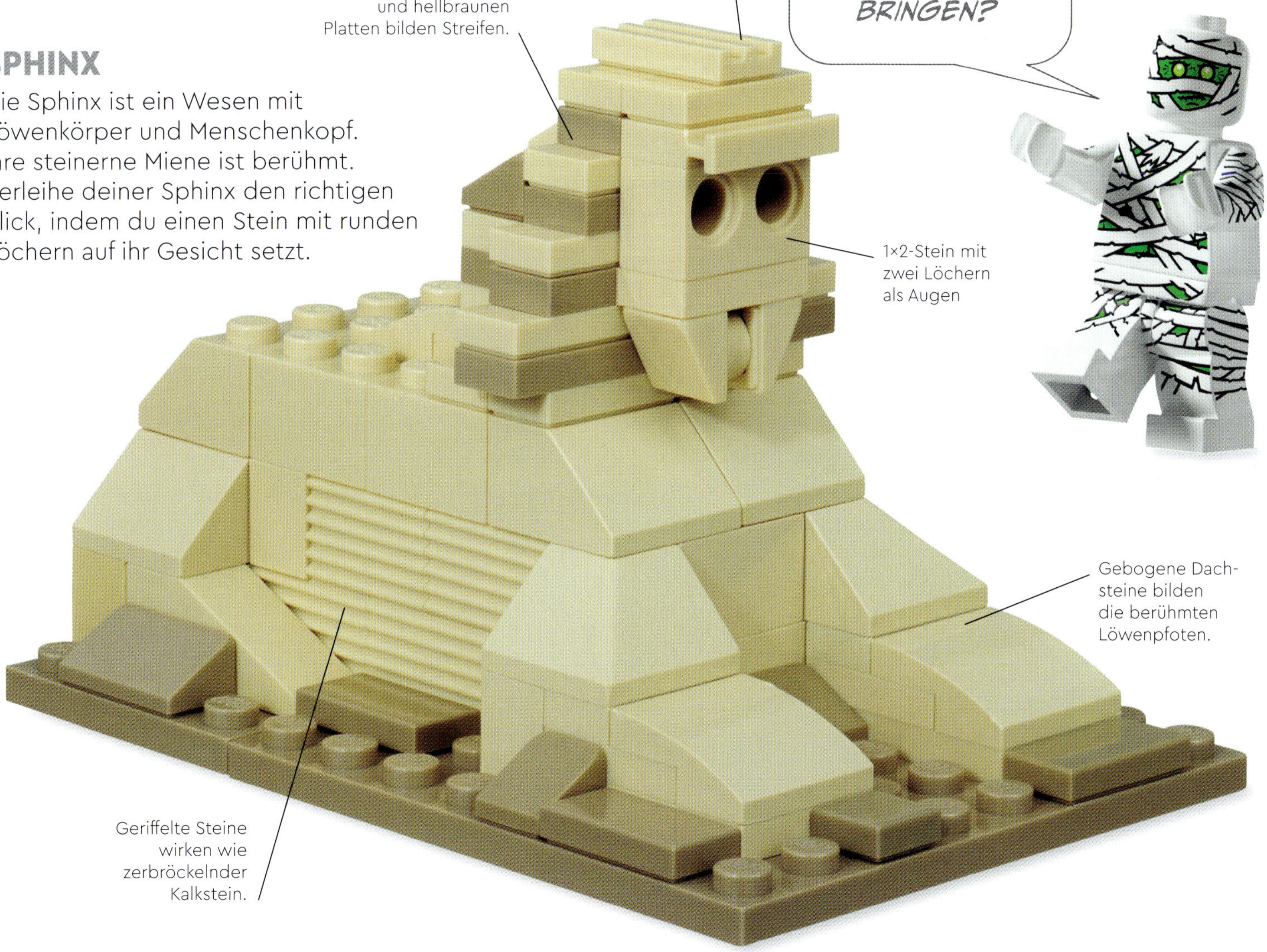

ALTE FAHRZEUGE

BAUIDEE

Auftrag:	Baue altmodische Fahrzeuge.
Zweck:	Bewege dich stilvoll durch vergangene Zeiten.
Ausstattung:	Sitze, Steuermechanismen, Antriebsquelle
Extras:	Räder, Gepäck, Beleuchtung

Reise zurück in alte Zeiten! Früher wurden Fahrzeuge von Tieren, Heißluft, Dampf oder Wind angetrieben. Baue eine von Pferden gezogene Postkutsche, einen Heißluftballon, ein Segelschiff oder ein mit Dampfkraft angetriebenes Auto. Schau dir Bilder altmodischer Transportmittel an und lass dich zu fantasievollen Modellen inspirieren.

BAUE EINEN SITZ

Postkutschen beförderten mehrere Passagiere auf einmal, sorge also innen für ausreichend Platz und genügend Beinfreiheit. Getränke und Snacks sind Extras!

POSTKUTSCHE

Diese Pferdekutsche ist für Fahrten auf schmutzigen Straßen und holprigem Pflaster gebaut. Sie hat einen Fahrersitz und einen bequemen Innenraum. Oben gibt es auch Platz für Gepäck – und darauf haben es Straßenräuber abgesehen!

HEISSLUFTBALLON

Den Ballon dieses Fluggeräts nennt man Hülle. Sie besteht aus vielen Steinen und dünnen Platten oben. Für die richtige Form stapelst du Steine von unten nach oben – zur Mitte werden die Lagen immer größer und dann wieder kleiner.

SEITENANSICHT

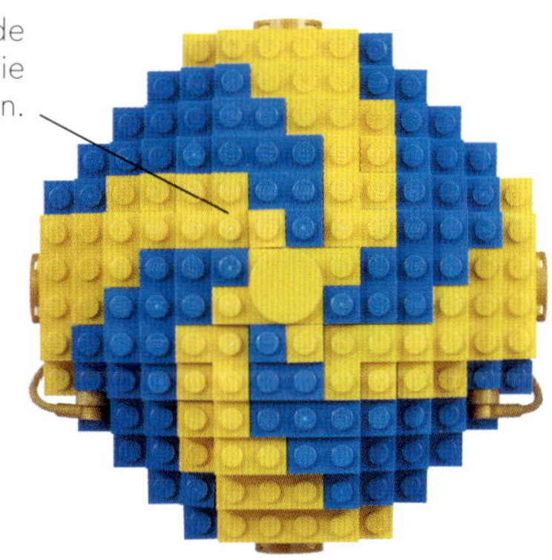

VON OBEN

BAUTIPP

Achte auf die richtige Größe der Hülle deines Heißluftballons. Ist die Hülle zu hoch oder zu breit, könnte dein Modell umkippen.

INNENVERSTÄRKUNG

Steine in der Mitte der Hülle bilden einen kreuzförmigen Rahmen. Er stützt die Seiten ab und verleiht dem Modell zusätzliche Stabilität.

FANTASTISCHE TIERE

Die Bauweise dieser bunten Lebewesen hat etwas Magisches: Ihr Körper ist gleich gebaut. Baue zuerst den eckigen Rumpf und füge dann die jeweiligen besonderen Details hinzu. Ein Einhorn benötigt ein Horn, ein Drachen könnte Feuer spucken. Welche Merkmale hat ein Pegasus oder eine Meerjungfrau?

BAUIDEE

Auftrag:	Baue magische Wesen.
Zweck:	Bevölkern verzauberter Länder
Ausstattung:	Hörner, Schwänze, Augen
Extras:	Regenbögen, Feuer, Stacheln

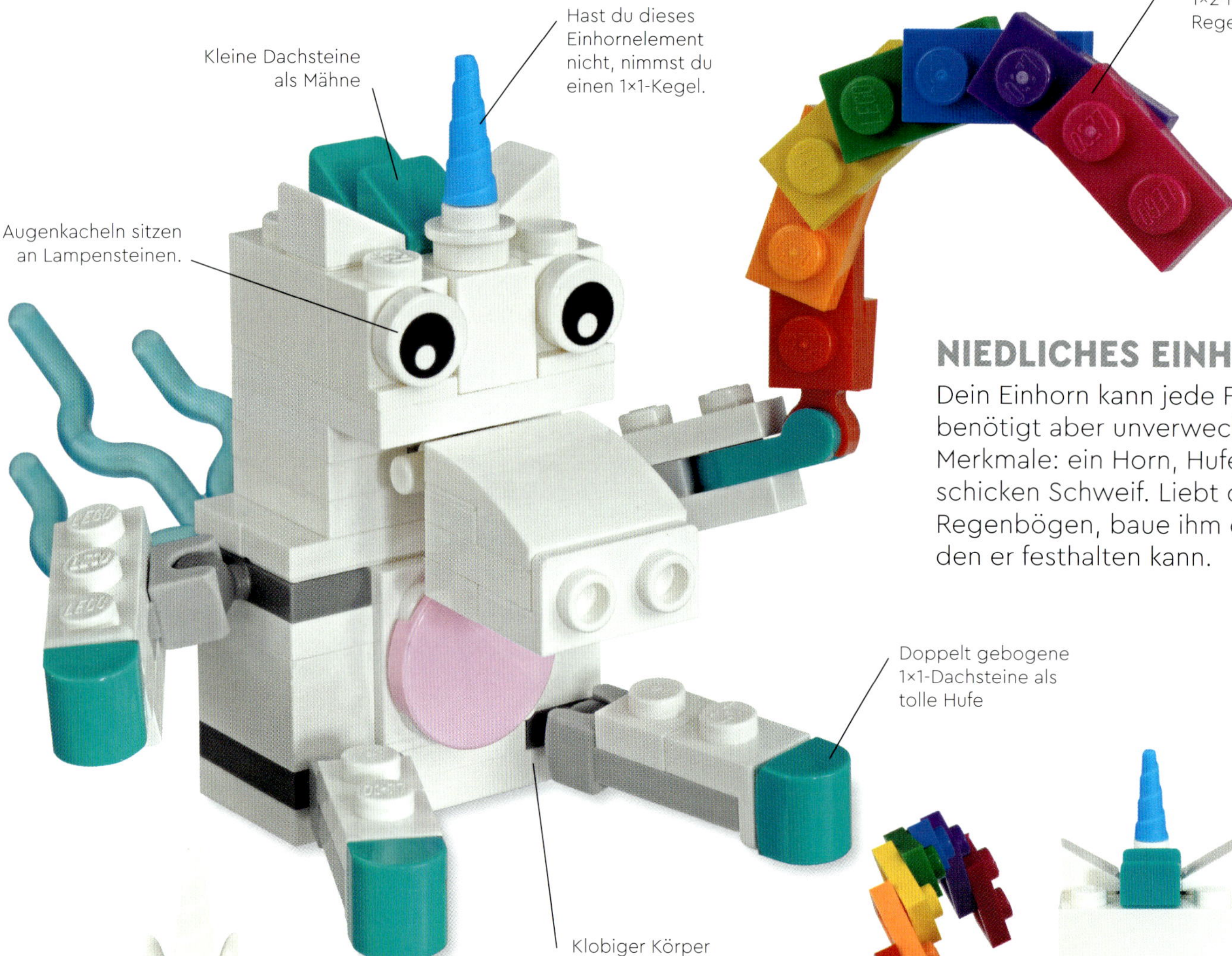

Mit Winkeln verbundene 1×2-Platten als Regenbogen

Hast du dieses Einhornelement nicht, nimmst du einen 1×1-Kegel.

Kleine Dachsteine als Mähne

Augenkacheln sitzen an Lampensteinen.

Doppelt gebogene 1×1-Dachsteine als tolle Hufe

Klobiger Körper aus Platten und einer Lage Steine

NIEDLICHES EINHORN

Dein Einhorn kann jede Farbe haben, benötigt aber unverwechselbare Merkmale: ein Horn, Hufe und einen schicken Schweif. Liebt dein Einhorn Regenbögen, baue ihm doch einen, den er festhalten kann.

Blaues Seegras-element als auffälliger Schwanz

VON HINTEN

FEURIGER DRACHEN

ieser wilde Feuerspucker at einen Schuppenschwanz nd spitze Hörner, könnte ber auch glatte Haut oder ogar gefiederte Flügel aben. Für den Bau ythischer Wesen ist eine Fantasie gefragt!

GELENKIG

Baust du die Gliedmaßen deiner Monster mit beweglichen Verbindungselementen an, kannst du mit ihnen in beliebigen Posen spielen. Nase und Maul dieses Drachens bewegen sich auf und ab und die Arme und Beine lassen sich verdrehen.

VERÄNDERN

Da alle Tiere gleichartig gebaut sind, kannst du Arme, Beine, Köpfe, Schwänze und andere Details austauschen. Was für ein magisches Durcheinander!

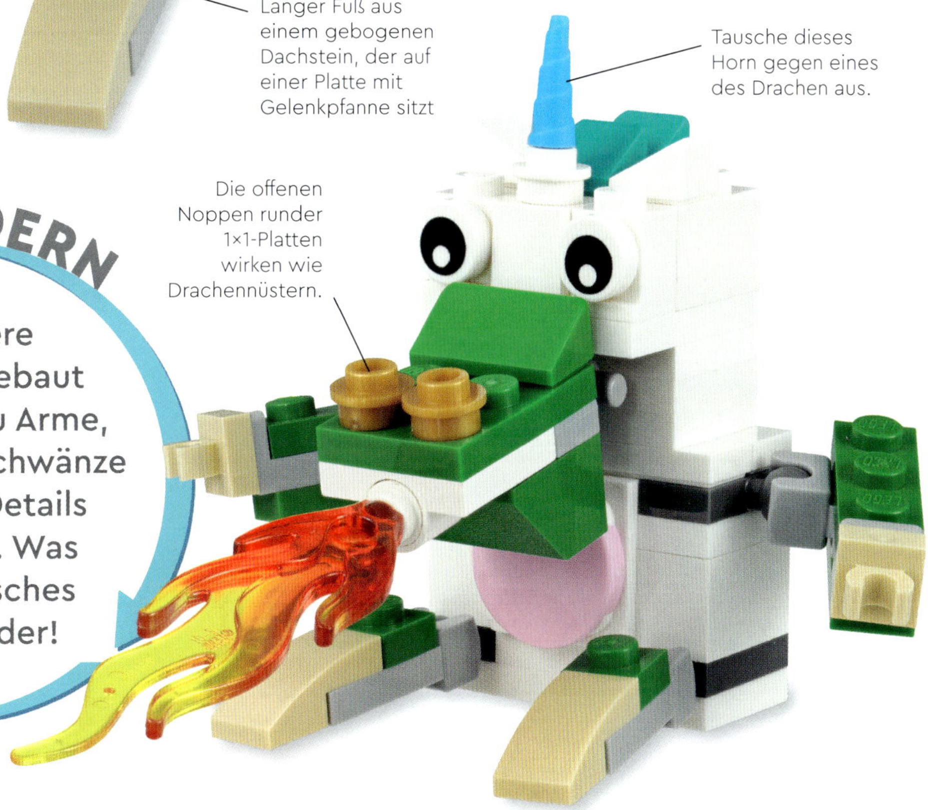

WETTLAUF INS ALL

Diese Rennstrecke führt durchs Weltall! Drei kleine Raumschiffe rasen um den LEGO Nebel (also dein Zuhause) und fliegen dabei durch Ringe. Falls sich deine Piloten verfahren, weisen kleine Pfeile, die im All zu schweben scheinen, den Weg. Es gibt verschiedene Bauweisen für die Ringe, also sei kreativ. Und hoffentlich sind es echte Ringe und keine Schwarzen Löcher!

BAUIDEE

Auftrag:	Baue Mikroraumschiffe und eine Rennstrecke.
Zweck:	Im All herumfliegen
Ausstattung:	Flügel, Düsen
Extras:	Ringe, Lichter, Wegweiser

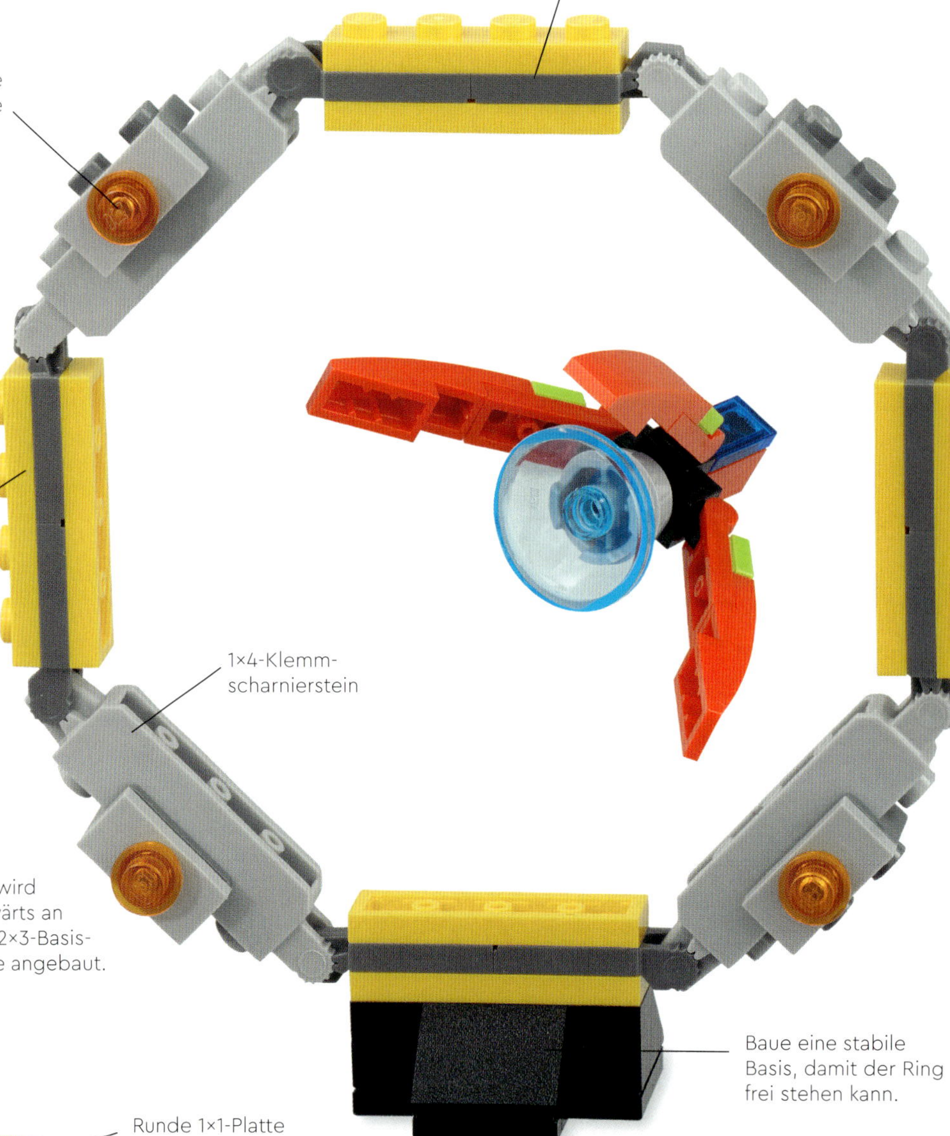

STARTRING

RICHTUNGS-PFEIL

AUF DIE PLÄTZE, FERTIG ...

Baue kleine Ampeln, um das Rennen zu starten. Auf anderen Planeten können andere Farben als auf der Erde den Rennfahrern anzeigen, zu halten, zu fahren oder zu bremsen! Richtungspfeile halten die Schiffe auf Kurs.

STARTAMPEL

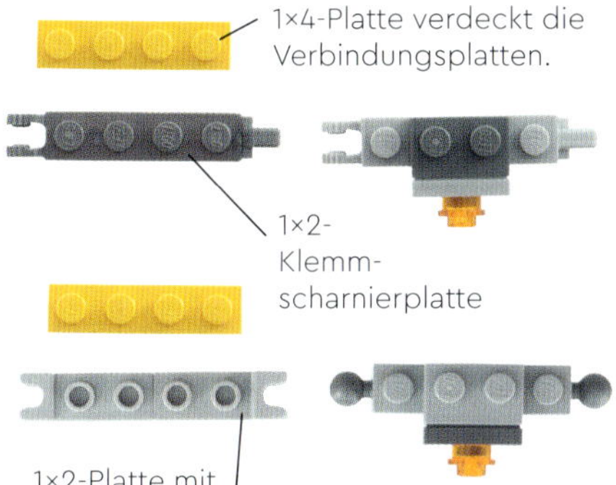

ZWEI TECHNIKEN

Die beiden Ringe der Rennstrecke ähneln sich sehr, werden aber mit verschiedenen Verbindungselementen gebaut. Der erste Ring hat Klemmscharniere, der zweite Kugelgelenke (Kugel und Pfanne). Beide Techniken ermöglichen es, dass die Elemente eine Kreisform bilden.

FERTIGER RING

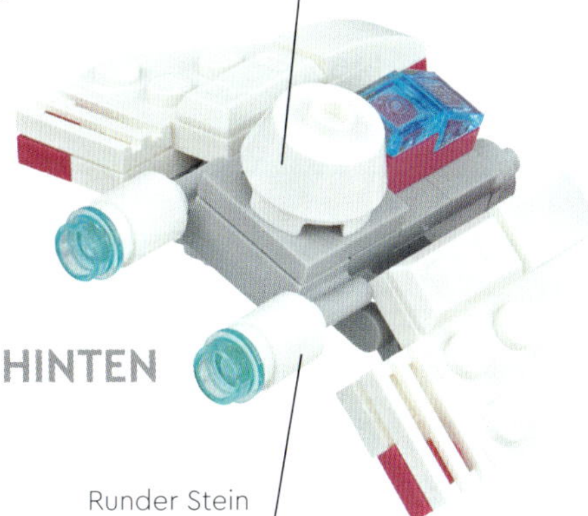

VON HINTEN

BAUE DEN RING

Das Rennen gewinnt das Schiff, das zuerst beide Ringe schafft. Ist das zu leicht, kannst du andere Hindernisse einbauen, die deine Piloten überwinden müssen – etwa einen Asteroiden oder ein wütendes Alien!

AUSBAUEN

Baue eine komplette Weltallrennstrecke samt Zuschauertribüne und Siegerpodest. Stoppe die Zeit und trete gegen deine Freunde an. Welches Schiff gewinnt?

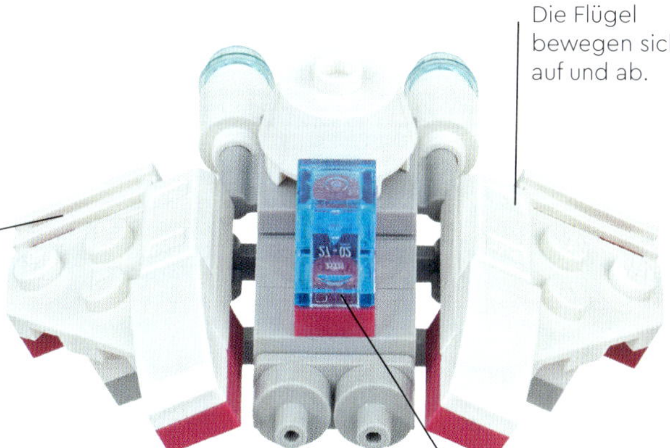

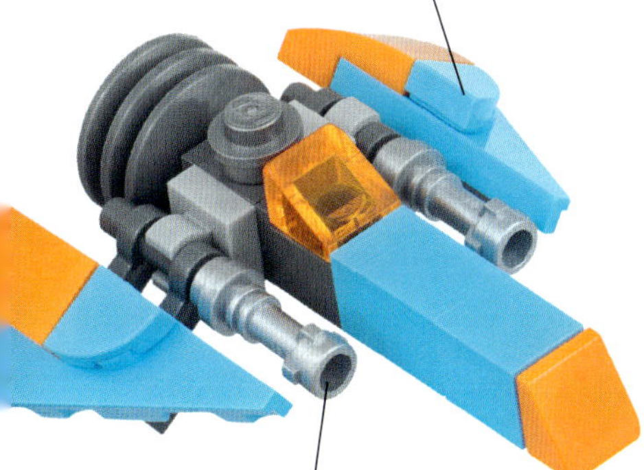

MIKRORAUMSCHIFFE

Mit wenigen Steinen kannst du ein Raumschiff im Mikromaßstab bauen. Es sollte eine dreieckige Form, zwei Flügel und vielleicht eine spitze Kegelnase haben.

WELTRAUMFORSCHER

Rase ins Weltall, um neue LEGO Planeten zu finden! Sie könnten felsig oder eben, groß oder klein sein. Auf jeden Fall brauchst du eine Rakete und Ausrüstung wie einen Raumanzug und ein Labor, um diese aufregenden Orte zu erkunden. Welche galaktischen Geheimnisse wirst du entdecken?

BAUIDEE

Auftrag: Baue fantasievolle Planetenoberflächen.
Zweck: Raumfahrt, intergalaktische Abenteuer, Forschung
Ausstattung: Planetenoberfläche, Mech Walker, Forschungsstation, Raumschiff
Extras: Ausgrabungswerkzeug, Weltalledelsteine

IDENFIZIERTES FLUGOBJEKT

Wie wirst du dich auf dem neuen Planeten fortbewegen? Egal, welche Form dein Raumschiff hat – lass Platz für eine oder zwei Minifiguren im Cockpit. Dieser Lander hat Kufen aus Platten, doch deiner könnte Räder oder Beine haben.

FORSCHUNGSSTATION

Baue für die Erkundung deines Planeten ein Forschungslabor. Es sollte viel Technik enthalten sowie einen Raum, um Proben zu untersuchen. Baue eine kleine Station wie diese oder ein ganzes Gebäude.

AUSPROBIEREN

Baue zusammen mit Freunden eine größere Planetenoberfläche. Erstelle kleine Gebäude und verbinde sie dann zu einer ganz neuen Welt!

PLANETENOBERFLÄCHE

Dein Planet könnte aus Felsen und Wasser bestehen – bis hin zu Keksteig oder Käse. Baue mit deinen transparenten LEGO Elementen besondere Fundstücke wie Edelsteine oder Planetengestein.

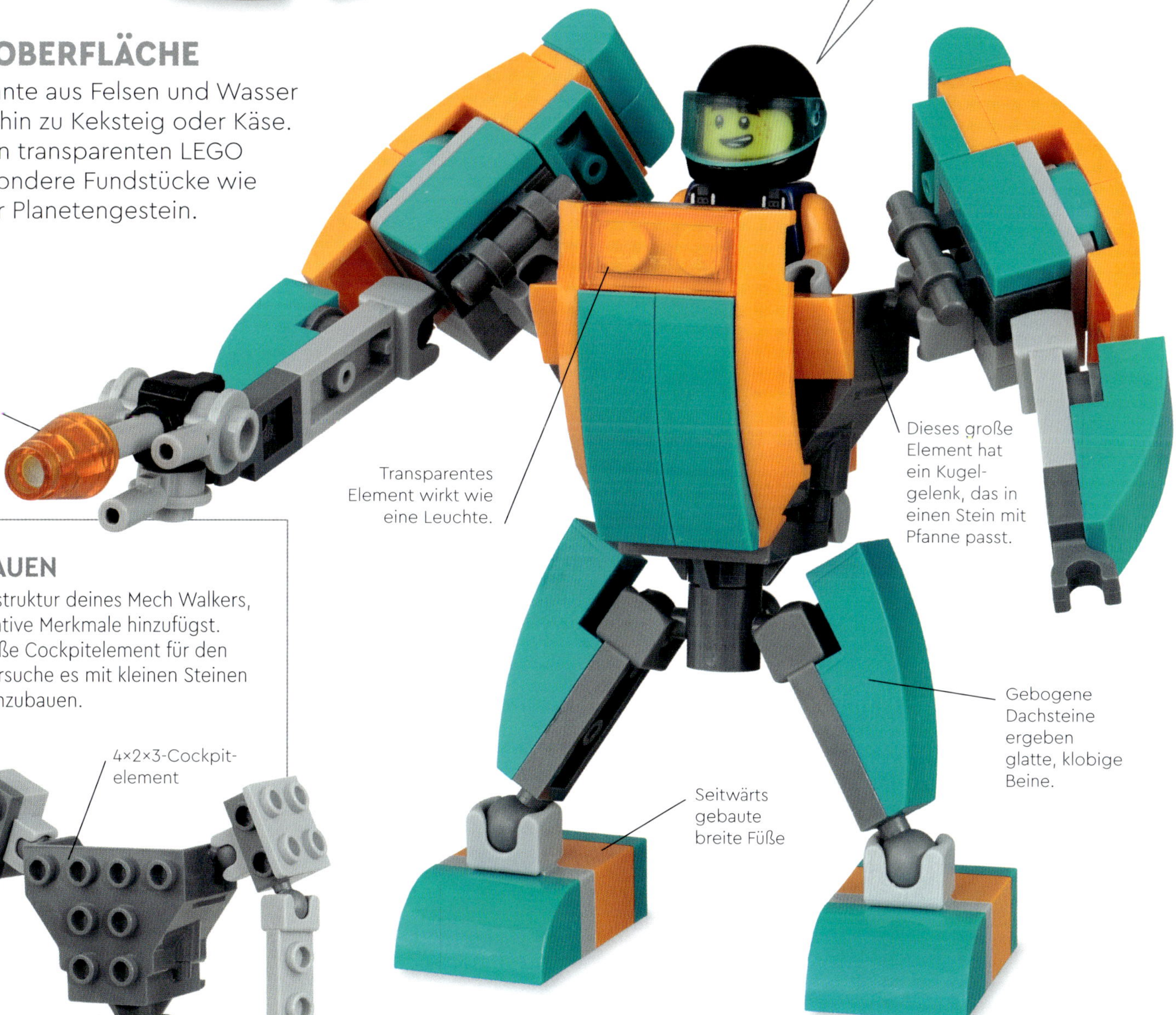

SKELETT BAUEN

Baue die Grundstruktur deines Mech Walkers, bevor du dekorative Merkmale hinzufügst. Hast du das große Cockpitelement für den Körper nicht, versuche es mit kleinen Steinen und Platten nachzubauen.

MECH WALKER

Deine Minifiguren müssen für die Erkundung von fremdem Gelände ausgerüstet sein. Dieser Mech Walker hat Gelenke aus Kugel und Pfanne für verstellbare Arme und Beine. Hast du nicht die richtigen Steine, probiere es mit anderen Verbindungen wie Klemmen und Stangen oder Klickscharnieren.

WIKINGER-LANGSCHIFF

Baue für deine abenteuerlustigen Minifiguren ein Langschiff und steche in See. Überlege, wohin sie reisen und was sie sehen könnten. Vielleicht fahren sie zu einem Wikingerdorf zum Schmausen und Feiern – aber Vorsicht! Unter den Wellen könnten Gefahren lauern …

BAUIDEE

Auftrag: Baue ein Wikingerabenteuer.
Zweck: Reise, Erkundung
Ausstattung: Wikinger-Langschiff, Mast, Segel
Extras: Galionsfigur, Seeschlangen, Schilde

SEGEL SETZEN

Dein Schiff fährt schneller und weiter mit einem solchen Segel, für das Reihen von Platten verbunden werden. Das Segel darf nicht zu lang sein, sonst hat deine Mannschaft darunter keinen Platz!

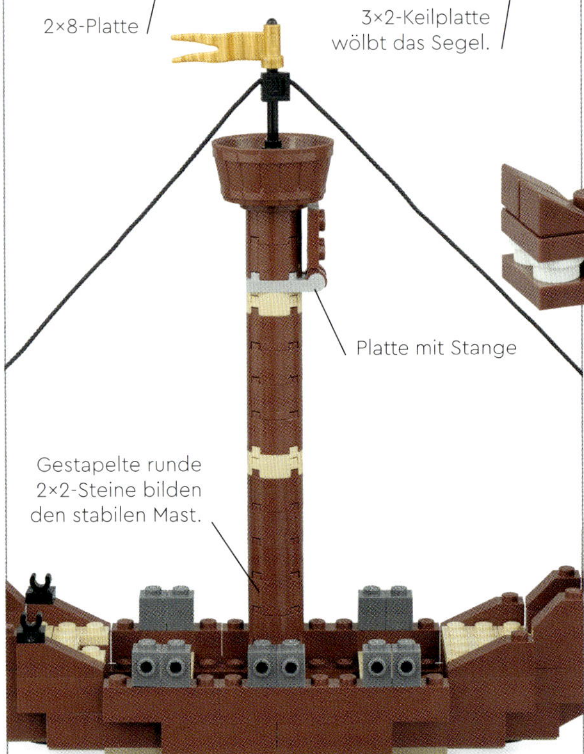

LANGE FAHRT

Wie ein Wikinger-Langschiff gebaut ist, verrät sein Name – es ist länger als breit. Solche Schiffe waren aus Holz und hatten Stoffsegel. Dieses hat am Bug (vorn) einen geschnitzten Drachen. Was für eine Galionsfigur wird dein Schiff haben?

4×4-Platte mit Loch

SCHILDE

Kleine Kacheln bilden ein Muster.

AUSPROBIEREN

Baue mit Freunden mehrere Schiffe für ein Rennen zu eurem Ziel. Passt bloß auf, dass euch keine Seeschlange versenkt!

Baue eine kleinere Version des aufgerollten Segels.

VON VORN

SEESCHLANGEN

Baue für dein Wikingerabenteuer ein paar Seeschlangen. Diese Bestien werden mit Hilfe von Kugelgelenken alle auf die selbe Art gebaut, sind aber verschieden dekoriert. Sind sie Helfer oder Monster? Wie du willst!

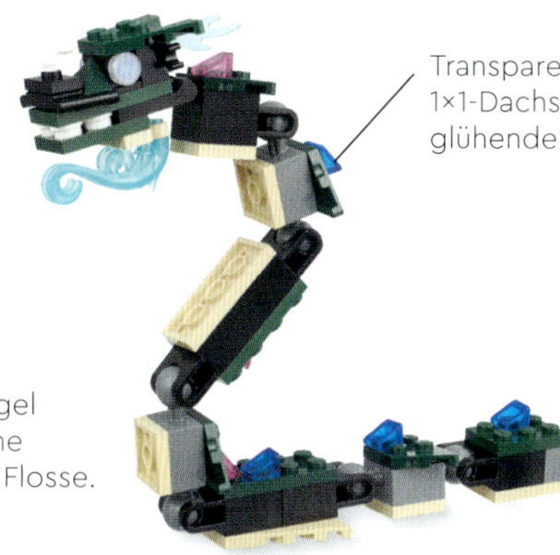

Transparente 1×1-Dachsteine als glühende Stacheln

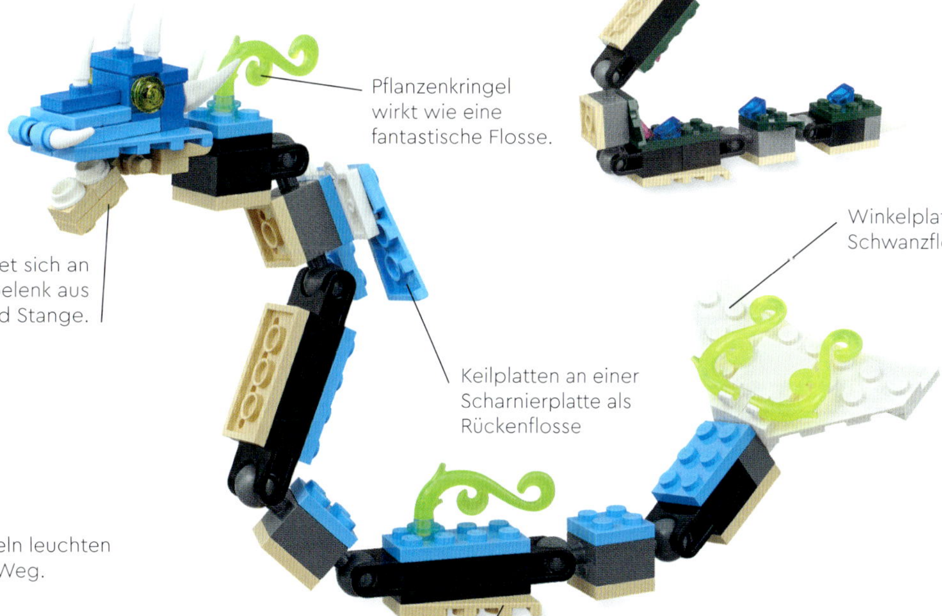

Pflanzenkringel wirkt wie eine fantastische Flosse.

Maul öffnet sich an einem Gelenk aus Klemme und Stange.

Winkelplatten als Schwanzflosse

Keilplatten an einer Scharnierplatte als Rückenflosse

Platten halten diesen Abschnitt von unten zusammen.

Ein Trommler motiviert die Mannschaft, gleichmäßig zu rudern.

Fackeln leuchten den Weg.

Runde 4×4-Platte sitzt an Steinen mit Seitennoppen, die ins Boot eingebaut sind.

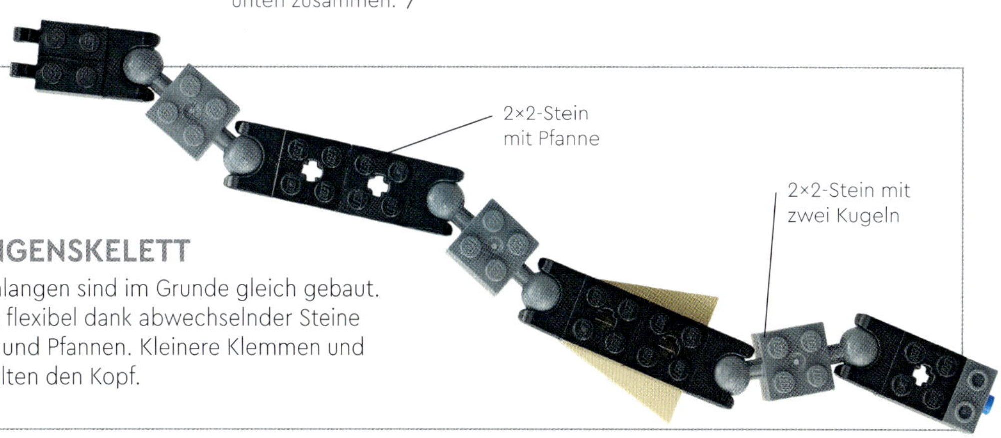

2×2-Stein mit Pfanne

2×2-Stein mit zwei Kugeln

SCHLANGENSKELETT

Alle Seeschlangen sind im Grunde gleich gebaut. Sie werden flexibel dank abwechselnder Steine mit Kugeln und Pfannen. Kleinere Klemmen und Stangen halten den Kopf.

ZUGBRÜCKE

Diese Zugbrücke ruht auf LEGO® Technic Platten mit Ringen, die sich an Pins drehen, damit sich die Brücke heben und senken lässt. Deine Zugbrücke sollte groß genug sein, um den Eingang der Burg abzudecken, wenn sie hochgezogen ist.

ALTE BURG

Halt – wer da? Von den Türmen und Zinnen dieser alten Burg lassen sich herannahende Feinde leicht erspähen. Vergiss nicht, die Zugbrücke hochzuziehen, wenn deine Minifigurenritter unterwegs zu einem Turnier sind! Einen persönlichen Touch verleihen Flaggen in deinen Lieblingsfarben.

BAUIDEE

Auftrag: Baue eine Burg.
Zweck: Ein Heim für Ritter
Ausstattung: Türme, Zinnen, großer Eingang
Extras: Zugbrücke, Burggraben, Kerker, Wall, Wehrgang

WEHRHAFT

Burgen wurden zur Verteidigung erbaut. Diese alte Festung hat dicke Steinmauern, einen Burggraben, eine Zugbrücke und Gitterfenster. Es gibt sogar einen dunklen Kerker für Gefangene.

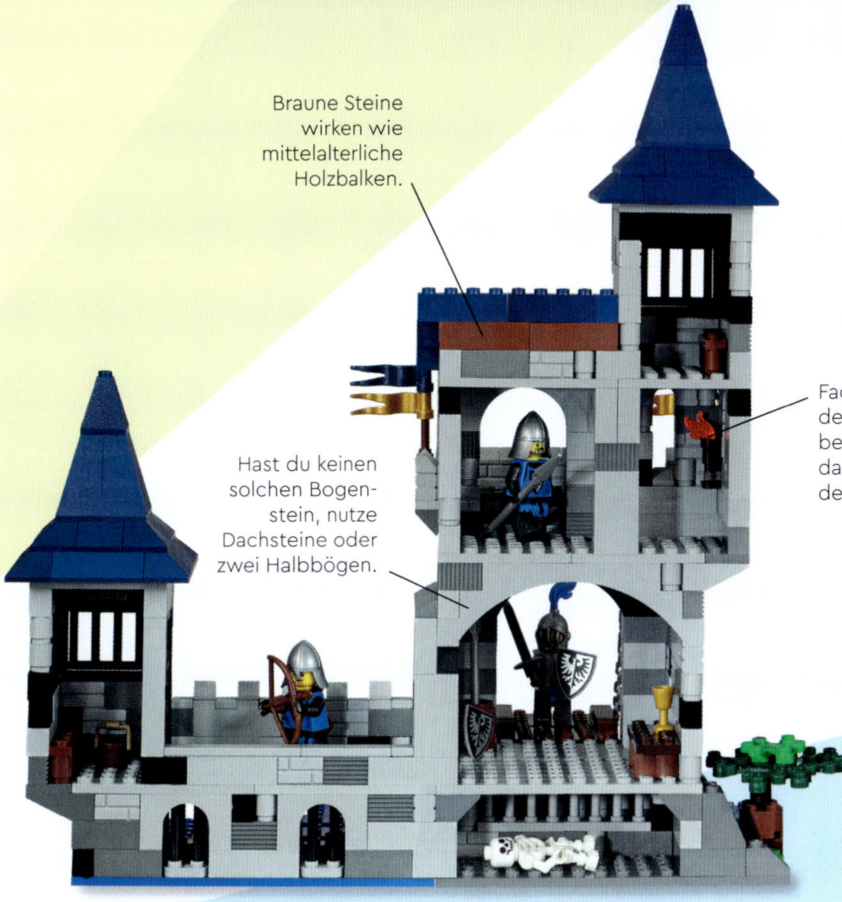

Braune Steine wirken wie mittelalterliche Holzbalken.

Hast du keinen solchen Bogenstein, nutze Dachsteine oder zwei Halbbögen.

Fackeln an den Wänden beleuchten das Innere der Burg.

VON HINTEN

Zinnen
atten viele
lte Burgen.

Diese Burg ist so alt, dass ein Baum herauswächst!

Baue eine Steintreppe oder -plattform, auf der deine Zugbrücke ruht.

VERÄNDERN

Diese Burg wirkt ganz anders, wenn du sie in anderen Farben baust. Nimm braune Steine für eine Holzburg oder helle Farben für eine Märchenburg.

Nimm eine LEGO Schnur, wenn du keine Kettenelemente hast.

SEITENANSICHT

TIEF UNTEN

Im Burgkeller liegt der verborgene Kerker. Ist dieses Skelett eine lang vergessene ehemalige Minifigur oder macht es bloß ein Nickerchen? Wenn du keine Gefängniszelle haben willst, kannst du deiner Burg auch ein modernes Aussehen verpassen, etwa mit einem steinernen Badezimmer.

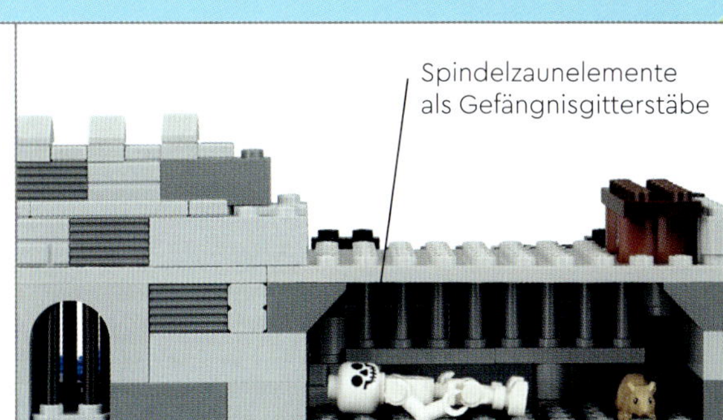

Spindelzaunelemente als Gefängnisgitterstäbe

ANTIKE WELTWUNDER

Du brauchst keine Zeitmaschine, um die Vergangenheit zu besuchen! Recherchiere ein wenig und baue mit deiner LEGO Sammlung die antiken Weltwunder nach. Du kannst sie als Ruine bauen oder wie sie damals ausgesehen haben. Welche Wunder wirst du erschaffen? Das Kolosseum in Rom oder gar die Chinesische Mauer?

BAUIDEE

Auftrag: Baue antike Monumente.
Zweck: Erkunden der Vergangenheit
Ausstattung: Bröckelnde Ruinen, Säulen, Wasserfälle, Pflanzen
Extras: Umgebung, Statuen

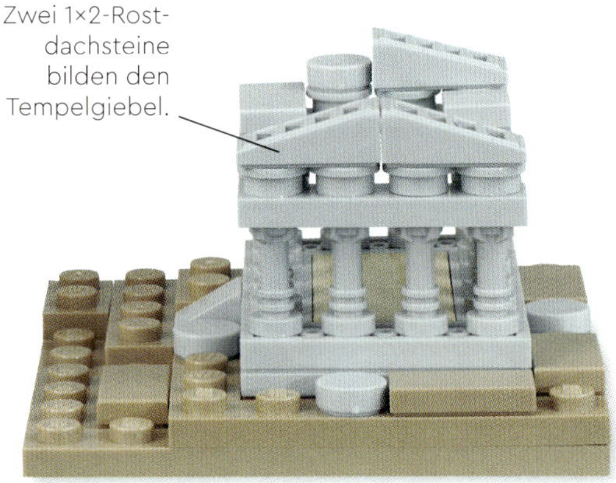

VON VORN

UMDREHEN

Der untere Teil der Mikro-Akropolis wird nach unten gebaut. Drei 2×4-Kacheln bilden die Basis, in den nach unten zeigenden Noppen sitzen vier Platten. Säulen zwischen den Noppen jeder 1×4-Platte verbinden Ober- und Unterteil des Bauwerks.

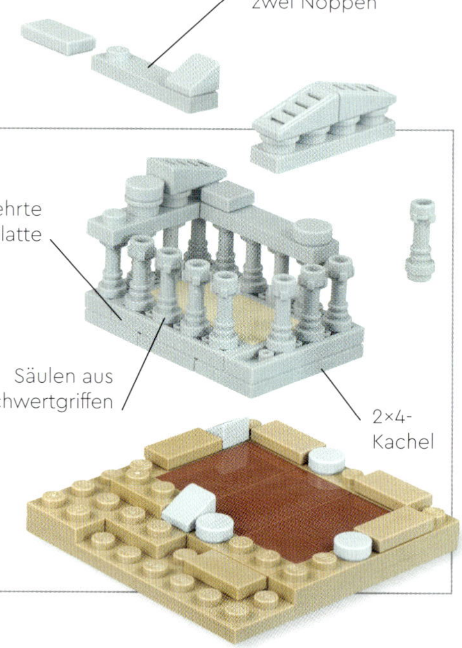

PARTHENON

Diesen großartigen Marmortempel erbauten die alten Griechen vor über 2000 Jahren. In der Antike enthielt er prachtvolle Statuen und Skulpturen. Teile des Daches und die Säulen an den Rändern sind bis heute erhalten geblieben.

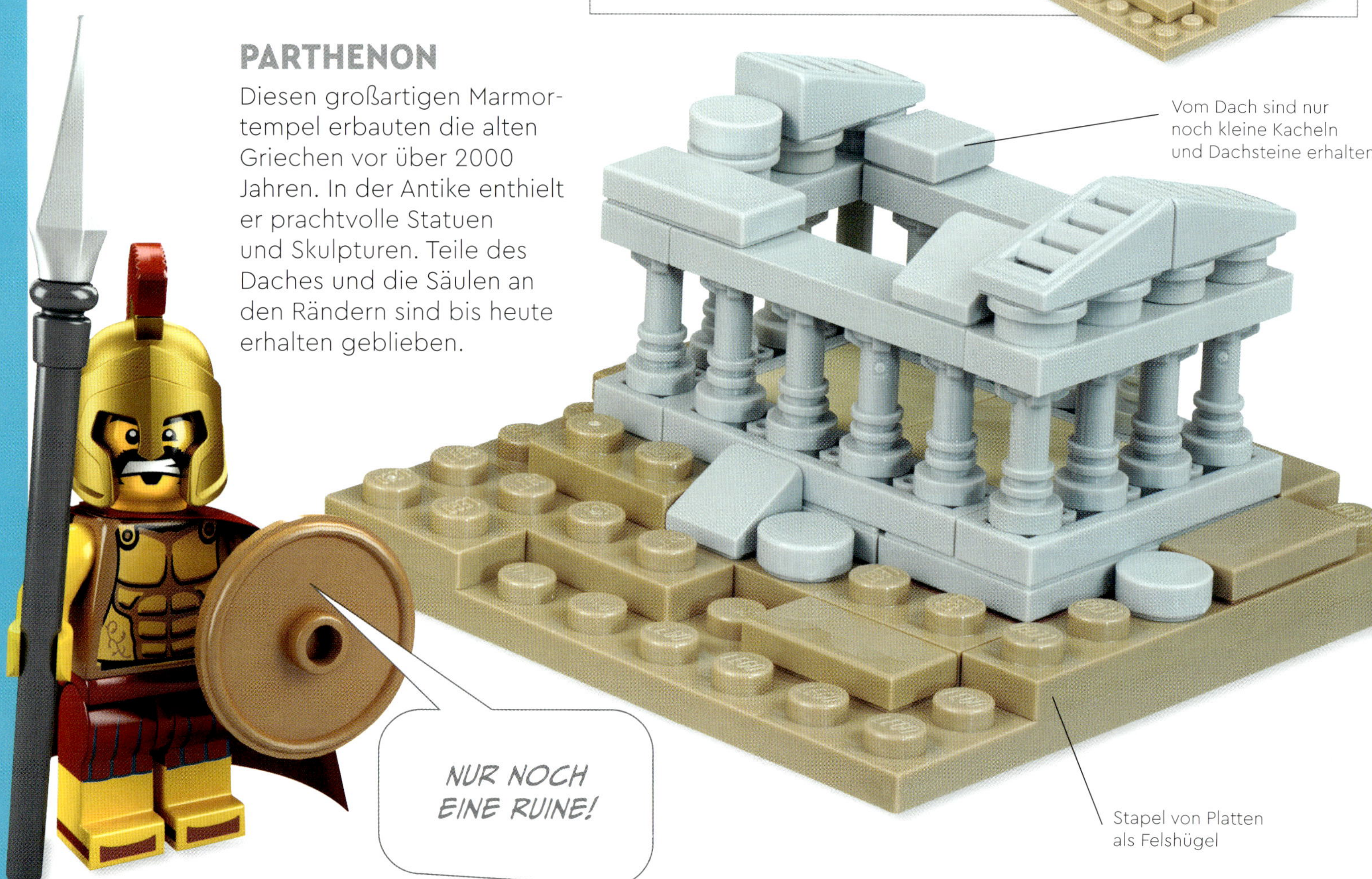

FLIESSENDES WASSER

Blaue Platten und gebogene Dachsteine sitzen an Steinen mit Seitennoppen, die im Bauwerk verbaut sind, und bilden Wasserfälle. So sieht es aus, als ob Wasser um das Bauwerk herumfließt und die Pflanzen bewässert.

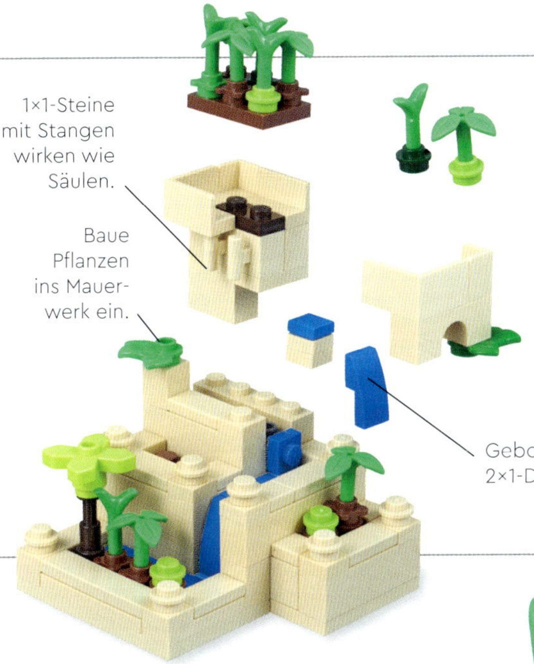

SEITEN-ANSICHT

AUSPROBIEREN

Welche Wunder gibt es in deiner Welt? Baue mit deiner LEGO Sammlung Wahrzeichen nach, die in deiner Umgebung stehen!

HÄNGENDE GÄRTEN VON BABYLON

Niemand weiß genau, wie diese legendären Gärten ausgesehen oder wo sie sich befunden haben. Man glaubt jedoch, dass sie ein „Zikkurat" gewesen sind, eine Tempelanlage mit abgestuften Etagen.

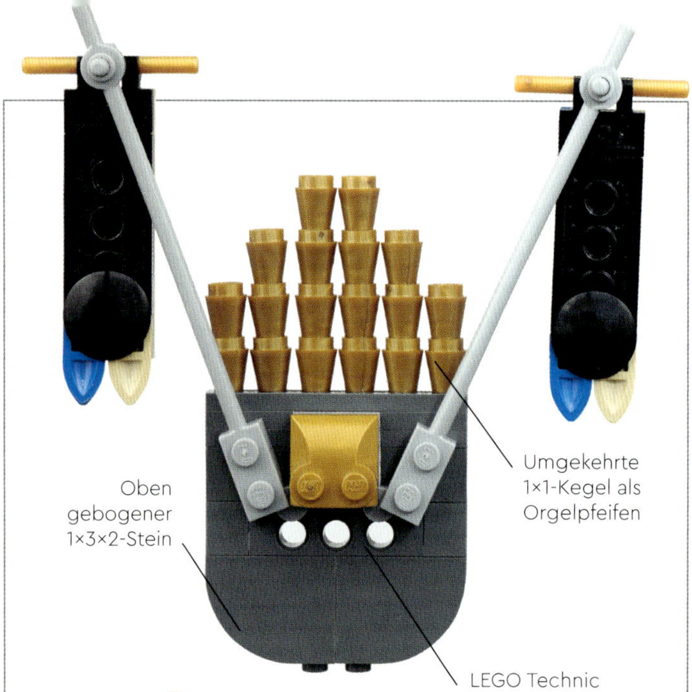

PFEIFEN AUF PINS

Nur wenige LEGO Technic Elemente verbinden die Orgelpfeifen mit dem Instrument hinten am Karren. Pins an einem schwarzen Stein werden durch Pinlöcher an der Orgel in einen gleichen Stein in Grau unter den Pfeifen gesteckt.

BAUIDEE

Auftrag:	Baue einen mittelalterlichen Karren samt Musikkapelle.
Zweck:	Eine magische Musikparade
Ausstattung:	Karren, Musikinstrumente
Extras:	Zauberstab, Tiere

SEITENANSICHT

KARREN

Im Mittelalter zogen viele Menschen in solchen Karren herum. Baue deine eigenen Räder aus großen runden Steinen mit Pinlöchern. Und vergiss nicht, dass du ein Tier wie diesen Ochsen brauchst, der deinen Karren zieht.

DAS IST KEIN MUH-SIK!

MITTELALTERBAND

Willst du eine Party wie 1099 veranstalten? Baue einen bunten Holzkarren und ziehe mit deinen musikalischen Minifiguren los! Du könntest dir auch andere Arten von historischen Feiern überlegen. Wie würde etwa eine Steinzeitparty aussehen? Oder wie wäre es mit einem Maskenball in Venedig?

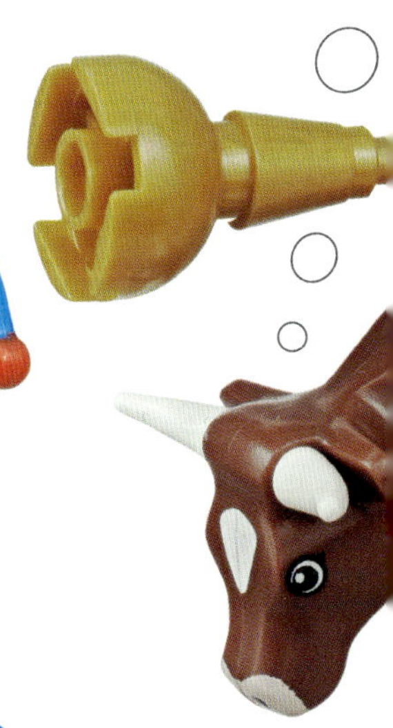

VERÄNDERN

Baue Musikerkarren aus anderen Zeiten. Welche Merkmale und Instrumente hätte dein Modell, wenn es aus den 1980ern oder aus der Zukunft wäre?

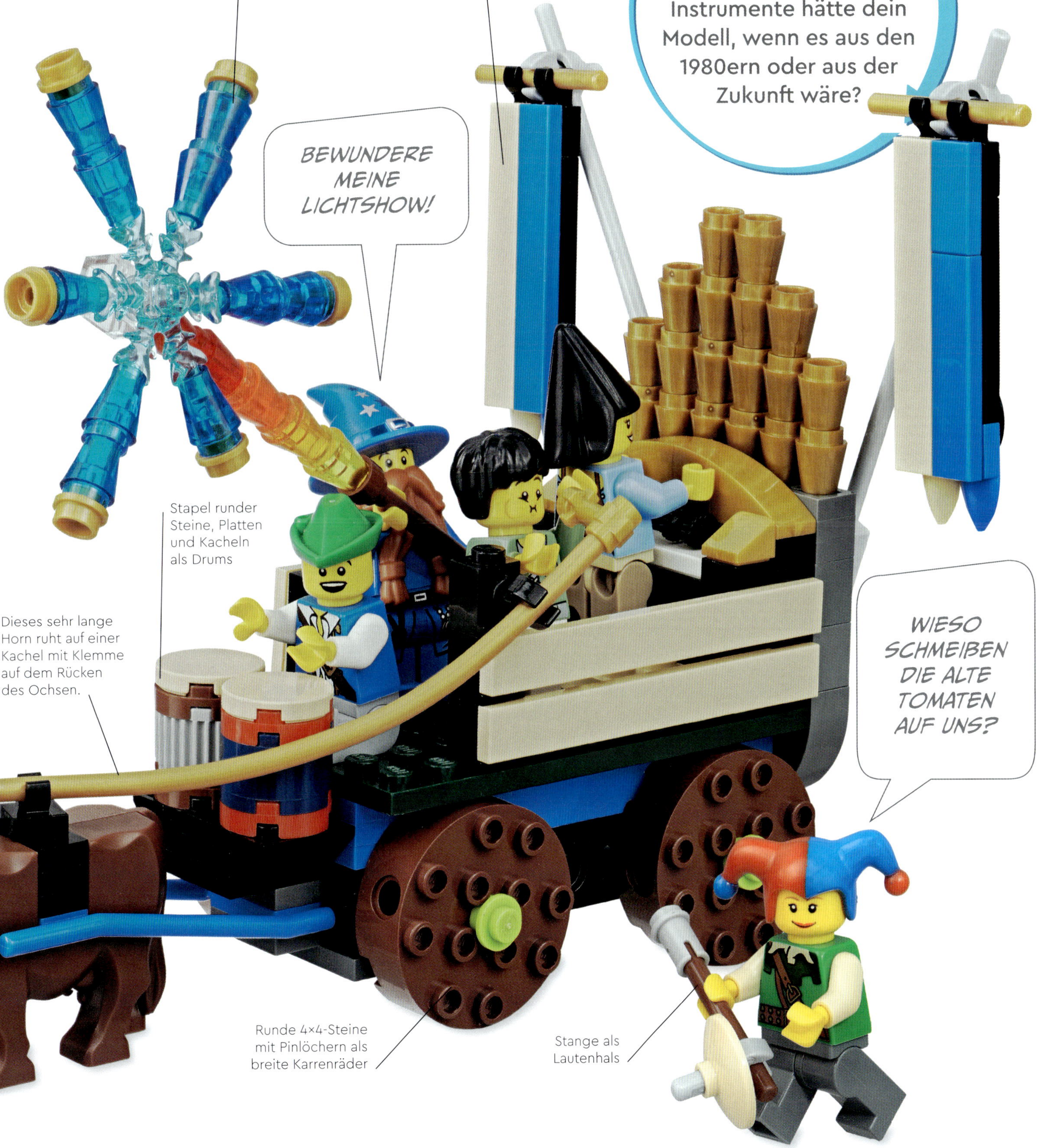

AUSSERIRDISCHE

Am Nachthimmel siehst du unzählige Sterne. Stell dir mal die vielen Aliens vor, die auf den Planeten um sie herum leben könnten. Nicht alle sehen wie die kleinen grünen Männchen aus alten Filmen aus! Deine ähneln vielleicht Schlangen oder Krebsen oder sind einfach Augen auf Tentakeln, die aus dem Boden schießen. Gehen, gleiten, fliegen oder sausen sie in Fahrzeugen herum?

BAUIDEE

Auftrag:	Baue Aliens.
Zweck:	Intergalaktische Abenteuer
Ausstattung:	Schwänze, Zähne, Augen, Beine, Tentakel
Extras:	Fahrzeuge, Behausungen, Landschaften

SCOOTER-ALIEN

Dieses coole blaue Alien lebt auf einem rotglühenden Planeten und saust auf seinem Skyscooter über die Oberfläche. Überlege, welches Wetter auf dem Planeten deines Aliens herrscht, und baue ihm hilfreiches Zubehör.

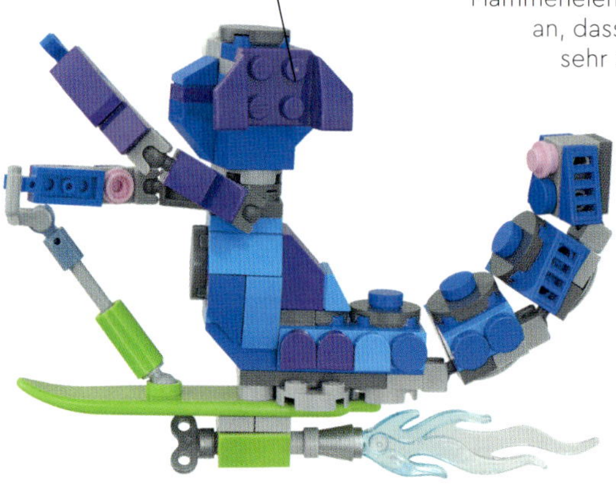

SEITENANSICHT

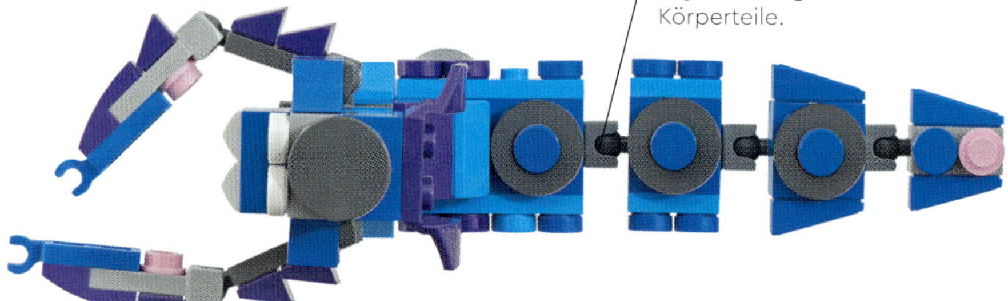

VON OBEN

GLOTZALIEN

Aliens können jede Form, Farbe oder Größe haben und wirklich seltsam aussehen – etwa wie dieser schieläugige, dreibeinige grüne Weltallbewohner. Lass deiner Fantasie freien (Welt-)Raum.

VON HINTEN

RATERKRAKE

Venn dein Alien Tentakel aben soll wie dieser raterkrake, benötigst u viele Dinosaurierchwanzelemente. 'erberge die Enden in inem Krater und stell dir or, was darunter liegt!

SICHERER BLOCK

Ein LEGO Technic 1×3×3-Pinverbinderblock hält die Aliententakel fest. Der Block sitzt auf einer 2×2-Kachel mit Pin – damit hockt der Krake mitten im Krater.

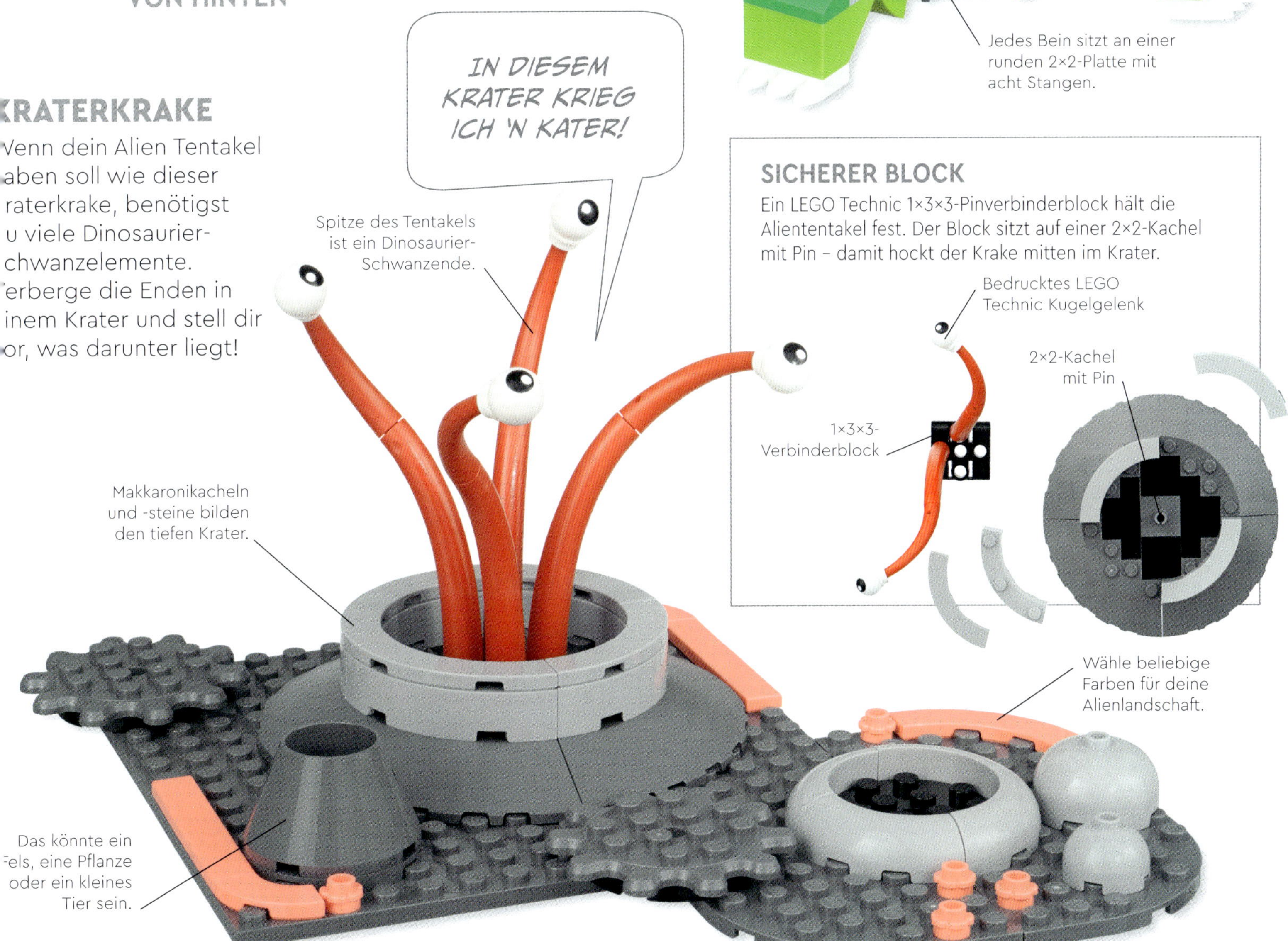

FITNESS IM ALL

Selbst Aliens müssen sich fit halten. Baue für sie ein Fitnessstudio, das nicht von dieser Welt ist. Überlege, wie deine außerirdischen Fitnessfans es nutzen wollen – sie könnten ihre Muskeln mit Gewichten aufbauen, an einer Kletterwand trainieren oder auf einem gekachelten Laufband joggen.

BAUIDEE

Auftrag:	Baue ein Alien-Fitnessstudio.
Zweck:	Außerirdisches Training
Ausstattung:	Fitnessstudio, Geräte, Aliens
Extras:	Spinde, Schild, Duschraum

FITNESSSTUDIO

Das Studio wird in Abschnitten gebaut und dann oben und unten mit Scharnierplatten verbunden. Baue beliebig viele Wände ein, samt allen Fitnessgeräten, die deine Besucher brauchen.

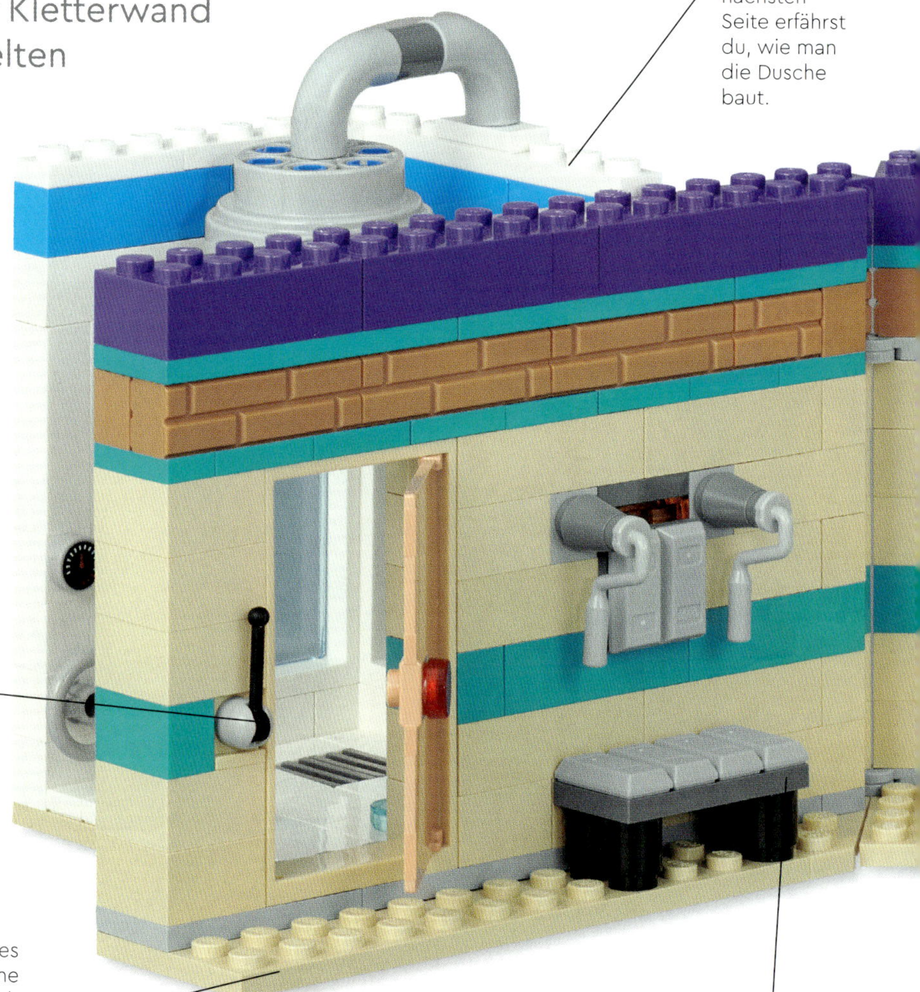

Auf der nächsten Seite erfährst du, wie man die Dusche baut.

Joystick hält die Tür geschlossen, wenn die Dusche besetzt ist.

Die Seiten des Studios haben eine Basis aus Standard- und Winkelplatten.

Aliens können auf dieser Bank sitzen und ihre Arme oder Tentakel an den Griffen darüber trainieren.

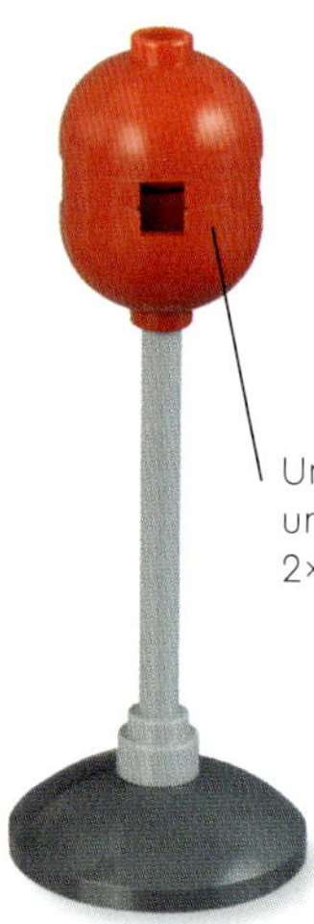

Umgekehrte und normale 2×2-Kuppeln

BOXSACK

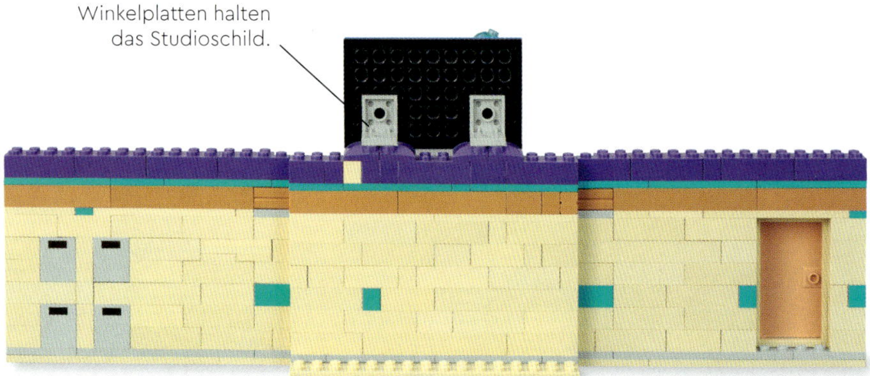

Zwei 2×2/2×2-Winkelplatten halten das Studioschild.

VON HINTEN

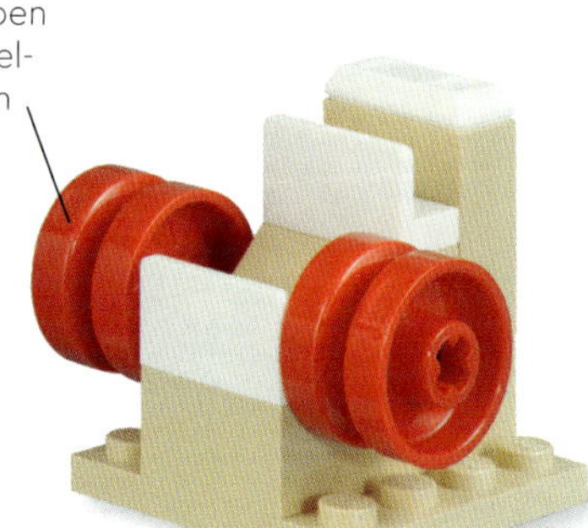

Radkappen als Hantelscheiben

GEWICHTESTÄNDER

Schild mit fliegender Untertasse, Hantel und Planeten

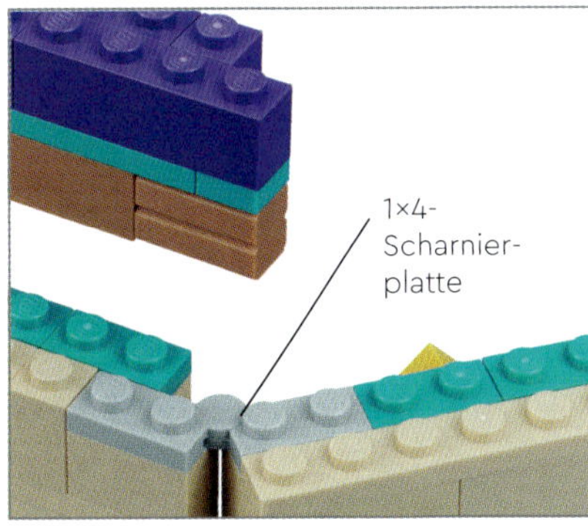

1×4-Scharnier-platte

VIELSEITIG

Die Wände werden mit 1×4-Scharnierplatten verbunden und lassen sich zusammen- oder auseinanderfalten. Hast du keine Scharnierplatten oder -steine, baust du starre Wände, die du mit Standardsteinen und -platten verbindest.

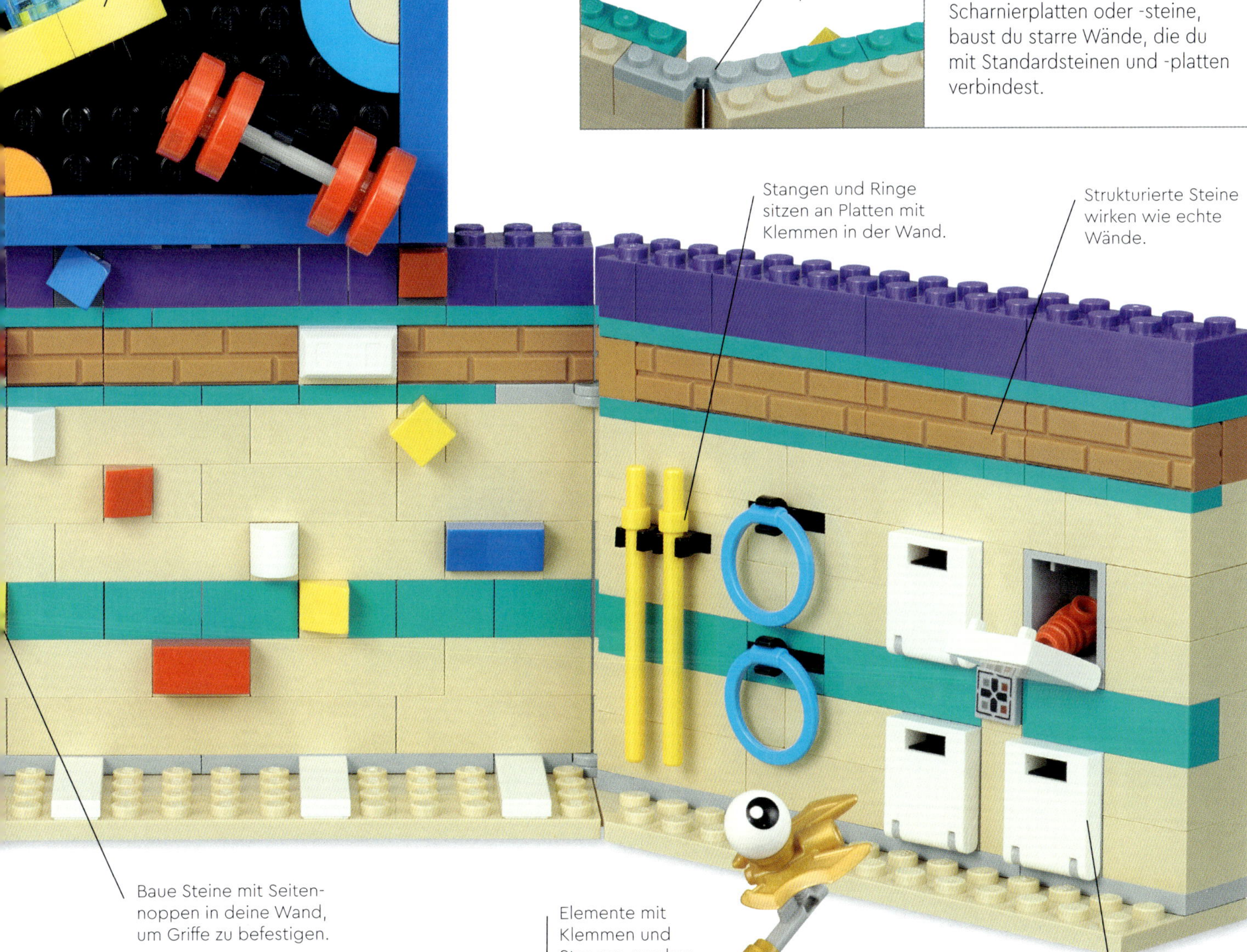

Stangen und Ringe sitzen an Platten mit Klemmen in der Wand.

Strukturierte Steine wirken wie echte Wände.

Baue Steine mit Seiten-noppen in deine Wand, um Griffe zu befestigen.

Boxen mit Türen ergeben tolle Spinde.

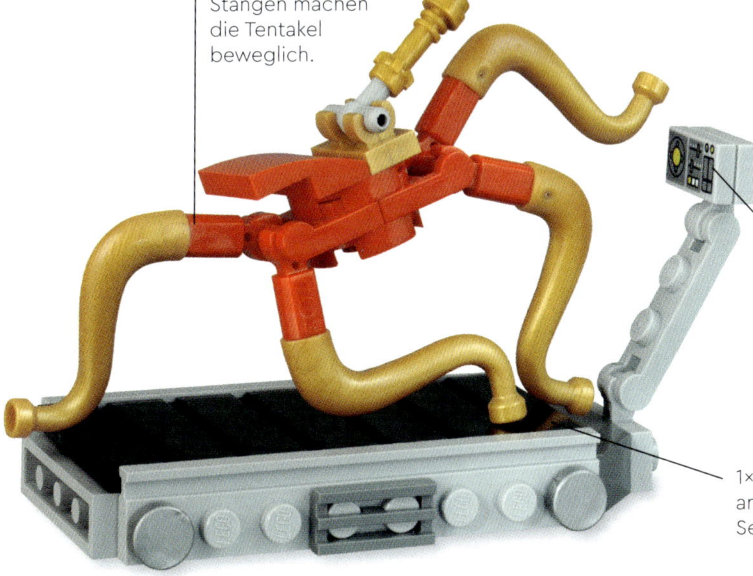

Elemente mit Klemmen und Stangen machen die Tentakel beweglich.

Bedruckte Kacheln als Bildschirm

1×4-Kacheln sitzen an Steinen mit Seitennoppen.

ERÄTE

aue auch Geräte, die nicht an er Wand hängen, wie Hanteln nd ein Laufband aus glänzenden chwarzen Kacheln. Das Laufband ewegt sich zwar nicht, sieht aber us, als könnte es dieses Alien auf opspeed beschleunigen.

STUDIOAUSSTATTUNG

Baue in dein Fitnessstudio nützliche Annehmlichkeiten für deine Kunden ein. Nach schweißtreibendem Training möchten sie sich heiß duschen oder ein kühles Getränk aus einem Automaten holen. Deine Annehmlichkeiten sollten für alle Körperformen und -größen zugänglich sein, damit verschiedene Aliens sie genießen können.

BAUIDEE

Auftrag:	Baue die Ausstattung für dein Alienfitnessstudio.
Zweck:	Außerirdisches Wohlbefinden
Ausstattung:	Dusche, Getränkeautomat
Extras:	Kulturtasche, Essen

DUSCHKABINE

Dieses spinnenartige Alien genießt nach dem Training entspannt ein ausgiebiges Duschbad. Welche anderen Wellnesseinrichtungen baust du noch für dein Fitnessstudio?

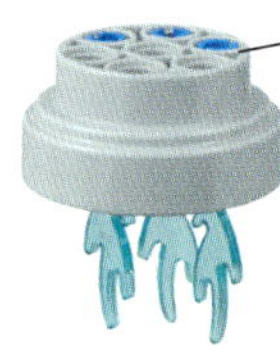

POWERDUSCHE

Stecke in die sieben Pinlöcher des großen Duschkopfelements LEGO Technic Halbpins. Befestige oben eine Wasserleitung und unten transparente blaue Flammenelemente, die einen Mondwasserfall bilden.

AUSBAUEN

Verwandle dein Fitnessstudio in ein Spa für Aliens, mit Sauna, Dampfbad, Pool und Yogastudio. Stell dir vor, welche Yoga-Positionen sie einnehmen!

GETRÄNKEAUTOMAT

Wenn du ein paar kosmische Münzen in diesen Getränkeautomaten steckst und die richtigen Knöpfe drückst, dann bekommst du eine Dose mit erfrischender Weltraumcola. Dein Automat kann dir auch andere Dinge ausgeben. Wie wäre es mit Planetenpopcorn und Kometenchips?

SEITENANSICHT

LEGO Technic Kugelgelenk mit Achsloch als Handgriff für den Automatenmechanismus

Fülle den Automaten durch diese Öffnung wieder auf.

Getränkedose aus einer 1×1-Kachel und einem runden 1×1-Stein

Transparentes Paneel als Schaufenster

1×4-Platte sitzt über der Ausgabeluke.

LEGO Technic Achse

Abgerundete 1×2-Platte hält Dose zurück.

GETRÄNKEAUSGABE

Eine LEGO Technic Achse lässt durch eine Öffnung eine Dose nach der anderen herunter. Die gestapelten Dosen fallen in eine Rinne hinter einer runden Platte und liegen zum Herausholen bereit.

ICH WILL NUR DIE MONDLIMO HABEN!

DEINE KUNDEN

Wie sehen deine Aliensportler aus? Haben sie Tentakel, viele Augen oder andere einzigartige Merkmale? Sie könnten sogar Gewichte mit den Zähnen heben!

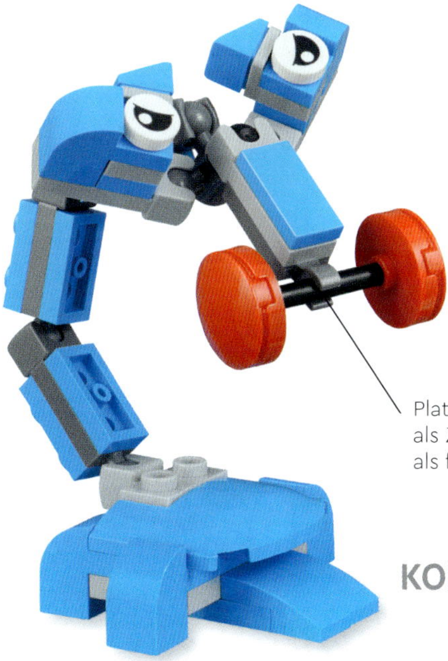

Platte mit Klemme könnte als Zähne dienen – oder als fremdartiger „Gesichtsarm“.

KOBRA-ALIEN

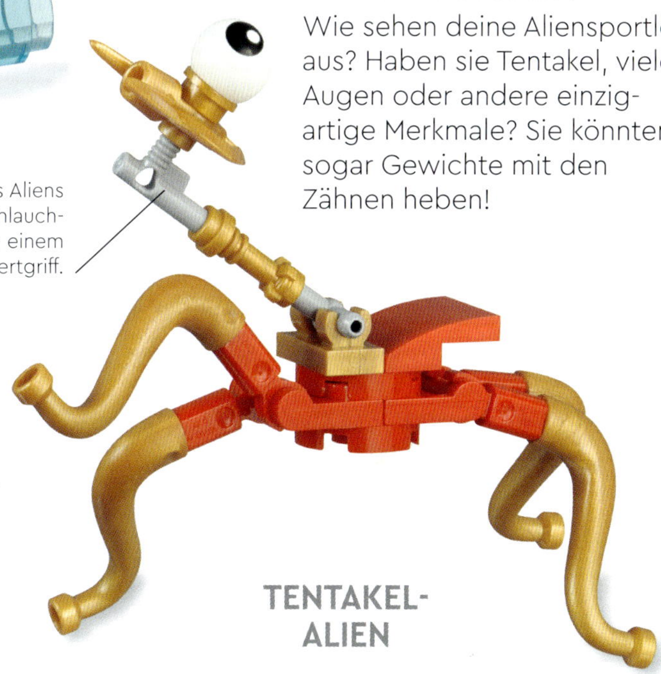

Der Hals dieses Aliens ist aus einer Schlauchdüse und sitzt an einem Lichtschwertgriff.

TENTAKEL-ALIEN

ANTIKE STATUE

Über Jahrtausende ist die Farbe an ägyptischen Statuen wie dieser verblasst und heutige Touristen sehen durch ihre Kameras nur noch den nackten Stein. Baue auf deiner Zeitreise zwei Versionen eines Denkmals: so, wie es damals erbaut wurde, und wie es heute aussieht.

BAUIDEE

Auftrag:	Baue die antike und die moderne Version einer Statue.
Zweck:	Die Unterschiede zwischen alt und neu erkennen
Ausstattung:	Kopf, Arme, Körper, Beine und Sockel
Extras:	Touristen, Pflanzen, Baugeräte

DAMALS ...

Recherchiere, wie eine antike Statue einst ausgesehen haben mag. Welche Farben benutzten die Erbauer? Welche Baumaterialien gab es? Mit solchen Details wird dein Modell historisch authentisch wirken.

Holzleiter aus Spindelzaunelementen

SEITENANSICHT

Minifiguren-Eimer mit bunten runden 1×1-Platten wirken wie Farbdosen.

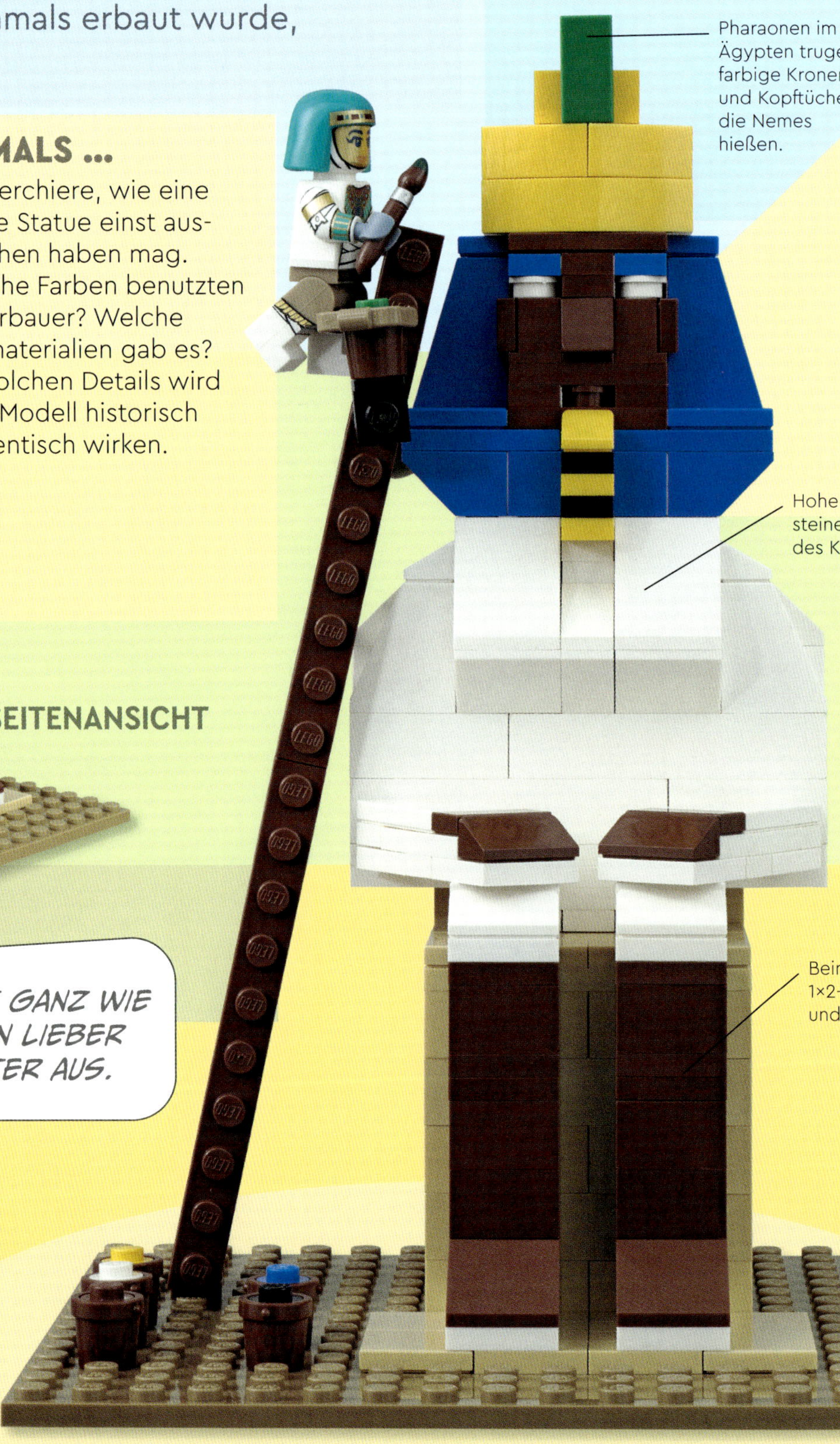

Pharaonen im alten Ägypten trugen farbige Kronen und Kopftücher, die Nemes hießen.

Hohe 2×2-Dac steine als End des Kopftuch

Beine aus 1×2-Platten und -Steine

SIEHT GANZ WIE MEIN LIEBER VATER AUS.

AUSPROBIEREN

Wenn du nicht viel über das Aussehen eines antiken Objekts herausfinden kannst, baue eines nach deinen eigenen Ideen – es könnte sogar stimmen!

ARMWINKEL

Die Arme der Statue bilden im Schoß einen Winkel dank 1×4-Scharnierplatten, die in der Körpermitte verborgen sind. Kacheln erzeugen eine glatte, steinartige Oberfläche.

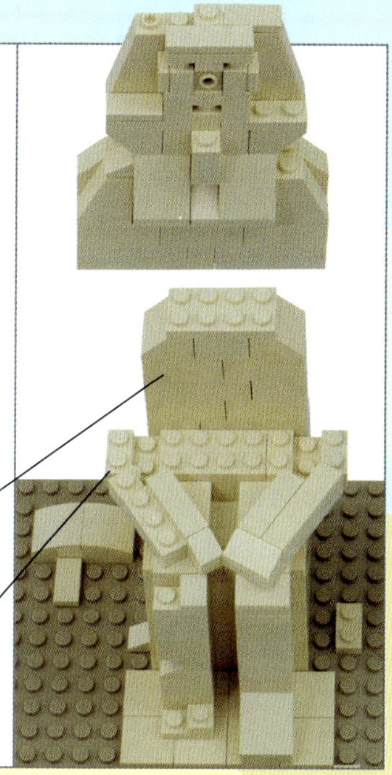

... UND HEUTE

Heute weist diese verwitterte antike Statue keine Spur von Farbe mehr auf. Mit welchen Elementen kannst du bewirken, dass dein Bauwerk aussieht, als ob es seit Jahrtausenden so dasteht?

SEITENANSICHT

NINJA-TRAINING

Was für eine heitere Szene – eine japanische Künstlerin im friedlichen Frühlingsgarten! Aber wenn es dunkel wird, begibt sie sich zum Kampfkunsttraining! Du könntest auch ein eigenes Abenteuer bauen – in einer anderen Zeit und an einem anderen Ort.

BAUIDEE

Auftrag:	Erschaffe eine Welt für deine eigene Abenteuerstory.
Zweck:	Fantasie-Szenen für deine Minifiguren
Ausstattung:	Garten, Ninja-Trainingsplatz
Extras:	Laternen, Waffenlager

VON HINTEN

AUSBAUEN

Sobald du deine Story beendet hast, baust du weitere Actionszenen. Versuche es mit Ninja-Kämpfen oder gar einem Versteck für die Schurken!

TAGSÜBER KÜNSTLERIN ...

Dieser Baum voller Blüten spendet der Künstlerin am Tag kühlenden Schatten. Bei Anbruch der Nacht leuchten Laternen – doch sie wird dann nicht mehr lange da sein! Du musst nur einen kleinen Ausschnitt einer Landschaft bauen, damit deine Szenerie für eine imaginäre Story überzeugt.

Dieser Wandschirm heißt Shoji. Wie sieht deiner aus?

Diese abgerundeten goldenen Platten mit Griffen dienen als Verzierung.

AUSRÜSTUNG EINER NINJA

Jede Ninja muss ihre Ausrüstung an einem sicheren Ort aufbewahren. Stecke den Panzer auf eine Stange und fixiere ihn mit runden 1×1-Platten.

Kendo-Helm

Runde 1×1-Platte mit offener Noppe

Welches Outfit tragen deine Abenteurer?

Das Schwert liegt leicht erreichbar neben der Matte.

Auf Steckerplatten mit einer Noppe stehen deine Minifiguren auf der Matte.

8×8-Platte als Basis

... NACHTS NINJA

Der Trainings-Dojo hat eine quadratische Matte aus glatten Kacheln und ein separates Drachenfenster. Teile einer Szene müssen nicht zusammenhängen, um echt zu wirken. Sorge dafür, dass deine Ninja Panzer und Waffen hat, um in den Kampf ziehen zu können.

MYTHEN UND LEGENDEN

Tauche ein in eine magische Sagenwelt und baue dafür deine eigenen mythischen Tiere. Ideen liefern dir Geschichten aus dem alten Griechenland, Rom oder Ägypten. Baue einen einäugigen Zyklopen, eine schlangenköpfige Medusa oder eine vielköpfige Hydra. Spielen deine Modelle ihre Legenden nach oder erfindest du sie neu?

BAUIDEE

Auftrag: Baue mythische Figuren.
Zweck: Legendäre Abenteuer
Ausstattung: Flügel, Hörner, rätselhafte Details
Extras: Feuer, Waffen, Helden, Schurken

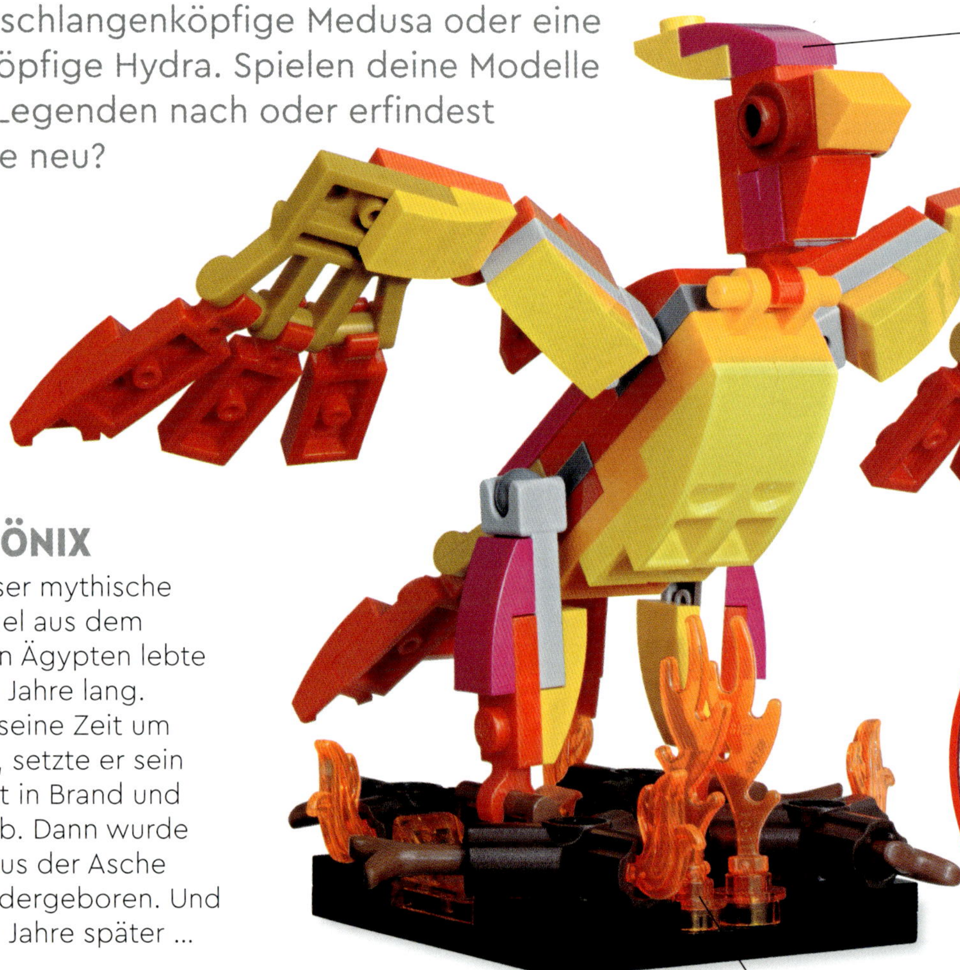

PHÖNIX

Dieser mythische Vogel aus dem alten Ägypten lebte 500 Jahre lang. Als seine Zeit um war, setzte er sein Nest in Brand und starb. Dann wurde er aus der Asche wiedergeboren. Und 500 Jahre später ...

BAUTIPP

Baue die Platten mit Kugelgelenken in der gleichen Position auf beiden Seiten ein. So sind Flügel und Beine gut ausgerichtet.

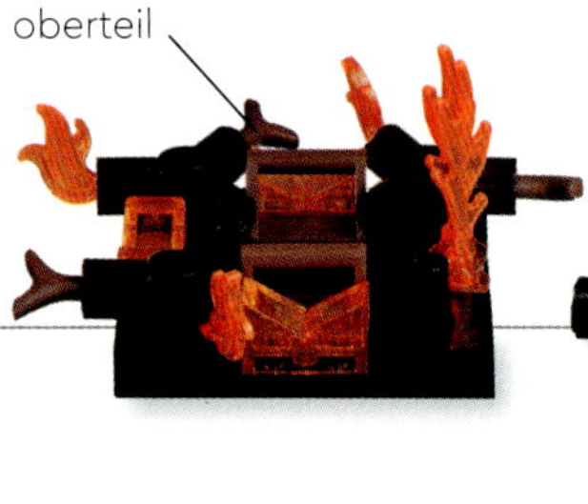

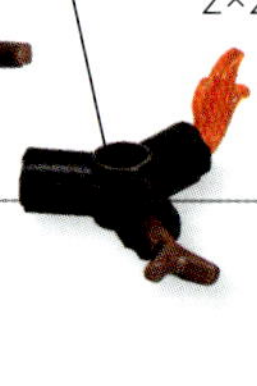

AUS DER ASCHE

Die brennenden Zweige im Phönixnest bestehen aus dreieckigen LEGO Technic Achsverbindern. Flammenelemente und braune Möhrenoberteile als kleinere Zweige stecken in den Achslöchern. Die Verbinder sitzen auf 2×2-Kacheln mit Pins in jeder Ecke der Basisplatte.

VON HINTEN

SEITENANSICHT

PEGASUS

In der griechischen Mythologie war Pegasus ein fliegendes Pferd, geritten von Bellerophon. Der Held ist sauer, da die Flügel seine Beine kitzeln! Jeder Flügel sitzt seitwärts an Noppen auf beiden Seiten von Pegasus.

MINOTAURUS

Echte Stiere sind Vegetarier, doch dieser stierköpfige Minotaurus frisst Menschen! Die Griechen wollen von dir wissen: Kann ein Held dieses Monster im Labyrinth bezwingen? Vielleicht ein Job für Pegasus und Bellerophon ...

VON VORN

SEITWÄRTS GEBAUT

Baue den Kopf des Minotaurus seitwärts an eine 1×3-Platte am Hinterkopf. Darauf sitzt ein Stein mit Seitennoppen, in denen die Hörner stecken. Dann kommen noch eine Platte mit Stange als Hals, ein Dachstein als Maul und eine abgerundete 1×2-Platte mit Stange als Kiefer.

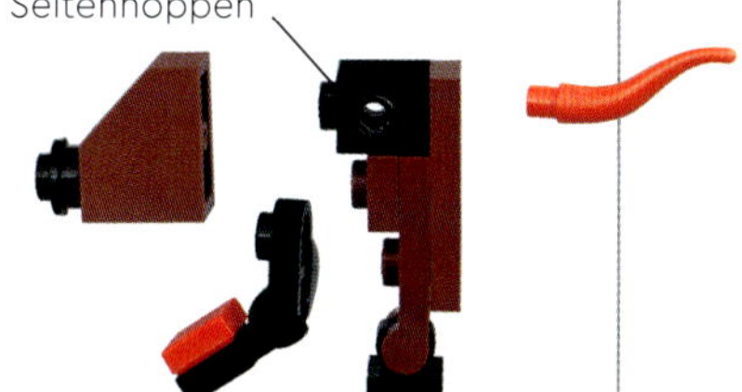

MINIMARKT

Dieser LEGO® Minimarkt in den belebten Straßen von Delhi in Indien ist komplett überdacht. Hier gibt es Obst, Gemüse, Sonnenschirme und vieles mehr. Der Ladenbesitzer sollte vielleicht auch noch Sandalen für fußkranke Kunden führen! Erweitere die Szene mit mehr Läden, Pflanzen und sogar einem Tuk-Tuk, das Waren in der Stadt ausliefert.

BAUIDEE

Auftrag:	Baue einen Laden.
Zweck:	Nachschub von Waren, Shoppen
Ausstattung:	Ladenfront, Waren, Kasse
Extras:	Strommast, Straßenlampe, Lagerraum

DETAILREICHE SZENE

Das Ziegeldach, die Bogeneingänge, die Palme und die bunte Markise – dieser Laden muss in Indien stehen. Jemand hat seinen Motorroller direkt am Strommast geparkt. Vermutlich ist er in den Minimarkt gesaust, um sich eine Flasche mit kühlem Mangosaft zu holen.

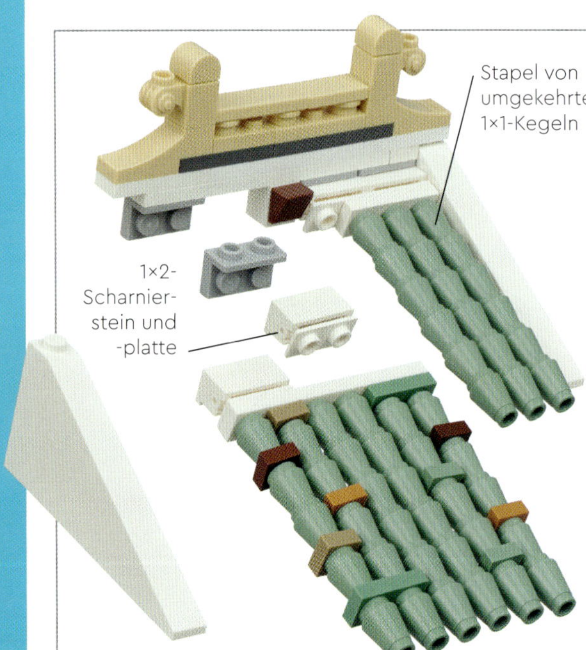

ABDECKUNG

Stapel von nach unten zeigenden Kegeln und Platten bilden das Ziegeldach. Sie sitzen an schmalen Platten am Dachfirst. Scharnierplatten und -steine darüber bewirken, dass das Dach wie ein echtes Dach einen Winkel bildet.

BAUTIPP

Hast du zu wenige LEGO Lebensmittel-Elemente für deinen Laden, baust du welche: Möhren aus orangenen Kegeln, Äpfel aus runden Platten und Käse aus Dachsteinen!

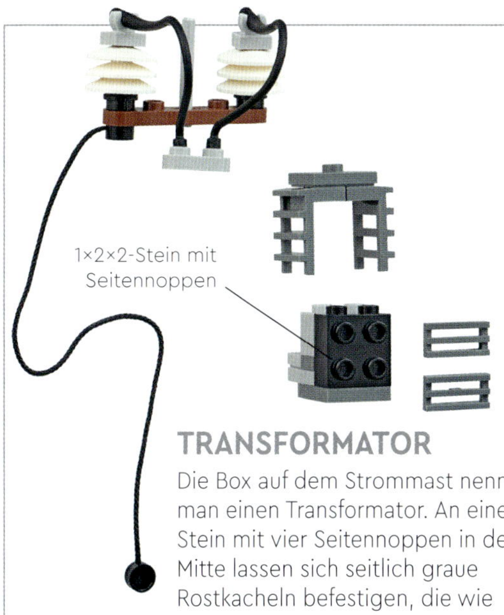

1×2×2-Stein mit Seitennoppen

TRANSFORMATOR

Die Box auf dem Strommast nennt man einen Transformator. An einem Stein mit vier Seitennoppen in der Mitte lassen sich seitlich graue Rostkacheln befestigen, die wie Kühllamellen an einem Transformator aussehen.

LEGO Peitschen für stark isolierte Leitungen

LEGO Schnur versorgt den Laden mit Strom.

Straßenlampe für abendliche Einkäufe

Mit Kacheln bedeckte Platten ergeben ein glattes Dach.

An dieser Kasse wird bezahlt.

DIESER NERVIGE VOGEL WILL MEIN OBST!

SEITENANSICHT

In die Wand eingebaute Steine mit Klemmen halten die Fensterläden.

VON HINTEN

KLASSISCHES FILMSET

Dieses Minifiguren-Team filmt einen altmodischen Western an einem Hollywood-Filmset. In dieser Szene ist ein Bankräuber auf der Flucht durch eine Wüste, verfolgt von einem Geier! Fallen dir andere Szenen ein, die du bauen und als Regisseur verfilmen könntest? Was für Filmequipment könnte das Team noch gebrauchen?

BAUIDEE

Auftrag:	Baue ein Filmset.
Zweck:	Filme drehen, Szenen durchspielen
Ausstattung:	Scheinwerfer, Set, Kamera
Extras:	Requisiten, Stuhl, Klappe

Klappe funktioniert dank Gelenk aus Klemme und Stange.

KLAPPE

Transparente gelbe Platten scheinen zu glühen.

2×2×10-Trägerelement

AUSLEUCHTEN

Dieses Flutlicht simuliert die Wüstensonne. Der Ständer der Leuchte ist ein langes Trägerelement – du könntest stattdessen auch runde oder normale Steine aufeinanderstapeln.

Wüstenberge auf beweglichem Hintergrund

Baue Stufen oder eine Schräge, damit deine Schauspieler sicher aufs Set gelangen.

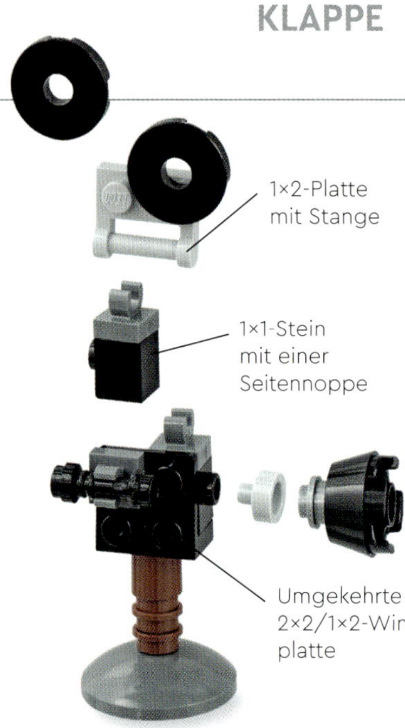

1×2-Platte mit Stange

1×1-Stein mit einer Seitennoppe

Umgekehrte 2×2/1×2-Winkelplatte

FILMKAMERA

Die Filmkamera wird auf einer umgekehrten Winkelplatte aufgebaut. Zwei kleine Steine mit Seitennoppen an der Rückseite bilden das eckige Gehäuse der Kamera.

Runde 2×2-Kachel mit Loch

Teleskopelement als Sucher

KAMERA AB ...

Diese altmodische Filmkamera läuft gleich! Oben hat sie zwei Filmrollen, die aus runden Kacheln mit Löchern bestehen. Baue ein Stativ, damit die Kamera in der richtigen Höhe die Handlung filmen kann.

AUSPROBIEREN

Viele Filme waren früher schwarz-weiß. Baue deine Szene nur mit schwarzen, weißen und grauen Elementen, um den klassischen „Leinwand-Look“ zu imitieren.

Passe die Höhe der Basis der Bühne an.

Das Wüstenfort ist klein, da es in weiter Ferne steht.

SZENENWECHSEL

Am Filmset können andere Hintergründe hinter der Action für veränderte Szenen hereingerollt werden. Baue die Radbasis und setze darauf Szenerien, die dir gefallen.

Geier-Requisite „fliegt“ an dieser 1×12-Stange mit einer 1×2-Platte am Ende auf die Bühne.

Steine mit Rillen bilden stabile Beine für eine erhöhte Bühne.

PLATTFORM IM OFF

.. UND ACTION!

Iun sollen deine Minifiguren ie Filmstory auf der Bühne pielen. Die Basisplatte auf ieser Bühne sieht wie eine andwüste aus, und den Iintergrund bilden kahle erge. Baue eine einfache, tabile Bühne, die viel latz für Schauspieler und equisiten bietet.

2×2-Drehstuhl-element auf einem runden Stein und einer Radarschüssel

REGIESTUHL

JAPANISCHER GARTEN

Das Teetrinken hat in Japan eine sehr lange Tradition. Hier nippt eine Minifigur an einer Tasse Matcha-Tee in einem *Chashitsu*, einem hölzernen Teehaus. Das Teeritual dient der friedlichen Meditation, und daher steht ein *Chashitsu* stets in einem wunderschönen Garten, dessen Anblick überaus beruhigend ist.

BAUIDEE

Auftrag:	Baue ein japanisches Teehaus mit Garten.
Zweck:	Ein Ort der Entspannung
Ausstattung:	Pflanzen, Bäume, Teich
Extras:	Laternen, Pagoden, Wege, Zäune

Seerosenblatt aus einer Minifiguren-Malpalette

GARTENANSICHT

FRIEDLICHER ORT

Was kommt in deinen Garten? Was beruhigt dich? Deine Minifiguren lieben den Anblick eines blühenden Kirschbaums. Gut wären ein kleiner Schrein und ein Teich mit langsam schwimmenden Koikarpfen.

Zweige aus Halbbogenelementen

Hast du diesen verzierten Gitterzaun nicht, nimmst du andere Zaunelemente.

Runde Kacheln für einen natürlichen Steinweg

Laternen sorgen für warmes Licht.

KARPFENTEICH

Transparente Elemente und mit Fischen bedruckte Kacheln füllen diesen kleinen Teich mit Wasser und Leben. Du kannst auch Fischelemente mit Kacheln mit Klemmen verbinden.

DEKORATIVE PAGODE

Gestapelte weiße Elemente bilden dieses auffällige Gartenzierstück. Denke daran, ein breites Element, etwa einen 2×2-Kegelstumpf, als stabile Basis zu verwenden.

BAUTIPP

Teehaus und Garten werden auf zwei separaten Platten aufgebaut. Eine große Szenerie in kleinen Abschnitten ermöglicht es, sie umzubauen oder zu erweitern.

INNENANSICHT

BAUIDEE

Auftrag: Baue eine Zeitmaschine.
Zweck: Reisen durch die Zeit
Ausstattung: Futuristische Apparate, Sitz- oder Stehbereiche
Extras: Energiequelle, Labor

ZEITREISEN

In welcher Zeit lebst du? Mit einer Zeitmaschine kannst du das selbst entscheiden. Kann deine Maschine teleportieren? Oder ist sie ein Zeitreise-Gerät wie das von diesem Herrn mit Zylinder? Er ist im 19. Jahrhundert gestartet, aber wer weiß, ob er in der Zeit zurück- oder vorausreist. Gute Reise!

BAUTIPP

Damit dein Minifigurenpilot Platz hat, beginnst du mit dem Cockpit deiner Zeitmaschine. Baue dann nach oben und nach außen in jedem beliebigen Stil.

DIE ZEIT VERFLIEGT

Mit dieser Maschine kann man nicht nur in andere Zeiten reisen, sondern dort auch damit herumfahren. Dank ihrer Röhren, Verbinder und Handgriffe wirkt sie wie ein Hightech-Fahrzeug.

VON VORN

GLATTE FAHRT

Diese Zeitmaschine kann überall landen – dank Landekufen, wie sie oft an Schneemobilen zu finden sind. Kleine Kacheln mit Klemmen verbinden die Kufen mit Platten mit Stangen an der Karosserie.

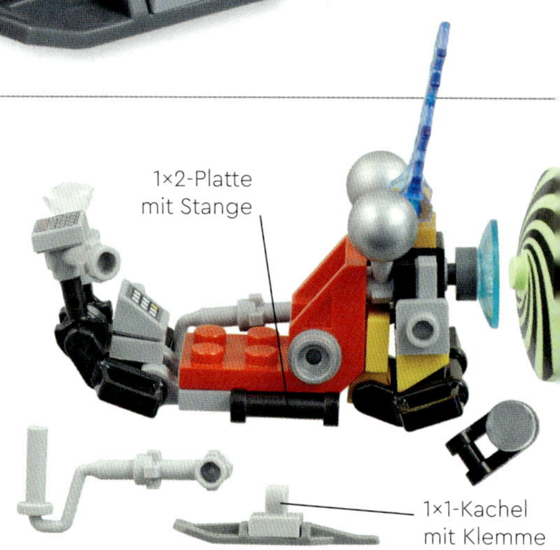

SIGNALSTAPEL

Zwei verschieden große umgekehrte Radarschüsseln bilden diesen Sendeturm. Ein Teleskopelement verlängert ihn, sodass das LEGO Technic Kugelgelenk an der Spitze winzige LEGO Partikel senden oder empfangen kann.

TELEPORTER

Ein technisch komplexer Teleporter lässt dich durch die Zeit reisen. In seiner Kammer steht oder sitzt eine Minifigur. Drei, zwei, eins – wohin ist sie verschwunden?

FORSCHUNGSLABOR

Der Teleporter steht in diesem Geheimlabor. Es hat ein kompliziertes Kontrollpult und einen bequemen Sessel, in den der Erfinder sinkt, sobald der Zeitreisende unterwegs ist.

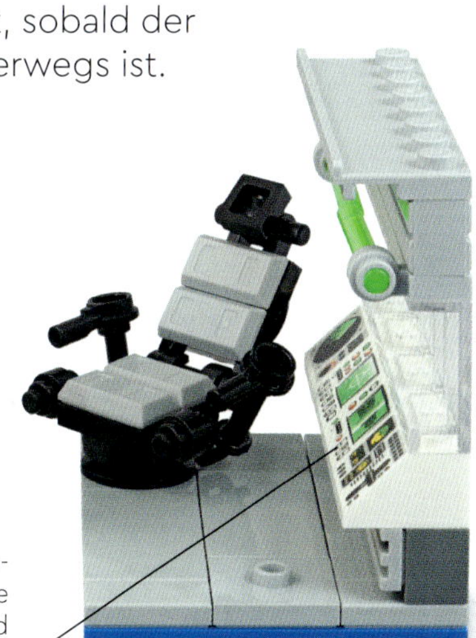

SEITENANSICHT

BAUIDEE

Auftrag: Baue viele Uhren.
Zweck: Zeitmessung, Zeitreisen, Abenteuer, Souvenirs
Ausstattung: Zifferblätter, Zeiger, Mechanismen
Extras: Kuckuck, Sand, Roboter

UHREN

Die meisten Menschen bringen aus dem Urlaub Souvenirs mit – so auch dieser Roboter von seinen Zeitreisen. Nach jeder Teleportation hat er eine Uhr aus einer anderen Zeit dabei. Er will eben wissen, wie die Menschen einst getickt haben! Aus welchen Elementen kannst du eigene LEGO Uhren bauen?

WECKER

Zu früh! Wecker wie dieser wecken seit über 100 Jahren Schulkinder und Berufstätige auf der ganzen Welt. Die Glocken an dieser Uhr sind kleine Kuppelsteine.

KUCKUCKSUHR

Traditionelle Kuckucksuhren sehen wie ein Haus mit spitzem Schindeldach aus. Zu jeder vollen Stunde springt ein Vögelchen heraus. Was könntest du noch aus deiner Uhr herausspringen lassen?

SANDUHR

Vor mechanischen Uhren gab es Sanduhren. Wurde die Uhr umgedreht, rieselte Sand aus dem oberen Kolben in den unteren. Drehe dieses Modell mehrmals um und demonstriere, wie viel Zeit (Sand) im oberen Kolben verbleibt.

WIE BAUST DU ZEIT?

Dank der beigen 2×2-Kuppel wirkt der obere Kolben voller als der untere. Verbunden mit dem umgekehrten beigen 1×1-Kegel in der transparenten unteren Kuppel scheint tatsächlich Sand zu rieseln!

PENDELUHR

Steine mit Seitennoppen sichern wichtige Teile dieses Modells. Das Zifferblatt sitzt an einem 1×2-Stein mit Seitennoppen, und Kacheln mit Klemmen an Steinen mit Seitennoppen halten Pendel und Gewicht.

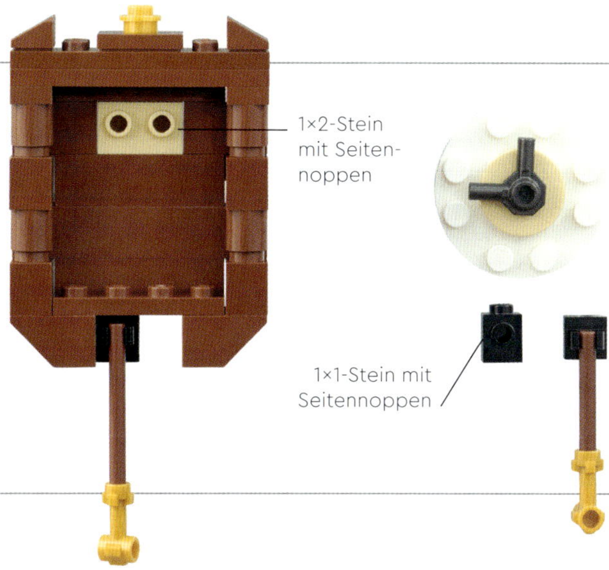

ROBOTER AUF ZEITREISE

Antenne und metallische Augen sind typische Robotermerkmale. Doch hier verrät das Zifferblatt auf der Brust, dass dieser spezielle Roboter auf Zeitreise ist!

STANDUHR

Diese Uhren werden nach dem Lied eines amerikanischen Dichters von 1876 auch Großvateruhren genannt. Die unter dem Zifferblatt hängenden Teile heißen Pendel und Gewicht – zusammen treiben sie die Uhr an.

BAUTIPP

Baue zuerst Zifferblatt und Zeiger. Runde Elemente wie Radarschüsseln und Steckerplatten bilden das Zifferblatt, kleine Elemente mit Stangen die Zeiger.

SEI KREATIV

Mit LEGO® Elementen zu bauen ist eine tolle Möglichkeit, deine Persönlichkeit auszudrücken und deine Kreativität auszuleben. Kunstwerke, Spiele, Erfindungen oder LEGO Filme – kannst du sie dir vorstellen, dann kannst du sie auch bauen!

WANDBILDER

Mit LEGO Steinen kannst du nicht nur Modelle bauen, sondern auch tolle Bilder und Porträts gestalten, um sie zu Hause auszustellen. Beim Erschaffen von Kunstwerken mit LEGO Elementen kannst du ihre Farben und Formen auf völlig neuartige Weise verwenden. Baue entweder flache Bilder oder Kunstwerke mit vielen 3-D-Details.

BAUIDEE

Auftrag:	Baue LEGO Kunst für zu Hause.
Zweck:	Kreativität ausdrücken, Wände dekorieren
Ausstattung:	Basisplatten, andere flache Elemente
Extras:	Rahmen, Ständer, 3-D-Elemente

Glatte weiße Ränder aus gebogenen $1 \times 4 \times 1/3$-Dachsteinen

LANDSCHAFTEN

Viele Künstler werden von ihrer Umwelt inspiriert. Kannst du den Blick aus deinem Fenster oder deinen Lieblingsort mit LEGO Steinen nachbauen? Diese Szene besteht nur aus 11 Elementen.

Bananen als lange blonde Locken

Croissant als gestutztes Bärtchen

PORTRÄTS

Setze deine LEGO Elemente zu Porträts von dir und deinen Lieblingsmenschen zusammen. Dieses hier besteht aus Essenselementen und Minifiguren-Accessoires: Zitronentörtchen als Ohren – und eine lächelnde Wurst! Gestalte Kunstwerke mit deinen interessantesten oder ungewöhnlichsten Elementen.

GESICHTSZÜGE

Die meisten Details werden mit Klemmen auf 1×1-Kacheln gebaut. Änderst du ihre Winkel, veränderst du den Gesichtsausdruck! Zentrale Merkmale wie Nase und Kinn werden mit Steckerplatten befestigt.

Runde 2×2-Steckerplatte

Dieser abgeschrägte Rahmen besteht aus gebogenen Dachsteinkacheln.

TIERE

Es ist gar nicht so leicht, Tierdetails richtig zu zeichnen. Aber gerade die Details machen Spaß beim Bauen von LEGO Tierkunstwerken! Versuche mit vielen verschiedenen Elementen Federn, Schwänze, Flügel oder Zähne deiner Tiere genau nachzubauen.

Abgerundete Platten mit Zahnrädern als effektvolle Blüten

Gras aus grünen Minifigurenklauen

BLUMEN

Künstler lieben Blumenbilder. Baue die botanischen Schönheiten nach, die im Garten oder im örtlichen Park wachsen. Und auf einem Naturlehrpfad kannst du mit Freunden von allem, was ihr seht, LEGO Kunstwerke machen.

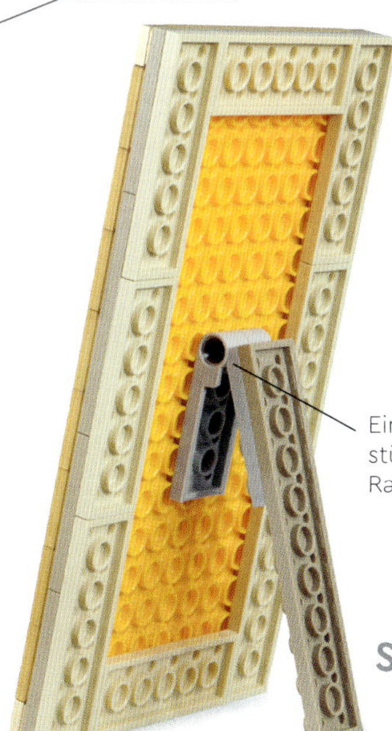

Eine 2×4-Platte stützt diesen Rahmen.

STÄNDER

AUSPROBIEREN

Baue nicht nur Bilder in deine LEGO Rahmen, sondern auch leere Rahmen, um deine Lieblingsfotos oder -zeichnungen auszustellen!

BILDER UND SKULPTUREN

Wenn du zu Hause Kunst ausstellst, zeigst du damit deinen eigenen Stil. Und wenn du täglich deine Kunstwerke, Skulpturen und Objekte betrachtest, bist du glücklich und positiv gestimmt. Teile deine Freude mit deinen Minifiguren und schmücke ihr Zuhause mit anregender 3-D-Kunst.

BAUIDEE

Auftrag:	Baue LEGO 3-D-Kunst für Minifiguren.
Zweck:	Minifiguren-Häuser, Galerien und Parks dekorieren
Ausstattung:	Kunstwerke in allen Stilen, Formen und Größen
Extras:	Sockel, Rahmen, Schaukästen

AUSPROBIEREN

Baue in Mikrotechnik eine Landschaftsszene für ein 3-D-Gemälde – oder eine Ausstellung von LEGO Minisets für das Zuhause einer Minifigur.

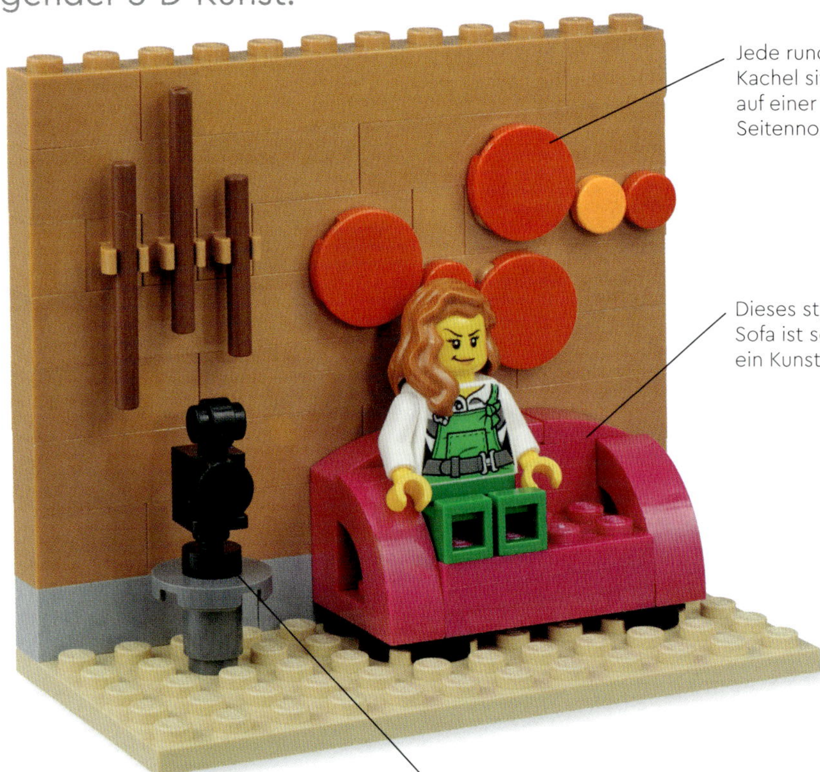

Jede runde Kachel sitzt auf einer Seitennoppe.

Dieses stylische Sofa ist selbst ein Kunstwerk.

Skulptur steht auf einer Steckertischplatte.

ABSTRAKTE KUNST

Durch clevere Verwendung von Formen und Farben kannst du einfache abstrakte Kunstwerke erschaffen. Kunstvoll platziert seitwärts an der Wand sitzende Stangen an Klemmen und verschieden große Kacheln verschönern das Wohnzimmer dieser Minifigur.

Dieses Bergkristallelement ist ein vorgefertigtes Schmuckstück.

Die Trophäe ist eine LEGO® DOTS Kachel an einer Platte mit Seitennoppe.

GELIEBTE OBJEKTE

Zuhause ausgestellte Skulpturen, Schmuckstücke und Andenken verraten viel über die Bewohner. Welche Minifigur könnte diese musikalischen Andenken ausstellen? Hat sie den einen oder anderen Preis gewonnen?

HERUMTOLLEN

Kopf und Körper dieses beweglichen Pferds sind nur eine Noppe breit. Insgesamt zwei Noppen breit ist es dank der vier Beine. Sie klemmen seitlich an T-Träger-Elementen, die in der Körperunterseite stecken.

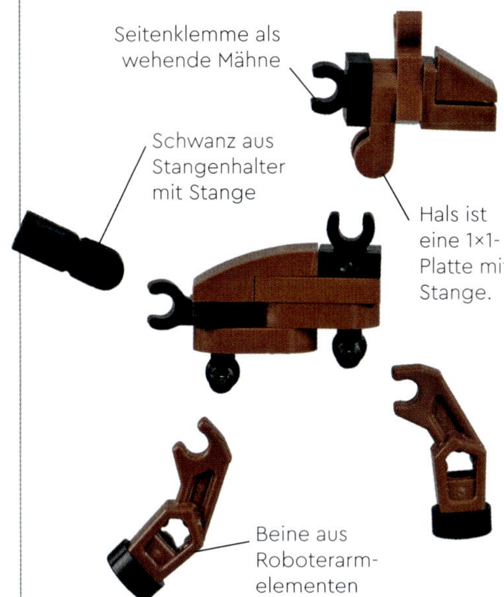

KUNSTGALERIE

Lass dich von berühmten Künstlern inspirieren und kreiere für eine Galerie ein 3-D-Kunstwerk. Edgar Degas malte zum Beispiel viele Pferde und Frida Kahlo meist Selbstbildnisse. Minifiguren werden vor deinem Kunstwerk stehen bleiben und staunen.

SEITENANSICHT

WEHE, WENN DIESE MÖWE NOCH MAL AUF MIR LANDET …

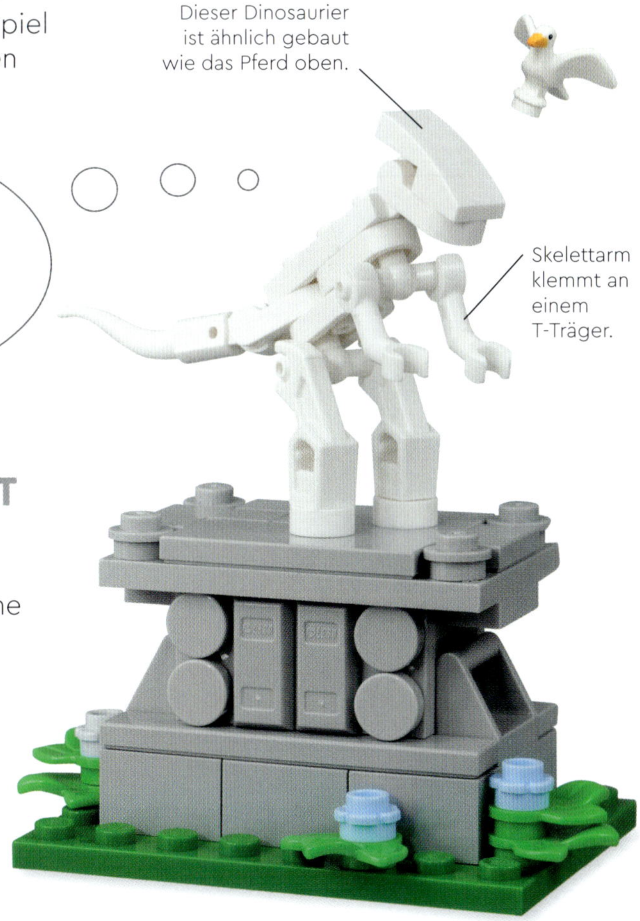

ÖFFENTLICHE KUNST

Skulpturen und Statuen ehren großartige Tiere oder historische Figuren. Baue eine stattliche Statue für einen Ehrenplatz im Museum oder Park. Auf einer Basis, Sockel genannt, ragt sie hoch auf.

BAUE DEINE FAMILIE

Manchmal liegt das, was dich zum Bauen inspiriert, direkt vor deiner Nase – oder sitzt dir gegenüber am Esstisch! Baue die Menschen, die du am meisten liebst, aus LEGO Elementen nach und stelle sie bei dir zu Hause aus. Du könntest deine LEGO Familie den Jahreszeiten anpassen oder Neugeborene hinzufügen.

BAUIDEE

Auftrag:	Baue deine Familie aus LEGO Elementen.
Zweck:	Familiengeschichten nachbauen, dein Zuhause dekorieren
Ausstattung:	Familienmitglieder, Haustiere
Extras:	Spezielle Outfits, Frisuren, Accessoires, bewegliche Teile

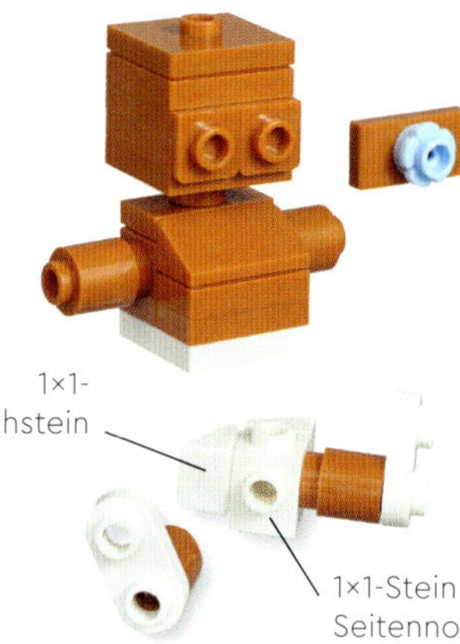

IN WINDELN

Bei diesem Baby aus gestapelten Platten ist die Windel ein diagonal abgewinkelter Stein mit vier Seitennoppen. Kleine Dachsteine sitzen an zwei Noppen, die Beine an den anderen beiden.

KULTIGE OUTFITS

Dieses Familienmitglied liebt wohl Latzhosen! Haben deine Angehörigen Lieblingsanziehsachen, die du bauen könntest? Einen passenden Look nachzubauen verrät, wer wer ist in deiner LEGO Familie.

KLEINE BEINE

Deine jüngeren Geschwister benötigen kürzere Beine. Wenn sie größer werden, könntest du die Beine ja verlängern!

KRABBELKIND

Aus wenigen Elementen kannst du ein knuddeliges Baby bauen! Runde Elemente sind ideal für weiche Arme, und der Schnuller ist ein Blütenelement.

ACCESSOIRES

An den kleinsten Details kannst du bestimmte Personen sofort erkennen. Einen blauen Hut, eine Brille, eine Fliege und eine Blume im Knopfloch trägt jemand mit ausgeprägtem Stilgefühl!

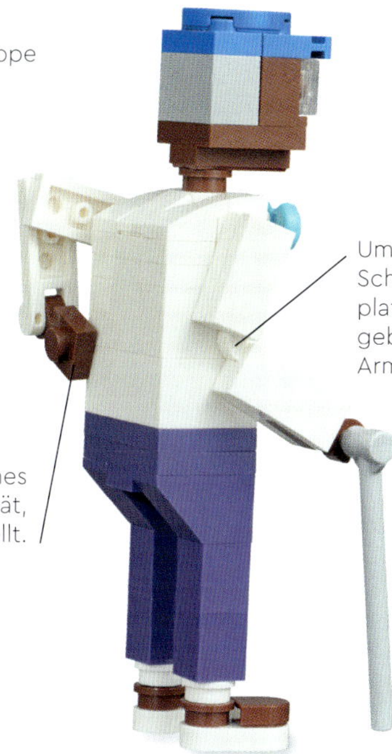

VON HINTEN

FRISUREN

Haare nachzubauen muss gar nicht so kompliziert sein. Man braucht dafür nur wenige Elemente. Hier verleiht ein Dachsteinelement LEGO Haaren Volumen und Stil.

VON HINTEN

AUSPROBIEREN

Baue kultige Film-, TV- und Spielcharaktere für ein Quiz. Wer von deinen Freunden und Familienangehörigen kann sie zuerst erkennen?

HAUSTIERE

Auch Haustiere sind Teil der Familie. Von seinen Schlappohren bis hin zu seinem lustigen Schwanz kann dieser Hund in Wirklichkeit kaum niedlicher sein.

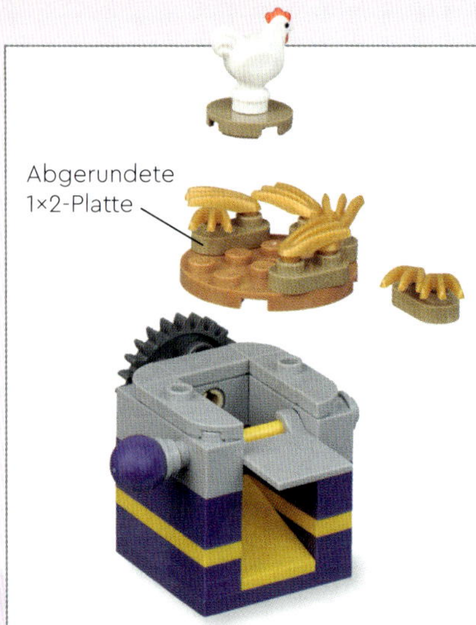

HEIMELIGES NEST

Das Stroh, aus dem das Hühnernest besteht, ist aus Minifigurenkrallen gemacht. Sie stecken in abgerundeten 1×2-Platten mit hohlen Noppen.

AUSPROBIEREN

Inspirierend für Erfinder sind die Werke von Cartoonisten wie William Heath Robinson und Rube Goldberg. Mehr über sie findest du im Internet.

EI-NFALLSREICH

Auf dieser verrückten Maschine legt die Henne ein Ei, das wegrollt, geknackt und gebraten wird, bevor es auf dem Teller der Minifigur landet. Denke über die verschiedenen Ebenen deines Modells nach und wie jede mit der nächsten verbunden ist.

TOLLE ERFINDUNG

Wie magst du deine Frühstückseier? Sollen sie frisch gelegt und perfekt gebraten sein, dann ist das deine Maschine! Experimentiere mit eigenen Erfindungen, die dein Leben leichter oder lustiger machen, und teste sie mit deinen LEGO Elementen. Je komplizierter und verrückter, desto besser!

BAUIDEE

Auftrag:	Baue eine geniale Erfindung.
Zweck:	Zeit und Energie sparen
Ausstattung:	Mehrere Ebenen, Zahnräder, Rutschen, Hebel, Klappen, Bedienelemente
Extras:	Hühnernest, Flammen, Tisch, Teller

EI-NFACHE LÖSUNG

Das Geheimnis dieser Maschine ist ein rascher Tausch im Kochbereich. Fällt das frisch gelegte Ei in die Pfanne, bleibt es darin liegen. Gleich daneben wartet eine Spiegeleikachel bereits darauf, auf den Teller geschoben zu werden.

BAUIDEE

Auftrag: Baue deinen Traumjob.
Zweck: Berufsideen, lustige Szenen
Ausstattung: Arbeitsplätze, Equipment, Lebewesen, Fahrzeuge
Extras: Werkzeuge, Flügel

TRAUMJOB

Kannst du dir einen Beruf vorstellen, der so viel Spaß macht, dass er dir nicht wie Arbeit vorkäme? Vielleicht gibt es ihn schon – oder du musst ihn erst erfinden. Denke an Dinge, die du gern tust, und baue deinen Traumjob mit LEGO Elementen.

SUPERTIERÄRZTIN

Tierärzte haben einen tollen Job, aber eine Minifigur könnte sich auf Drachen, Einhörner, Aliens oder gar auf übergroße exotische Tiere wie dieses spezialisieren! Baue die Lebewesen, die du gern versorgst, und einen Arbeitsplatz für deinen LEGO Tierarzt oder deine Tierärztin.

VIERBEINER

Dieses bunte Lebewesen beweist, dass nur deine Fantasie deinen Modellen Grenzen setzt. Es hat einen Vogelkopf und vier Beine. Die vorderen beiden sind sogar beweglich.

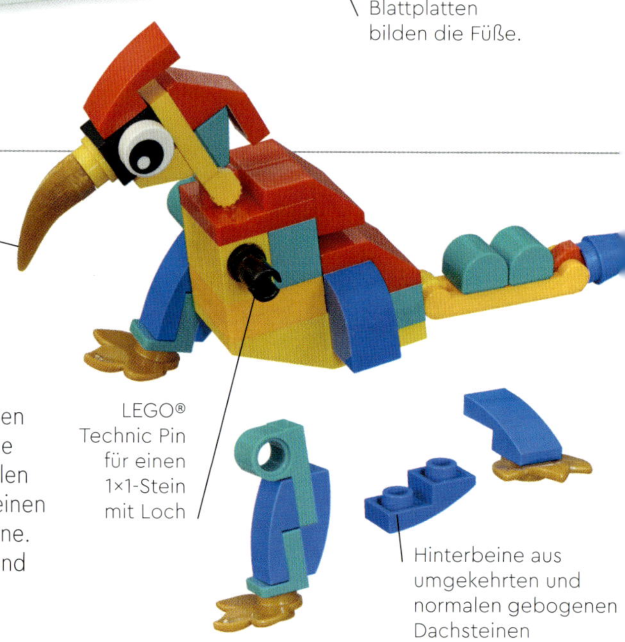

Farbige Kacheln ergeben lustige Flügel.

VON VORN

BAUTIPP

Vor dem Bauen überlegst du, welche Funktionen ein Fahrzeug haben soll. So weißt du, wie Flügel, Räder oder Segel zu befestigen sind.

LUGTAXIFAHRER

ieses Flugtaxi hat Flügel und eine Räder. Elegant bringt s deine Minifiguren an ihr iel – Verkehrsstaus gehören er Vergangenheit an! Kannst u auch andere Jobs so verndern, dass sie besser sind der mehr Spaß machen?

Passagiere haben viel Platz – und eine tolle Aussicht!

Die Front sieht och wie ein Auto nd nicht wie ein Flugzeug aus.

Windschutzscheibe schützt den Piloten vor Fliegen.

Die Flügel aus großen Flossenelementen sitzen an Seitennoppen.

VON HINTEN

BEFLÜGELN

Die Teile der grauen Basis dieses Modells werden meist für den Rumpf von Schiffen und Helikoptern verwendet. Die Flügel sitzen an Winkelplatten mit Seitennoppen, die seitlich in den Flieger eingebaut sind.

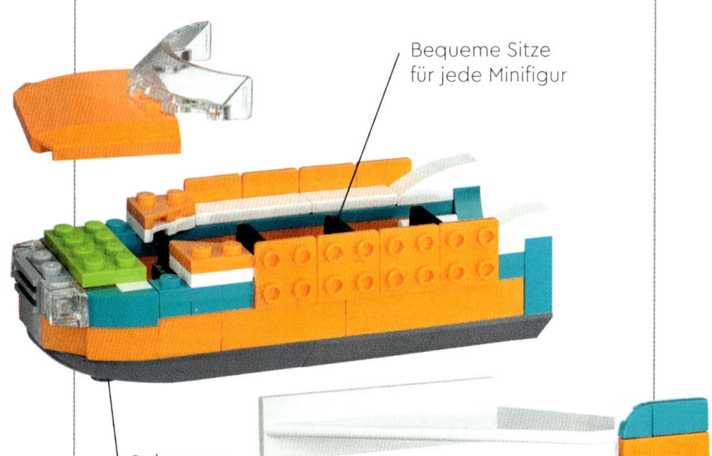

Bequeme Sitze für jede Minifigur

Gebogene 6×8-Rumpfplatte

SEITENANSICHT

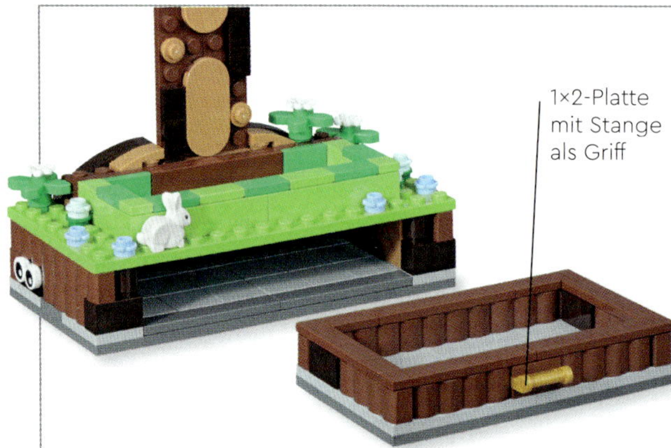

BAUIDEE

Auftrag:	Baue Modelle mit praktischem Nutzen.
Zweck:	Aufbewahren, Ausstellen
Ausstattung:	Schlitze, Haken, Schubläden, Geheimfächer
Extras:	Beine, Gesichter, Obst, Laub

ALLES IM GRIFF

Damit eine Schublade mühelos auf und zu geht, steckst du glatte Kacheln auf die Lade und auf die Basis des Fachs. Und vergiss den Griff nicht, damit die Schublade nicht im Fach stecken bleibt.

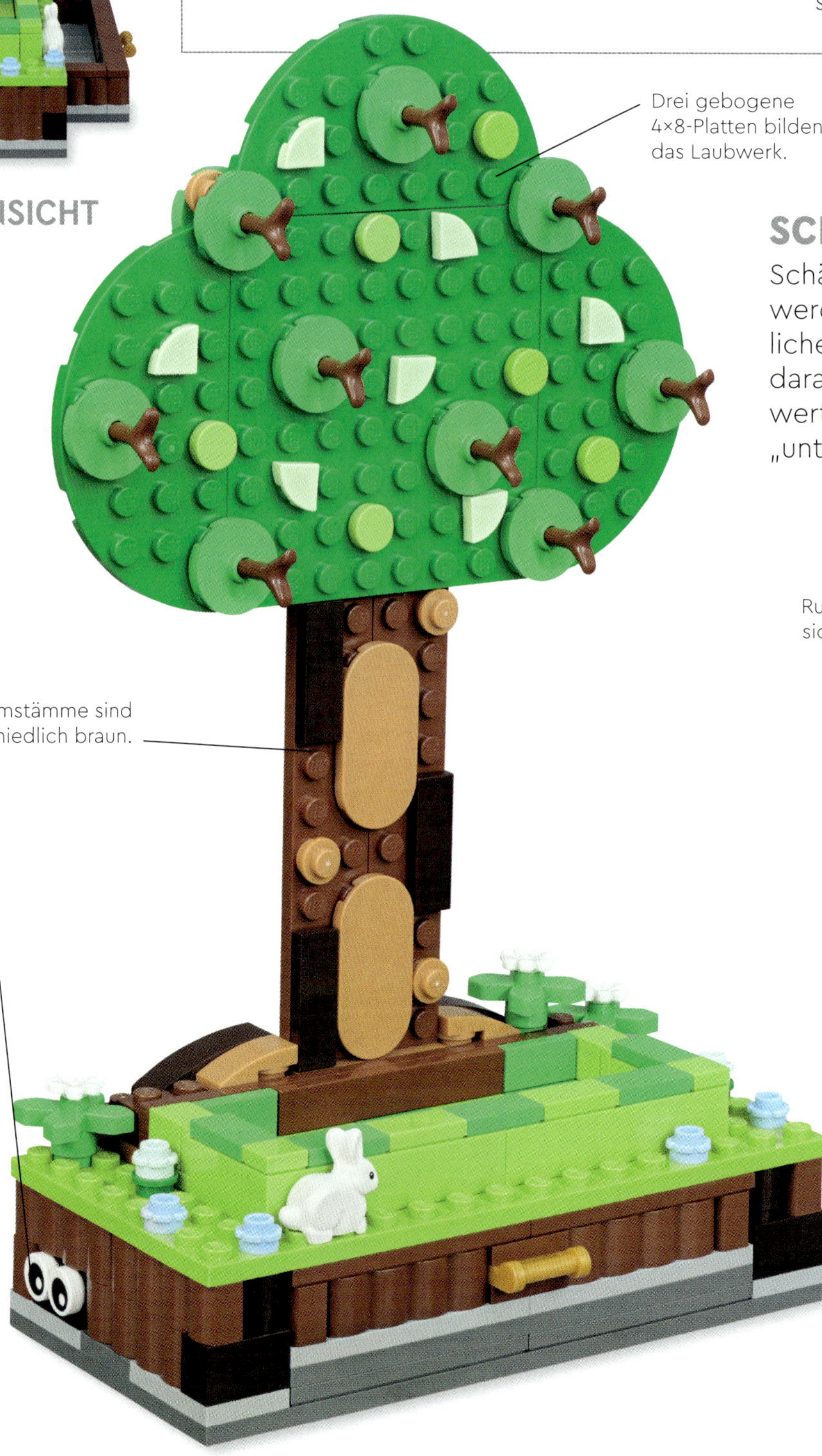

SCHATZBAUM

Schätze und Schmuck sollten ausgestellt werden. Die kleinen Zweige dieses niedlichen Waldbaums sind ideal, um Schmuck daran baumeln zu lassen. Kleinere oder wertvollere Schätze bewahrst du in der „unterirdischen" Schublade auf.

VON HINTEN

SCHÄTZE AUFBEWAHREN

Hast du einen besonderen Ort für deine Münzen und andere Schätze? Baue Modelle, um deine liebsten und kleinsten Dinge aufzubewahren. Diese Bauideen haben die Natur zum Thema. Es könnten aber auch Monster, Regenbögen oder Meeresbewohner sein – was immer dich inspiriert!

AUSPROBIEREN

Baue für deine wertvollsten Dinge ein Geheimfach. Idealerweise sollte es so aussehen, als hätte es überhaupt keine Öffnung!

MÄH, MÄH, MÄH!

Baue für deine Münzen ein Sparschaf mit einem Schlitz, in den du dein Geld steckst. Ist dein Schaf voll, entfernst du eine Seite, um deine Münzen herauszuholen. Oder baue ein größeres Schaf, um weiterzusparen! Du könntest in diesem Schaf auch Sticker oder Notizen aufbewahren.

VON VORN

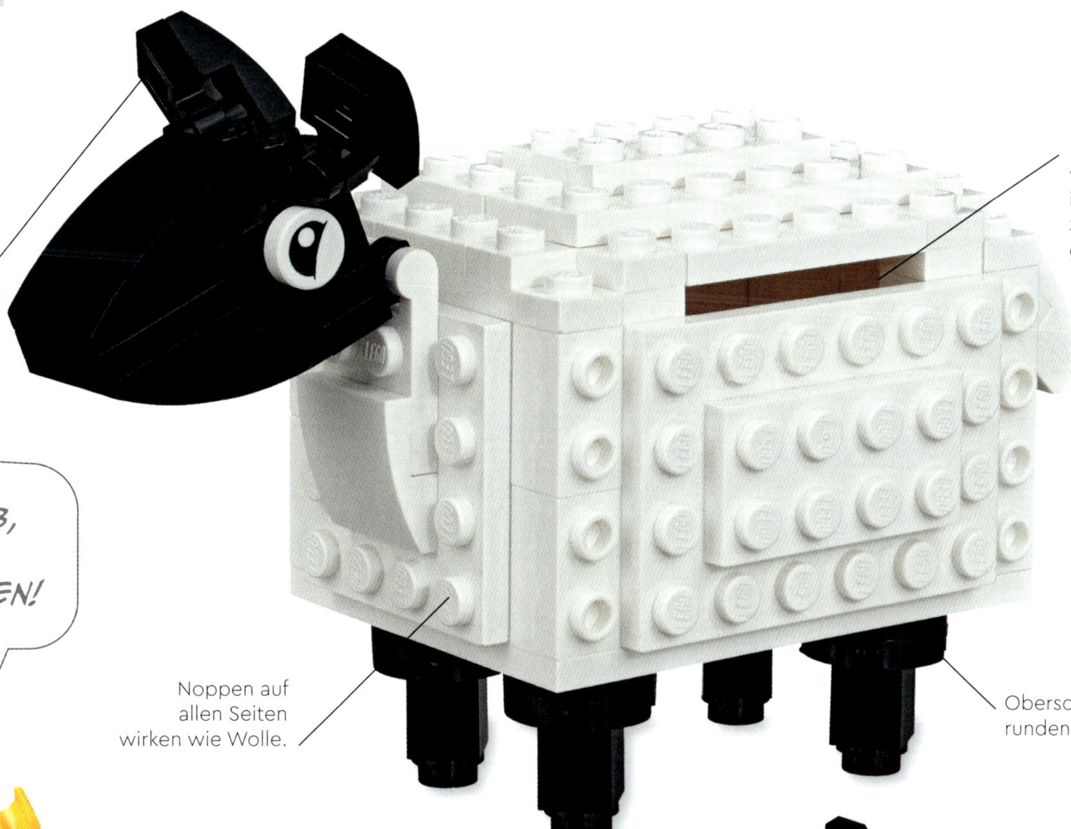

SCHAFFORM

Die Platten sitzen auf Wänden aus Steinen mit Noppen. Eine Wand hat eine große Lücke – als Schlitz für die Münzen und um sie wieder herauszuholen, indem du die Platten abnimmst.

SCHREIBTISCHDEKO

Schmücke deinen Arbeitsplatz mit bunten und funktionalen LEGO Modellen. Du könntest etwas bauen, um dein Büromaterial aufzubewahren, oder ein schönes Zierstück, das dir Freude macht. Du könntest deinen Schreibtisch sogar mit einem LEGO Bild verschönern.

BAUIDEE

Auftrag:	Baue nützliche Modelle für deinen Arbeitsplatz oder dein Zimmer.
Zweck:	Deko, Aufbewahrung
Ausstattung:	Fächer, leuchtende Farben
Extras:	Fenster, Türen, Blumen

BLÜTENKOPF

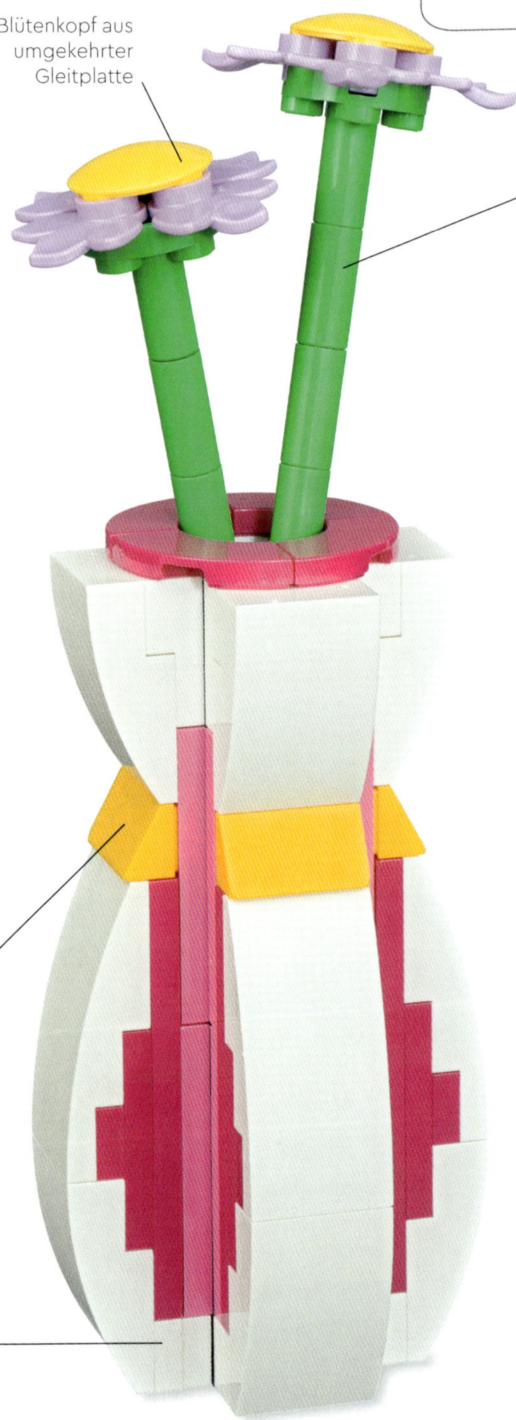

BLUMENVASE

Lebende Pflanzen und Blumen müssen gegossen werden, aber LEGO Blumen sind pflegeleicht! Baue eine Vase und fülle sie mit LEGO Versionen deiner Lieblingsblumen. Das wäre auch ein tolles Geschenk.

SEPARATE SEITEN

Die vier identischen Seiten der Vase sind auf eine flache Plattenreihe gebaut. Sie werden aufrecht auf einer Basis aus Steinen mit Seitennoppen befestigt und bilden einen Hohlraum für die Stängel.

GRUNDRISS

Die Basis des Hauses ist eine 16×16-Platte, damit das Schreibtischset nicht umkippt, wenn höhere Dinge hineingetan werden. Durch die Türen lassen sich kleine Dinge aus den hohen Fächern leicht herausholen.

SEITENANSICHT

SCHREIBTISCHSET

Das Haus dieses Sets hat verschiedene Räume – perfekte Fächer für Bleistifte und andere kleine Dinge. Du könntest auch ein Set in Form eines Fahrzeugs, eines Tiers oder von etwas unglaublich Abstraktem bauen.

VERÄNDERN

Verwandle das Schreibtischset von einem Haus in eine Burg mit Zugbrücke, Türmchen und Rittern. Du könntest sogar ein Geheimfach für deine Schätze einbauen.

BAUIDEE

Auftrag:	Baue LEGO Haustiere und ihr Zuhause.
Zweck:	Passende Unterkunft, Nahrung und Spielzeug
Ausstattung:	Haustier, Nahrung
Extras:	Bequeme Einrichtung, Spielzeug, ungewöhnliche Mitbewohner

HAUSTIERHÄUSER

Stell dir dein perfektes Haustier und dann seinen idealen Lebensraum bei dir zu Hause vor. Lass deiner Fantasie freien Lauf beim Bau eines Hauses für dein LEGO Haustier. Es muss kein massives Gebäude mit Dach oder Fenstern sein. Welchen Komfort braucht dein Liebling?

BAUTIPP

Abgerundete 1×1-Platten mit Stangen lassen sich im Winkel verbauen, um Verbindungen außerhalb des üblichen LEGO Rastersystems zu bilden.

MINIKANINCHEN

Dieses Steinkaninchen besteht aus 11 Elementen. Die großen Hinterbeine bildet eine Steckerplatte, an der zwei Platten für die großen Füße sitzen. Eine einzelne Platte genügt für die kleineren Vorderpfoten.

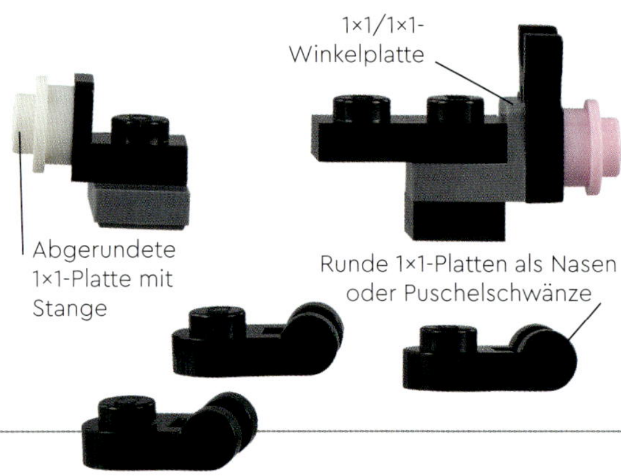

KANINCHENKOJE

LEGO Kaninchen hoppeln in diesem doppelstöckigen Stall bequem herum. Experimentiere mit Häuschen auf mehreren Ebenen oder baue einen langen Auslauf mit kaninchen-freundlichen Hindernissen und Spielsachen. Und mit vielen Blättern zum Knabbern!

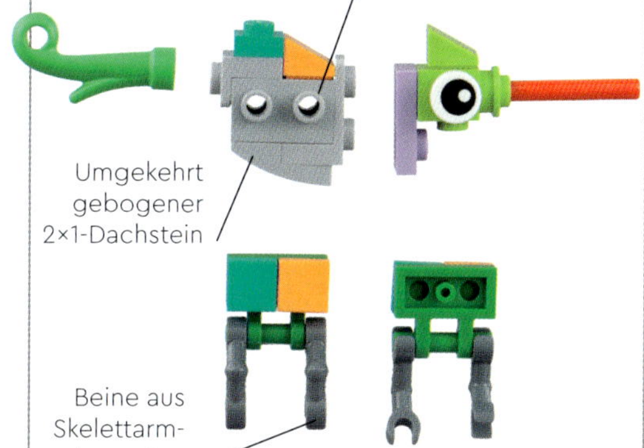

BELIEBIGE FARBEN

Chamäleons sind Meister der Tarnung, da sie die Farbe wechseln können. Wählst du für dein Chamäleon die gleichen Farben wie für den Hintergrund hinter ihm, ist es fast unsichtbar.

SUCH MICH DOCH!

Dieses Chamäleon passt sich seinem Laubhaus clever an. Gib ihm noch einen Zweig zum Sitzen und eine Fliege zum Lunch, dann ist es glücklich. Fallen dir andere Haustiere ein, die sich ihrer Umgebung anpassen?

SCHNAPPHAUS

Nur eine mutige Minifigur hält sich ein Krokodil als Haustier! Dieses Kroko fühlt sich offenbar wohl auf seinem weichen Teppich – oder wird es gleich zuschnappen?

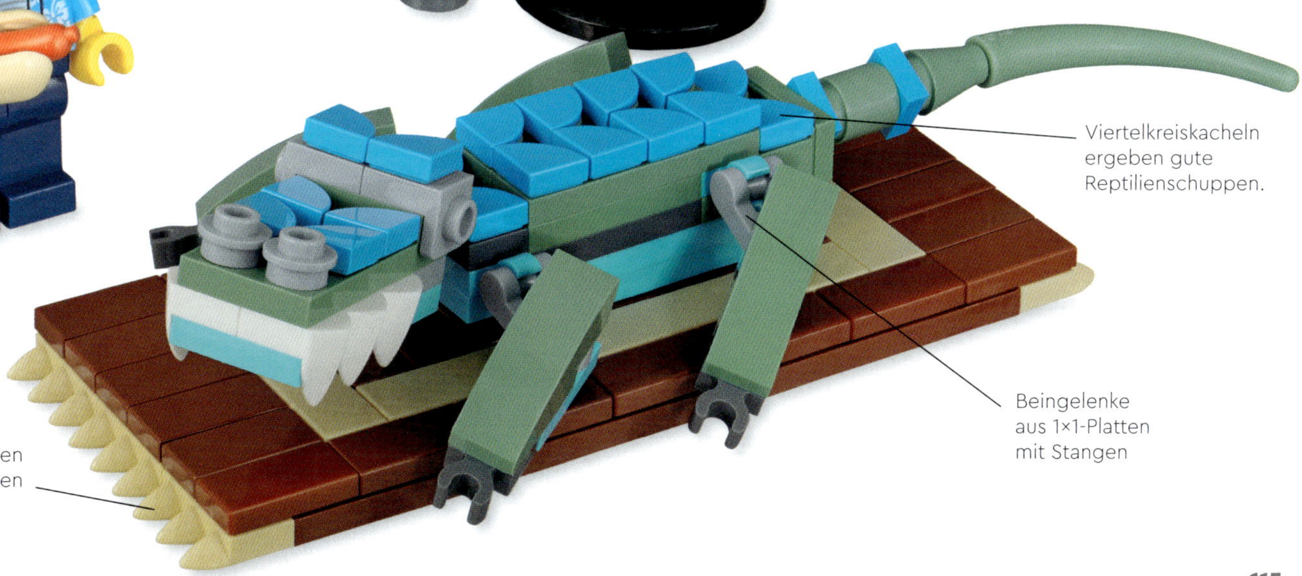

SPIELE

Hast du deine Brettspiele schon Hunderte von Malen gespielt? Dann wird es Zeit für etwas anderes. Du könntest LEGO Versionen klassischer Spiele bauen oder eigene neue Spiele erfinden. Organisiere mit deinen Freunden Runden zum Spielebauen und -spielen und baue eine Trophäe für den Sieger!

BAUIDEE

Auftrag: Baue ein Spiel.
Zweck: Spaß haben mit deiner Familie und deinen Freunden
Ausstattung: Bretter, Zähler, Kreisel
Extras: 3-D-Elemente, Timer, Würfel, Trophäe

AUSBAUEN

Anders als normale Brettspiele müssen LEGO Spiele nicht in eine Box passen! Baue deine so groß und schwierig wie du willst.

ZÄHLER

Ein normaler Würfel genügt auch für deine Spiele, aber dieser LEGO Kreisel macht mehr Spaß. Er zeigt an, wie viele Felder du gehen musst.

Zahlen aus verschiedenen Kachelformen

LEGO Technic Achspin

IM KREIS

Der Kreisel auf einer 2×2-Kachel mit Pin enthält einen LEGO Technic Verbinder.

Brettbasis ist eine 16×16-Platte.

Jede Leiter sitzt nur auf einer runden Platte.

Grün markiert den Start.

SCHLANGEN UND LEITERN

Lange Platten und Schlangen verwandeln dieses Schachbrett in ein Lieblingsspiel für die ganze Familie. Steckerplatten sind ideal für so ein Brett, da sie in der Mitte Noppen haben, auf die du deine Figuren steckst.

Jeder Spieler benötigt insgesamt fünf Figuren.

Diese Farben bilden eine teichartige Spielfläche.

DREI IN EINER REIHE

Bei diesem Spiel musst du drei Enten oder Frösche in eine Reihe bringen – eine reizvolle Version von Tic Tac Toe! Hast du noch andere Tiere oder kleine Dinge für Spielfiguren? Die geringe Spielgröße ist ideal für Reisen.

2×2-Kacheln decken beide Teile ab.

2×8-Basisplatte

ZUSAMMENSETZSPIEL

Jede Stapelspielform besteht aus Steinen zwischen Platten und Kacheln. Bei diesem Kreuz werden zwei Teile zusammengesteckt. Der untere Teil hat eine 2×8-Basisplatte, der obere wird um einen 2×8-Stein herumgebaut.

Die mittlere Lage ist meist ein Stein.

Die Formen dürfen in jede Richtung gedreht werden.

STAPELWETTSPIEL

Baut mit Steinen, Platten und Kacheln LEGO Blöcke in allen Formen und Größen. Dann stapelt ihr die Blöcke abwechselnd aufeinander. Wenn der Stapel bei dir umfällt, scheidest du aus! Mit einem Zeitlimit könnt ihr testen, wie gut ihr unter Druck bauen könnt.

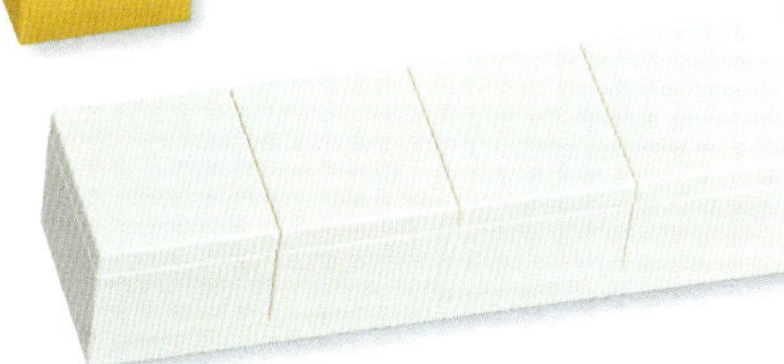

BAUIDEE

Auftrag:	Baue LEGO Lunch-Ideen.
Zweck:	Ausstellen (nicht essen!)
Ausstattung:	Lunchbox, Möhre, Ei, gelbe Paprika, Salat, Tomaten
Extras:	Beilagen, Gewürze

LUNCHBOX

Hast du keine Lust, echte Lebensmittel zu hacken und zu schneiden, kannst du ein LEGO Lunch kreieren und zur Schau stellen. Baue dein Lieblingsgericht oder experimentiere mit ungewöhnlichen Kombinationen. Du hast weniger Abwasch – aber jammerschade, dass du es nicht essen kannst!

ENTENSALAT

Diese japanische Bento-Lunchbox sieht nicht nur lecker (und nahrhaft) aus, sondern ist auch ein quakendes Kunstwerk. Entdeckst du das Eiauge der Ente und den Paprikaschnabel? Baue eine flache Box aus Basisplatten, Steinen und Kacheln und fülle sie mit bunten LEGO Snacks.

Zwei gebogene 3×1-Dachsteine auf einer Platte bilden Paprikastreifen.

Radarschüssel auf einer runden 4×4-Platte als Auge

BAUTIPP

Plane vor dem Bau der Lunchbox die Größe deiner „Hauptspeise". So weißt du, wie groß deine Box sein muss, damit der Hauptgang hineinpasst.

SEITENANSICHT

WIE ANGEWURZELT

Diese Möhre besteht an den Seiten überwiegend aus runden 2×2-Steinen, aber genau in der Mitte sitzen eine Platte und zwei Lampensteine. Eine 1×2-Platte sichert die Möhre an der Basis der Bento-Box, damit sie nicht herumrollt.

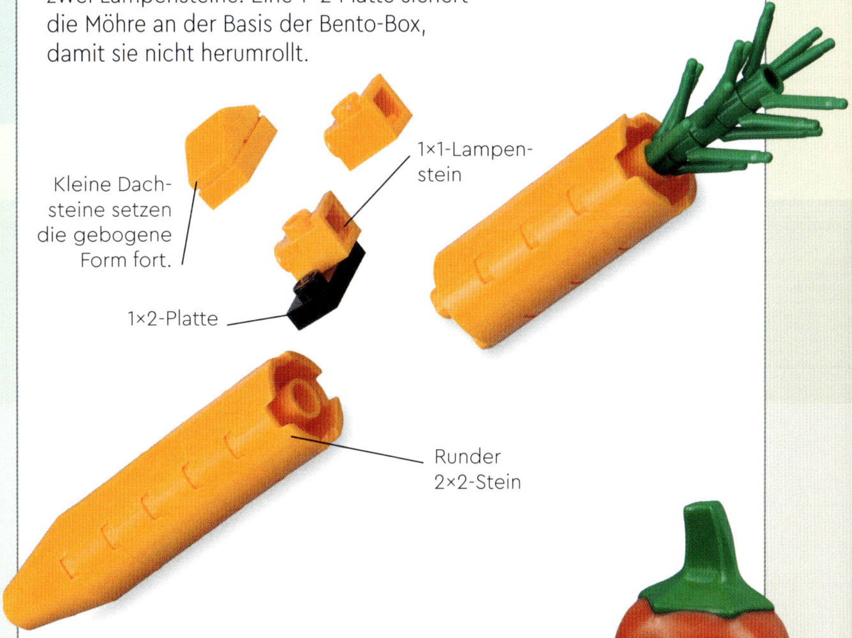

LEICHT UND HELL

Baue ein auffälliges zentrales Merkmal wie diese Riesenblüte und viele kleine Details. Viel Spaß mit deinen buntesten LEGO Elementen – baue einfach das, was dich glücklich macht oder deine Fantasie beflügelt!

Gebogene 4×4×13-Paneele als glänzende Blütenblätter

Lila Blätter klemmen an Tangelementen und bilden skurrile Pflanzen.

Weiße Kronenelemente als spitze Blütenkelche

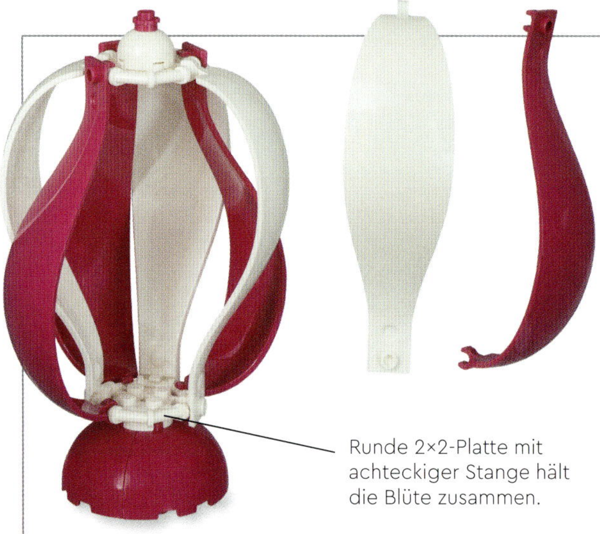

Runde 2×2-Platte mit achteckiger Stange hält die Blüte zusammen.

BALLONBLUME

Der Kelch dieser tollen Blume besteht aus gebogenen 4×4×13-Paneelen, die nebeneinander oben und unten an die Stangen runder Platten geklemmt werden. Löse die Paneele von der Platte oben, damit die Blume in voller Blüte stehen kann.

VERÄNDERN

Baue dein Land erneut mit den gleichen Merkmalen, aber in anderen Farben, damit es sich völlig neu anfühlt. Wie sieht das „helle Land“ in dunkleren Farben aus?

1×1-Platten bilden einen gefährlichen Weg – nicht betreten!

Roboterspinnenelemente mit transparenten Kacheln obenauf wirken wie magische Krabbeltiere.

FANTASIELAND

Baue ein Land, das es nur in deiner Fantasie gibt. Dieses Modell zeigt zwei gegensätzliche Teile einer Welt: ein heiter-fröhliches Land und ein unheimliches Gebiet. Tobe dich aus! In deinem Fantasieland gelten keine Regeln – es können Dinge auf dem Kopf stehen, spiegelverkehrt oder wunderbar schräg sein!

BAUIDEE

Auftrag:	Baue eine Fantasiewelt.
Zweck:	Was dir gefällt!
Ausstattung:	Eine Umgebung, die frei erfunden ist
Extras:	Tolle Wesen, Juwelen, Felsen

DUNKEL UND UNHEIMLICH

Baue eine unheimliche Welt mit gedeckten und metallischen Farben sowie stacheligen LEGO Elementen. Gruselige Krabbeltiere, Dornpflanzen und Giftbäume erzeugen eine bedrohliche Stimmung. Hier könnte eine Schatzhöhle oder der Bau eines fiesen Monsters liegen.

VERÄSTELT

Staple für jedes Blatt eine lila Viertelkreiskachel und eine orangene Blattplatte auf ein goldenes Blütenelement. Braune Stängel sichern die Giftblätter an einem schwarzen 1×1-Stein mit Seitennoppen auf dem Stamm.

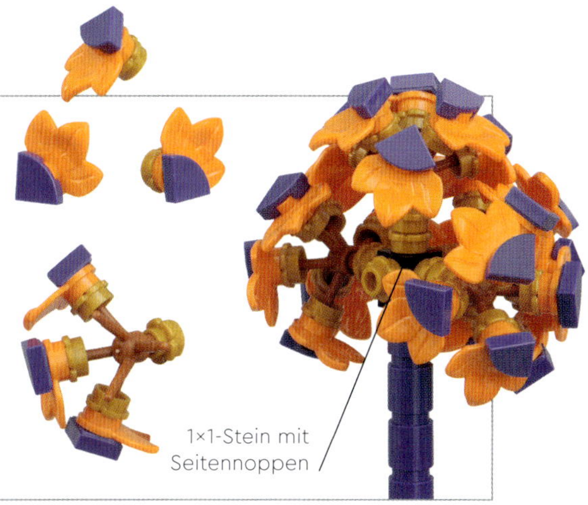

BAUIDEE

Auftrag: Baue dein eigenes Filmset.
Zweck: Einen Minifiguren-Film drehen
Ausstattung: Kulissen, Schauspieler, Team
Extras: Aliens, Kameras, Galgenmikrofon

DREHE EINEN FILM

Hast du je davon geträumt, ein Filmregisseur zu sein? Das ist deine Chance! Drehe deinen eigenen LEGO Film. Was für ein Film wird es werden – eine Komödie, ein Superhelden-Actionstreifen oder ein spannender Science-Fiction-Film? Baue das Set und das gesamte Filmequipment und caste deine Minifiguren-Darsteller samt Team.

2×2×2-Dachstei als Dachziegel

Zwei 1×6-Platten stützen jedes „Haus" an der Rückseite.

Stange in einem 1×1-Kegel als Kamerastativ

ALIEN-INVASION

Filmkulissen nutzen clevere Tricks. Für Außenaufnahmen baust du nur die Fronten von Gebäuden, da das Innere nicht zu sehen ist. Überlege, wie du mit Requisiten und Details einen aufregenden Film drehen kannst. Diese Alien-Blobs scheinen sich zu vermehren!

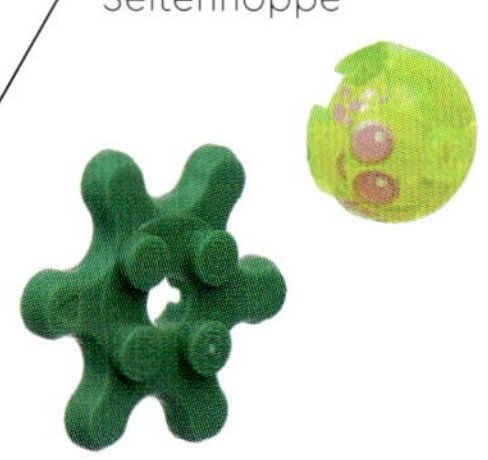

1×1-Stein mit Seitennoppe

KLEBRIGE WESEN

Setze ein paar Steine mit Seitennoppen in die Wände der Kulissenhäuser, um Requisiten oder Charaktere wie kleine Aliens daran zu befestigen.

AUSBAUEN

Versuche deinen Minifilm mit der Kamera oder dem Smartphone aufzunehmen. Dann organisierst du eine Filmvorführung für deine Familie und Freunde.

HINTER DEN KULISSEN

Kannst du eine Minifigur zusammensetzen, die dir ähnelt? Baue für sie einen Regiestuhl und ein Megafon, mit dem sie den Minifiguren-Darstellern Anweisungen erteilt. Das übrige Team benötigt eine Filmklappe, Soundequipment und natürlich eine Kamera, um die Action zu filmen.

BAUIDEE

Auftrag: Baue einen LEGO Superhelden.
Zweck: Außergewöhnliche Taten vollbringen
Ausstattung: Anzug, Cape, Accessoires
Extras: Fahrzeug, Kumpel, Erzfeind

DIE LILA ZWINKIE

Wenn du zwinkerst, wird dir diese superschnelle Minifigur entgehen! Die Lila Zwinkie kann sich sogar unsichtbar machen – aber nur wenn niemand sie anschaut. Sie eignet sich ideal für Geheimmissionen – etwa um unbemerkt den letzten Keks zu mopsen ...

VON HINTEN

BEWEGLICHE ARME

Die Arme der Superheldin stecken auf Steckerplatten am Körper. Die Steckerplatte sitzt auf einer 2×2-Platte und die wiederum auf zwei 1×1-Steinen mit Seitennoppen als Teil ihrer Brust.

SUPERHELDEN

Hast du dir schon mal vorgestellt, wie es wäre, Superkräfte zu haben? Welche hättest du gern? Nun, bevor du selbst Superkräfte entwickelst, baust du erst mal LEGO Superhelden. Überlege, welche Kräfte sie besitzen und wie sie dir in deinem Alltag helfen könnten.

VERÄNDERN

Können deine Helden auch gemein sein? Überlege, wie du sie zu Superschurken umbauen kannst. Hätten sie andere Superkräfte?

SUPERBATTERIE

Ein Stromschlag hat aus diesem normalen Typen einen supergeladenen Superhelden gemacht. Nun kann er jedes Gerät hyperschnell aufladen – nur durch Berührung! Wie praktisch!

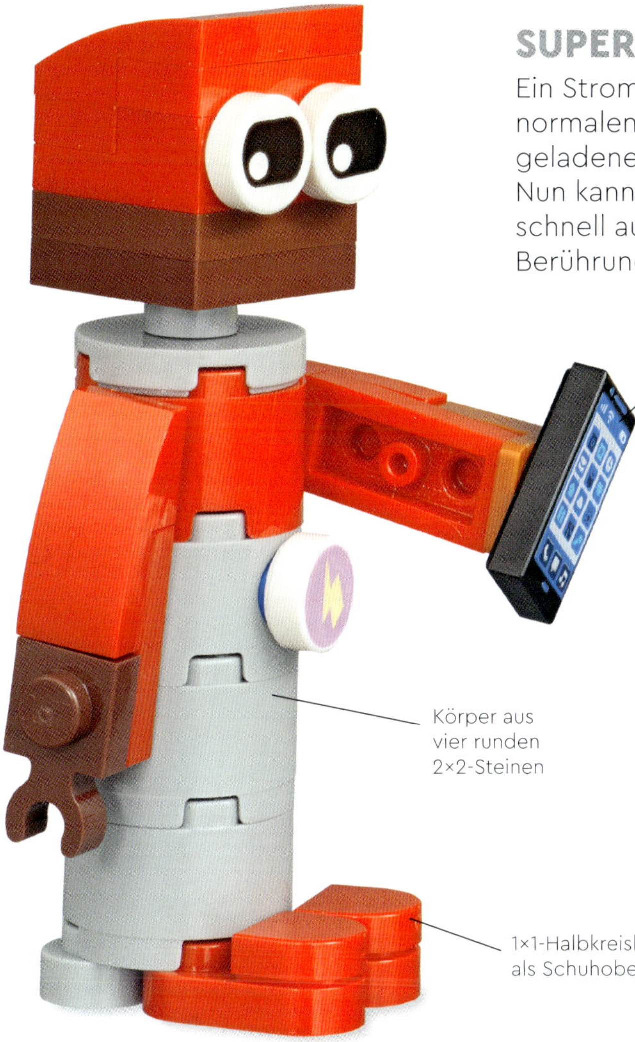

Mit Handy bedruckte Kachel sitzt an einer 1×1/1×1-Winkelplatte als Hand.

Körper aus vier runden 2×2-Steinen

1×1-Halbkreiskachel als Schuhoberteil

PIZZA PRONTO

Dank diesem Superkoch musst du nie mehr auf deine Pizza warten. Bevor du „Keine Anchovis, bitte!" sagen kannst, ist sie fertig. Probiere doch mal das Pizza-Cape – eindeutig ein knuspriges Accessoire!

Stapel aus zwei 2×2-Steckerplatten und einer bedruckten Kachel als Pizzakartons

Runde Kachel mit aufgedruckter Pizza als perfektes Emblem

PIZZASTÜCK

Dieser Held hat ein Pizza-Cape aus Keilplatten mit „Käse"-Kacheln und vielen anderen Pizzabelägen. Die Keilplatten sitzen auf Steinen mit Seitennoppen am Rücken. Vielleicht können die vom Helden gewählten Beläge seine Stimmung widerspiegeln!

1×4-Kachel auf einer 1×4-Platte als Kruste

SCHATZTRUHE

Um Alltagsdinge zu verstauen genügen einfache LEGO Boxen, doch für deine ganz speziellen Schätze brauchst du etwas Außergewöhnliches. Du könntest eine schmuckvolle Box mit vielen tollen Details wie diese Schatztruhe bauen. Diese hier hat sogar ein Geheimfach für deine wertvollsten Dinge.

BAUIDEE

Auftrag:	Baue eine LEGO Schatztruhe.
Zweck:	Wichtige Dinge sicher aufbewahren
Ausstattung:	Geheimfach, Scharniere, Deckel
Extras:	Fenster, goldene Details

VERÄNDERN

Verkleide deine Truhe für besondere Anlässe: Pastellelemente statt der goldenen im Frühling, eine Kerze auf dem Dach an deinem Geburtstag!

SCHMUCKE TRUHE

Mit Sprossenfenstern und goldenen Details sieht diese Truhe eher wie ein Palast aus. Hebe den Deckel von einem kleinen Fach ab. Nimm es heraus – darunter ist ein Geheimfach, das deinen wertvollsten Krimskrams verbirgt.

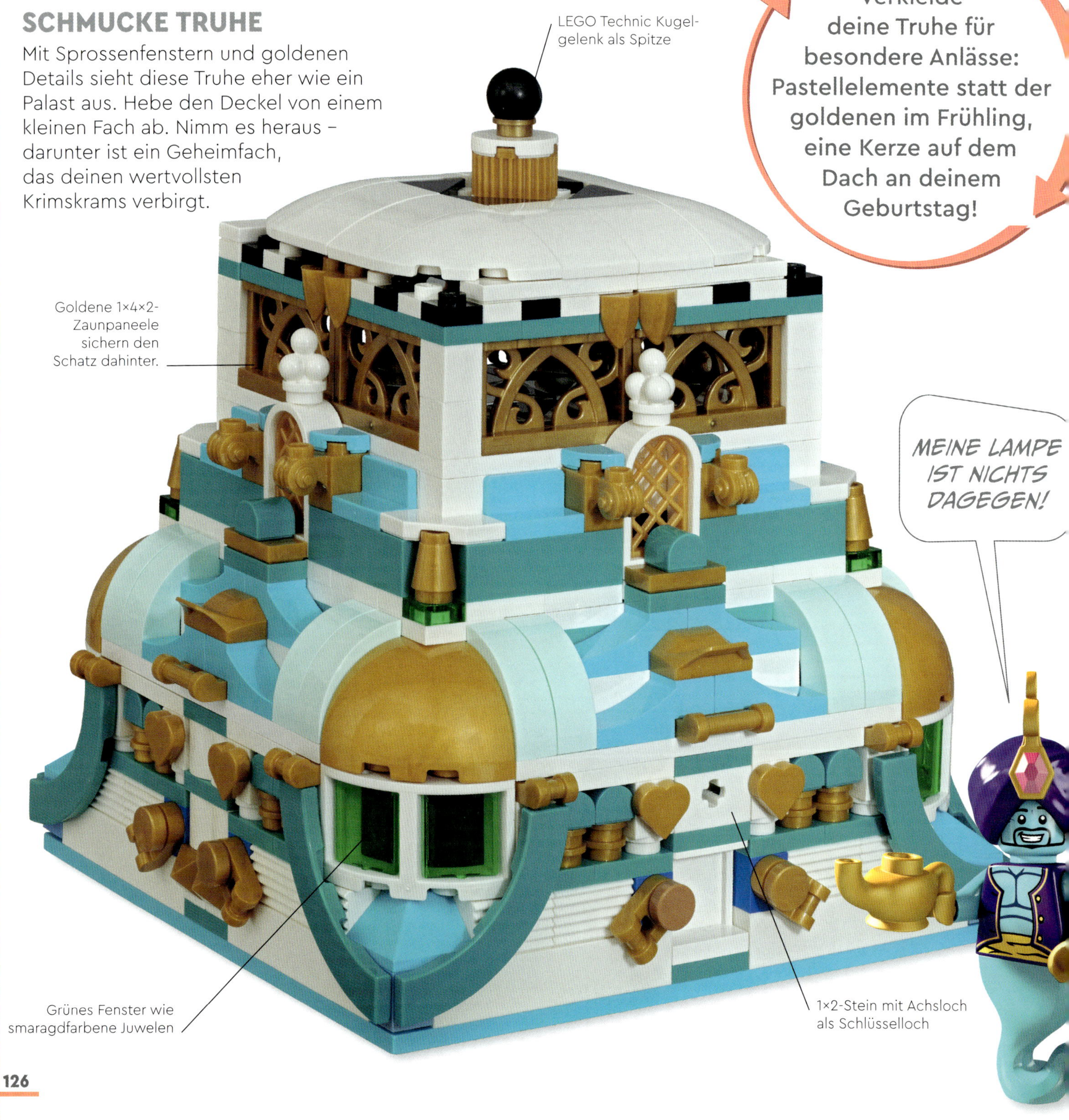

EINGEBAUTER EINBLICK

Verleihe deiner Truhe ein prunkvolles Aussehen und behalte zugleich deinen Schatz durch Bogenfenster im Auge. Bogenfensterrahmen mit goldenen Sprossenfensterscheiben sitzen zwischen Steinen in der Mitte jeder Truhenwand.

1×2×2⅔-Bogenfensterrahmen

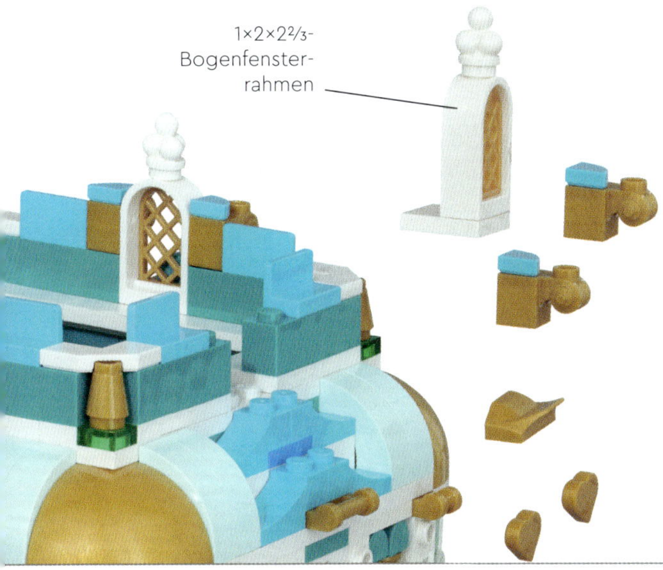

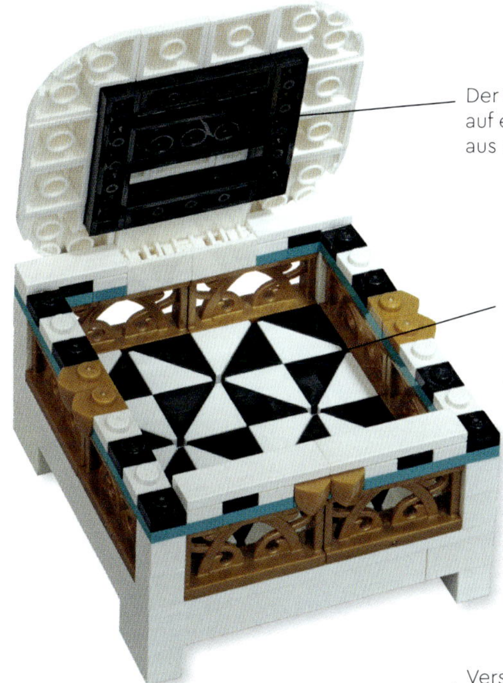

Der weiße Rand sitzt auf einem „Rahmen" aus schwarzen Platten.

Schwarze und weiße Dreieckskacheln bilden ein geometrisches Muster.

Verstaue geheime Schätze in diesem zweiten, verborgenen Bereich.

Runde 3×3×2-Eckkuppel als funkelndes Türmchen

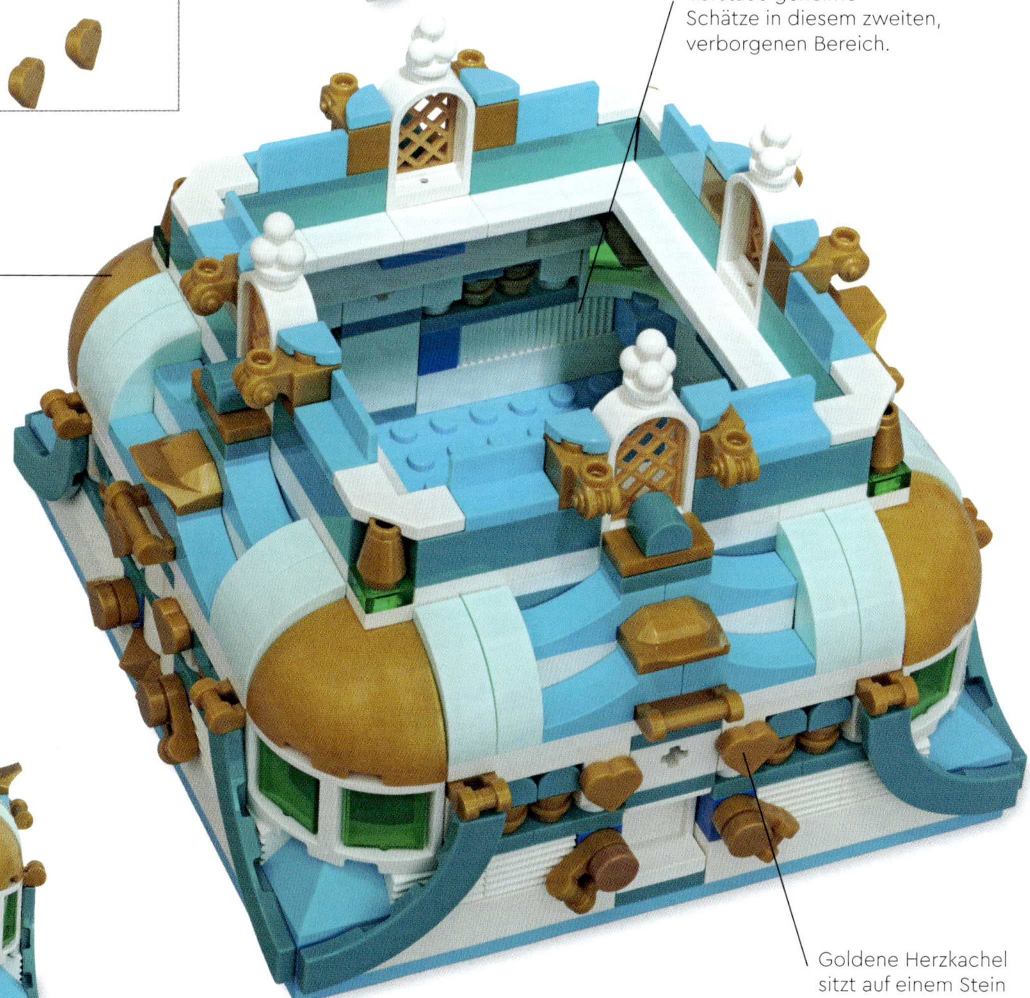

Goldene Herzkachel sitzt auf einem Stein mit Seitennoppen.

INNENANSICHT

ebogene Dachsteine bilden einen edel wirkenden Deckel.

VON VORN

LEGO® BUCHSTABEN

Kannst du alle Buchstaben des lateinischen Alphabets aus LEGO Elementen bilden? Baue deine Buchstaben mit einfachen Ecken und Kurven oder kreativ mit ungewöhnlich geformten Elementen. Schreibe damit deinen Namen, ein Schild oder eine Nachricht.

BAUIDEE

Auftrag: Baue Buchstaben.
Zweck: Für Schilder oder Nachrichten
Ausstattung: Ecken, runde Ränder, Winkelelemente, Muster
Extras: Deko wie Blüten, Augen oder kleine Lebewesen

Beide „Füße“ sind 1×4-Platten.

GROSSE IDEEN

Wirst du alle Buchstaben in der gleichen Farbe bauen oder jeden völlig anders? Bilde Muster oder Rahmen und füge kleine Details ein wie Blumen für einen persönlichen Touch oder Augen, damit die Buchstaben lebendig wirken.

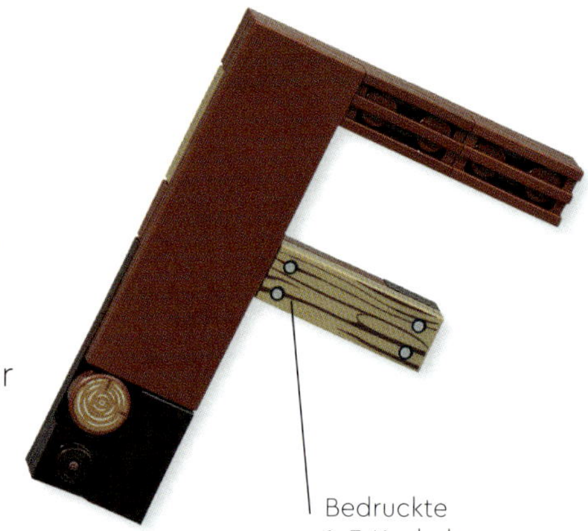

Bedruckte 1×3-Kachel

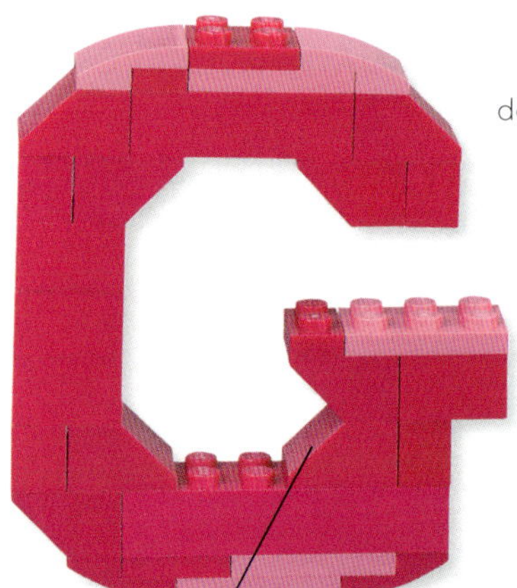

Dachsteine und gebogene Dachsteine bilden die Form des „G“.

Buchstaben lassen sich thematisch dekorieren wie dieses blühende „B“.

FLACHER VOKAL

Dieser flache Buchstabe könnte mit einer Klammerplatte oder einem Stein mit Seitennoppen aufrecht auf eine Basis gestellt werden. Runde Platten verbinden die Segmente, damit an den Gelenken keine Ecken vorstehen.

Runde 2×2-Platte

Das „O“ ist aus vier runde 5×5×1-Ecksteinen.

Ein 1×1-Stein mit
iner Seitennoppe
verbindet dieses
„M“ in der Mitte.

Lachsfarbenes „S“
vor dunkelrotem
Hintergrund

AUSBAUEN

Baue dein eigenes Geheimalphabet, das nur von dir und einem Freund gelesen werden kann! Dann schreibt ihr euch codierte Botschaften.

nple A-Platte mit
usätzlicher Deko

Silbrige Pyramiden
erzeugen einen
metallischen
Nietenlook.

Bedruckte
Augenkacheln
geben den
uchstaben ein
Gesicht.

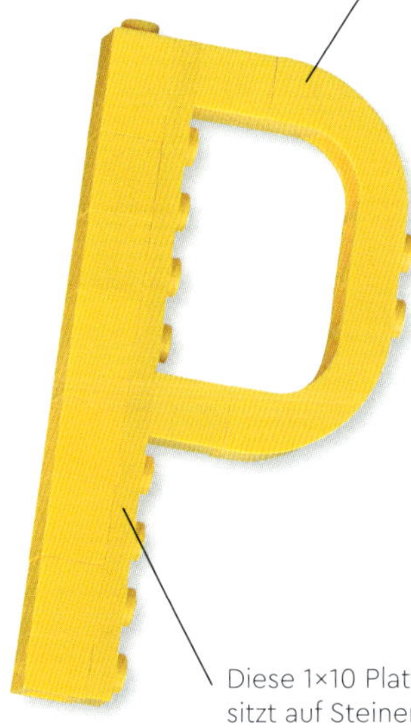

Der Ring ist ein
seitwärts gebogener
1×6×2-Bogen.

Diese 1×10 Platte
sitzt auf Steinen
mit Seitennoppen.

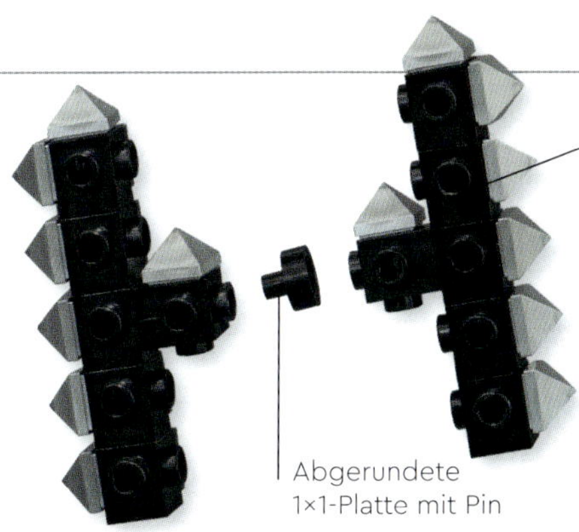

Stapel aus
1×1-Steinen
mit vier
Seitennoppen

Abgerundete
1×1-Platte mit Pin

BUCHSTABEN BAUEN

Buchstaben wie dieses „H“ sollen aufrecht stehen. Den Nieteneffekt erzielen Pyramidenelemente auf 1×1-Steinen mit Seitennoppen. Beide Hälften sind durch eine runde Kachel mit einem Pin verbunden.

TRAUMHAUS

Unsere Vorstellungen von einem Traumhaus sind so verschieden, dass es ein lustiges Projekt wäre, gemeinsam eines zu bauen. Bildet eine Gruppe aus Verwandten und Freunden und einigt euch auf die Zimmergröße und darauf, wer welches Zimmer bauen soll. Wenn ihr fertig seid, setzt ihr eure tollen Modelle zusammen.

BAUIDEE

Auftrag:	Baue ein Traumhaus.
Zweck:	Essen, schlafen, entspannen, spielen
Ausstattung:	Wohnzimmer, Bad
Extras:	Möbel, Deko, Haustiere, Spielzeug

TV-ANLAGE

WOHNZIMMER

Baue dein eigenes Heim detailgetreu nach oder erfinde etwas völlig Neues. Dieses gemütliche Zimmer ist ganz auf Komfort angelegt. Der bequeme Sessel steht ideal, um fernzusehen und Tee zu trinken.

SESSEL

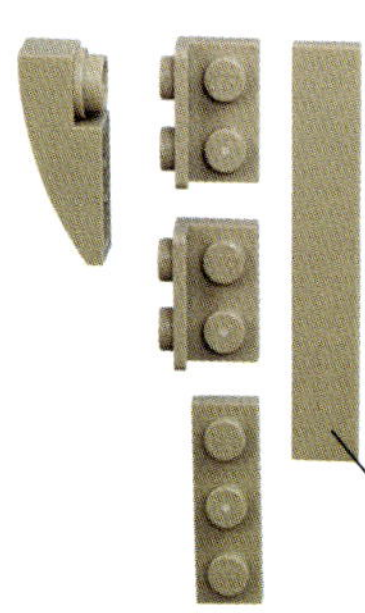

VORHANG AUF!

Dieser Vorhang sitzt an einem Stein mit Seitennoppen. Ein runder 3×1-Dachstein seitwärts an einer 1×2/1×2-Winkelplatte wirkt wie ein aufgezogener Vorhang.

BAUTIPP

Jedes dieser Zimmer wird auf einer 16×16-Platte aufgebaut. Dann werden Wände auf drei Seiten gebaut, bevor deine Minifiguren ihre Möbel hinein-stellen.

BAD

Dank Pastellfarben ist dieses Bad ein ruhiger Ort. Kacheln in verschiedenen Größen und Farben bilden ein tolles Fußbodenmuster. Badvorleger aus 2×4-Platten verhindern, dass die Minifigur ausrutscht.

WASCHBECKENSCHRANK

Runde 1×1-Platte als Abflussloch

AB IN DIE WANNE

Zwei auf die Seite gedrehte 1×3×2-Bögen bilden die Badewannenrundung, damit sich die Minifigur zurücklehnen kann. Der Wannenrand besteht aus einer Lage von Platten, die mit glänzend weißen Kacheln bedeckt sind.

BAUIDEE

Auftrag:	Baue dein Traumhaus aus.
Zweck:	Essen, schlafen, erholen, spielen
Ausstattung:	Spielzimmer, Küche
Extras:	Bällebad, Sessel, Backofen, Kühlschrank, Esstisch

ERWEITERE DEIN TRAUMHAUS

Wie viele Zimmer könnte dein Traumhaus haben? Es braucht wichtige Räume wie eine Küche, ein Bad und ein Wohnzimmer, aber welche Bauideen für andere Zimmer hast du noch? Wie wäre es mit Spielzimmer, Garage, Heimkino, Swimmingpool und Spa – oder einem Zimmer nur fürs LEGO Bauen?

SPIELZIMMER

Erwachsene müssen draußen bleiben: Dieses Zimmer ist nur für Kinder! Was enthält dein Spielzimmer? Diese glückliche Minifigur hat ein Lesezelt, viele Bücher und ein Bällebad in allen Regenbogenfarben.

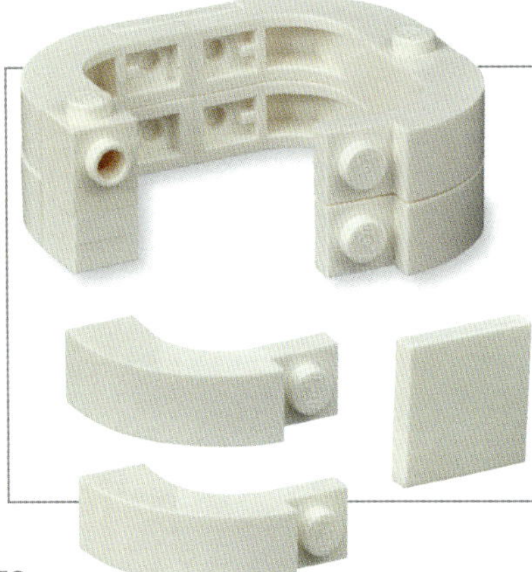

BÄLLEBAD

Bögen bilden die Wände des Bällebads. Unten sitzen sie auf Steinen mit Seitennoppen und oben werden sie von weißen Kacheln zusammengehalten.

Wanduhr sitzt an einer Winkelplatte in der Wand.

Schwarze und weiße Kacheln bilden ein Schachbrettmuster.

Rostkacheln bilden den Grillbereich.

Staple zwei runde Platten und einen 1×1-Stein für ein Tischbein.

KÜCHE

In deinem Traumhaus backt ein Spitzenkoch täglich Kuchen. Ein guter Backbereich benötigt einen Backofen, einen gut gefüllten Kühlschrank und eine Uhr für die Backzeit, damit die Kuchen nicht verbrennen.

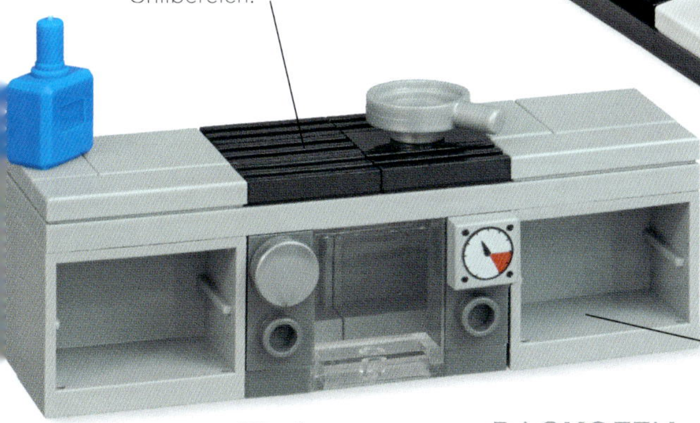

2×3×2-Container als Unterschränke

BACKOFEN

AUSBAUEN

Hast du alle Zimmer deines Traumhauses gebaut, wende dich dem Garten zu. Wie wäre es mit einem Baumhaus oder einem Gemüsebeet?

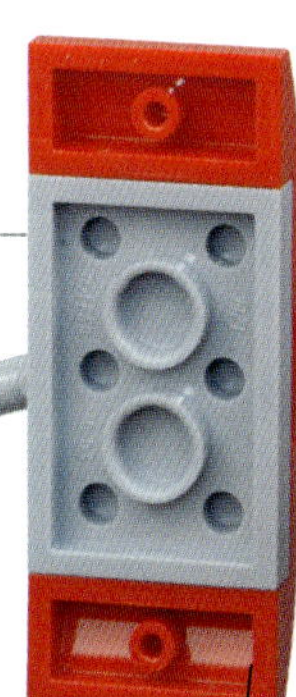

KÜHLSCHRANKTÜR

Zwei gebogene 2×2-Dachsteine und eine Kachel sitzen auf einer 2×3-Platte und bilden die Kühlschranktür. Sie wird am Kühlschrank von zwei 1×2-Steinen mit Seitennoppen gehalten.

Gebogener 2×2-Dachstein von hinten

GEFÜHLE

Manchmal ist es schwer, deine Emotionen auszudrücken. Baue doch deine Stimmung nach und lass deine LEGO Modelle für dich sprechen! Das hilft anderen zu verstehen, wie du dich fühlst, und dir hilft es, manche Gefühle besser zu verstehen. Wenn du nicht weißt, wie du dich fühlst, baue und schaue, was passiert!

BAUIDEE

Auftrag:	Baue, um deine Gefühle auszudrücken.
Zweck:	Deine Emotionen verstehen und zeigen, wie du dich fühlst
Ausstattung:	Kleine Szenen, abstrakte Kunst
Extras:	Größere Szenen, bewegliche Teile, Präsentationsständer

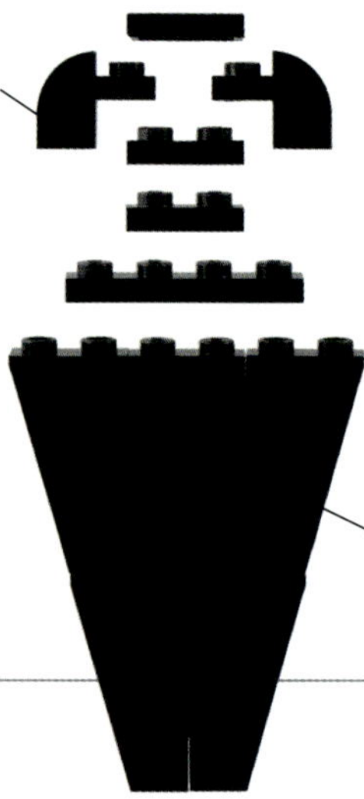

TRÜBSINN

Mit der Andeutung von Kopf und Schultern könnte dieses Modell die personifizierte Traurigkeit sein. Es hat eine schmale Basis und wächst nach außen.

TRAURIGKEIT

Traurigkeit könnte ein schattiges Gefühl sein. Wie würdest du es nachbauen? Der Prozess, so etwas kreativ zu bauen, könnte dich sogar etwas aufmuntern.

VERWIRRUNG

Das Leben kann sehr verwirrend sein. Diese Minifigur kann sich für keine Kopfbedeckung entscheiden! Visualisiere deine Probleme – es hilft dir, Lösungen zu finden.

Der Hammer wird um einen Stein mit Kreuzloch gebaut.

VON HINTEN

ZORN

Farben kreativ einzusetzen hilft dir, Gefühle auszudrücken. Dieses Modell ist feuerrot und die Minifigur wirkt ziemlich zornig. Doch wer kann bei diesem fantasievollen Modell wirklich wütend bleiben?

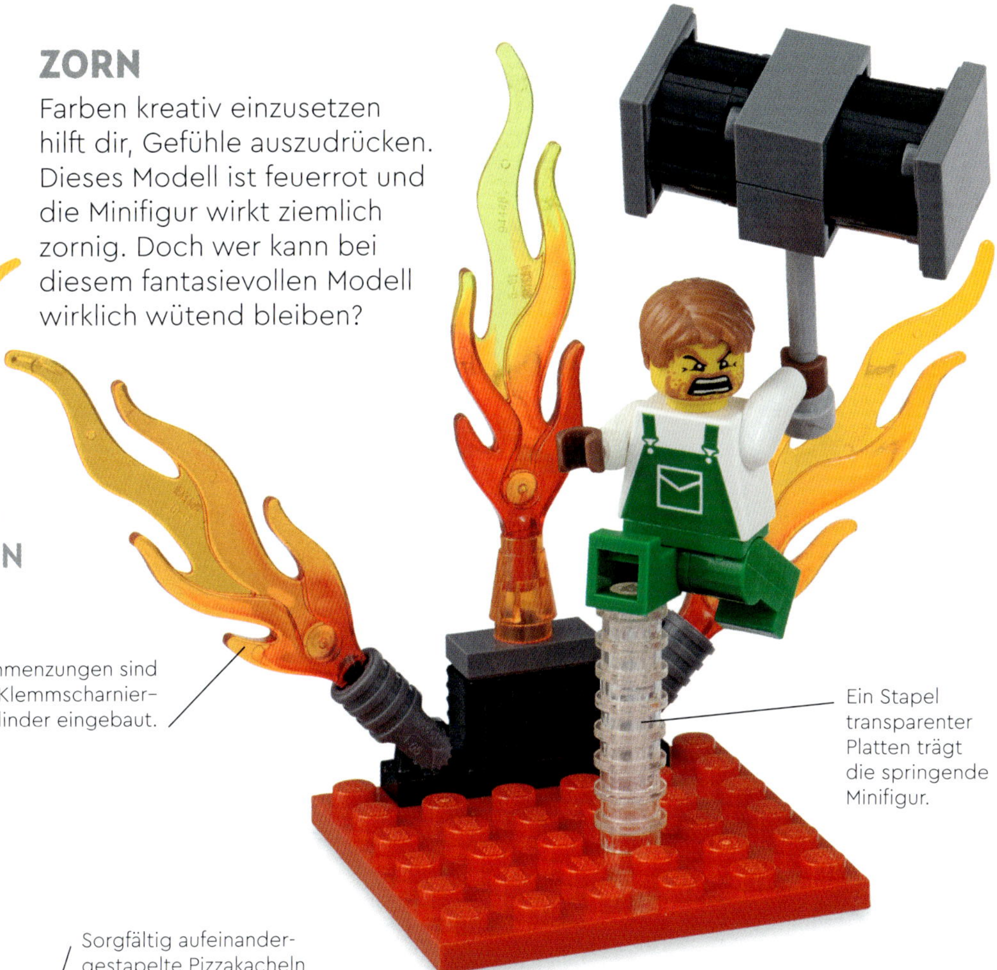

Flammenzungen sind in Klemmscharnierzylinder eingebaut.

Ein Stapel transparenter Platten trägt die springende Minifigur.

VERÄNDERN

Was fällt dir außer transparenten Steinen und Platten sonst noch ein, womit du Dinge scheinbar schweben lassen kannst?

GLÜCK

Baue etwas, das dich glücklich macht – wenn du es anschaust, wird sich deine Stimmung aufhellen. Diese Minifigur schwebt mit ihren vielen ofenfrischen Pizzen auf Wolke Sieben.

Sorgfältig aufeinandergestapelte Pizzakacheln

Gestapelte 3×5-Wolkenkacheln

Dank einer breiten Basis fällt das Modell nicht um.

VON HINTEN

AQUARIUM

Lass dich von diesem Aquarium inspirieren und baue einen LEGO Goldfisch oder jeden beliebigen anderen Fisch – du musst ihn auch nicht füttern! Du könntest das Aquarium sogar zu einem gemütlichen Terrarium für Schlangen, Eidechsen, Spinnen oder andere Lieblingstiere umbauen.

BAUIDEE

Auftrag:	Baue einen Fisch und sein Aquarium.
Zweck:	Entspannung, Deko
Ausstattung:	Aquarium, Fisch, Felsen, Wasserpflanzen
Extras:	Andere Fische oder Meeresbewohner, Schatztruhe, Schiffswrack

Gebogene Dachsteine als realistische Tangspitzen

WASSER-PFLANZEN

Stangen verlaufen mitten durch diese Knospen.

Der Fisch scheint dank transparenter Steine zu schweben.

VERÄNDERN

Statt ein Aquarium zu bauen, verwandelst du dein Zimmer in eines, indem du viele „schwimmende" Fische baust und sie überall hinstellst.

VIELSEITIGES AQUARIUM

Tiere benötigen Raum zum Schwimmen, Laufen oder Hoppeln. In diesem Aquarium können Fische Felsen erkunden, sich hinter Pflanzen verstecken oder an ihnen knabbern. Baue auch eine Schatztruhe und ein Wrack ein.

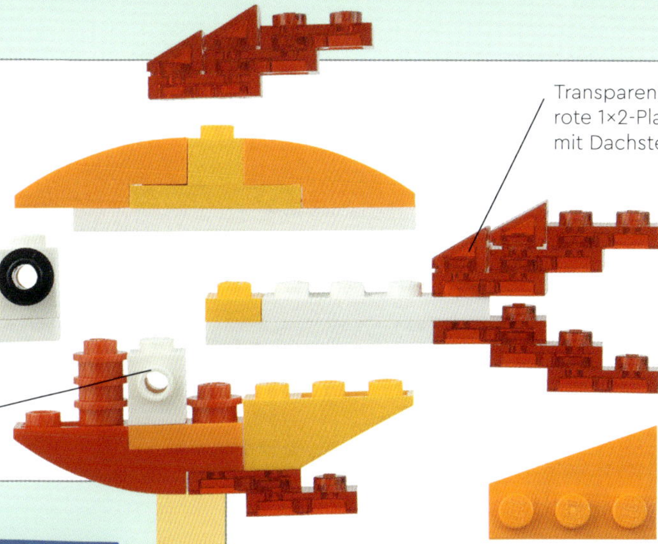

BAUE EINEN GOLDFISCH

Augen und Brustflossen des Fischs sitzen auf Steinen mit zwei Seitennoppen, während die Kiemen gestapelte runde 1×1-Platten sind. Rücken-, Becken- und Schwanzflossen aus transparenten roten Steinen schimmern realistisch.

SEITENANSICHT

BAUIDEE

Auftrag: Baue deinen eigenen Roboter.
Zweck: Bei bestimmten Aufgaben helfen
Ausstattung: Nützliche Werkzeuge, stabiler Körper, Bedienelemente
Extras: Räder oder Gleise, Dinge, die zu reparieren oder zu warten sind

HILFREICHE ROBOTER

Hast du dir schon mal einen Roboter gewünscht, der dir bei langweiligen und zeitraubenden Arbeiten hilft? Vielleicht wäre er ein Experte für Hausaufgaben oder hilft beim Aufräumen. Wie würde er aussehen, und welche Werkzeuge würde er benötigen, um seine Aufgaben zu erledigen?

Kopf aus einer transparenten 2×2×2-Kuppel

Gießkanne und Griff aus einem 1×1-Stein mit Stange

Die Tülle sitzt an einer Platte mit Klemme.

AUSBAUEN

Es gibt LEGO Sets für echte Roboter, die funktionieren. Sie werden oft für Programmierkurse eingesetzt. Vielleicht hat deine Schule einen!

GARTEN-BOT

Fährst du in den Urlaub oder hast du keine Zeit für euren Garten? Da hilft dir Garten-Bot! Er hat einen Schössling als Gehirn und weiß genau, was Pflanzen brauchen. Du könntest auch einige Blattpflanzen bauen, die er versorgt.

Pflanze aus Blattplatten und runden Platten

TOPFPFLANZE

GARTENROLLER

Statt Beinen hat Garten-Bot vier Räder aus runden 1×1-Platten, die an Platten mit Handgriffen stecken. Die beweglichen Arme sind aus Stangenhaltern mit Klemmen, die an Stangen sitzen und an Kacheln mit Klemmen am Körper befestigt sind.

Runde 1×1-Platte mit offener Noppe

1×2-Platte mit Handgriffen

Kontrollschirm ist ein transparentes Bucheinbandelement.

ROBOTER-KONTROLLEUR

SEITWÄRTS ANGEBAUT

Dieser Roboter ist um eine große, hohle Außenhülle herumgebaut, die sonst als Cockpit für Minifiguren-Kampfmechs dient. Drehe es auf die Seite. Das Fahrgestell ergibt eine ideale Augenhöhle, und die Klemmen werden Hängeklauen für Werkzeuge.

REPARATUR-BOT

Dieser hilfreiche Mechaniker kann alles reparieren – von Motoren bis zu Computern. Doch aufgepasst: Ein böses Alien will ihn übernehmen. Zum Glück bastelt der Roboter lieber an Maschinen herum, statt die Welt zu erobern.

MOTOR

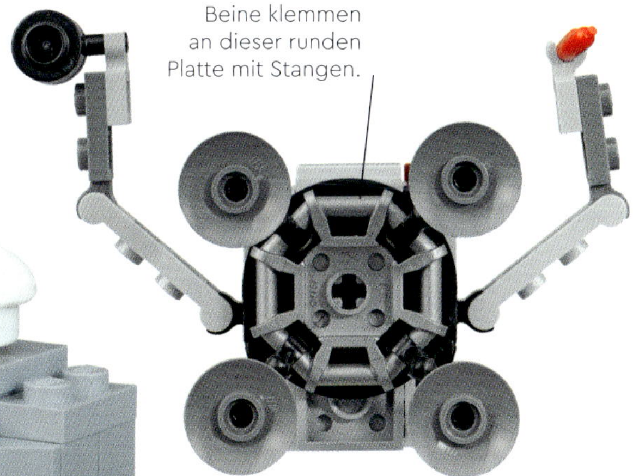

VON UNTEN

KOCH-BOT

ieser Roboter ist der
iebling der Familie. Er
ocht gern und spült
laglos das Geschirr!
eine langen Arme
alten heiße Pfannen in
icherem Abstand und sein
edienfeld programmiert
en Ofen auf die perfekte
emperatur.

BACKOFEN

TOLLE ABENTEUER

Würdest du gern im Flugzeug losdüsen? Mit einer Dampflok dahindampfen? Mit klitzekleinen Insekten ausschwärmen? Den Abenteuern mit deinen LEGO® Elementen sind keine Grenzen gesetzt. Sie können historisch, fantastisch oder nicht von dieser Welt sein. Lass deiner Fantasie freien Lauf!

28

SKIFAHREN

Wintersport macht so viel Spaß! Dieser Skiurlaubsort hat alles, was Minifiguren-Skifahrer oder -Snowboarder sich wünschen könnten. Sorge vor allem dafür, dass deine Minifiguren dick und warm eingemummelt sind, bevor sie sich die Pisten hinabstürzen. Auf diesem Berg wird es elend k-k-k-kalt.

BAUIDEE

Auftrag:	Baue alles für den Skisport.
Zweck:	Spaß, Sport und frische Luft für deine Minifiguren
Ausstattung:	Sessellift, Skistand, Bäume, Getränkestand
Extras:	Skihütte, Sprungschanze, Spinde

SESSELLIFT

Ein Abfahrtslauf ist ein rasanter Spaß – wieder hochsteigen nicht! Erspare deinen Minifiguren einen kalten Aufstieg mit einem Skilift, der sie im Nu nach oben bringt. Dann kannst du ihnen einen herrlichen Ausblick auf dem Gipfel bauen.

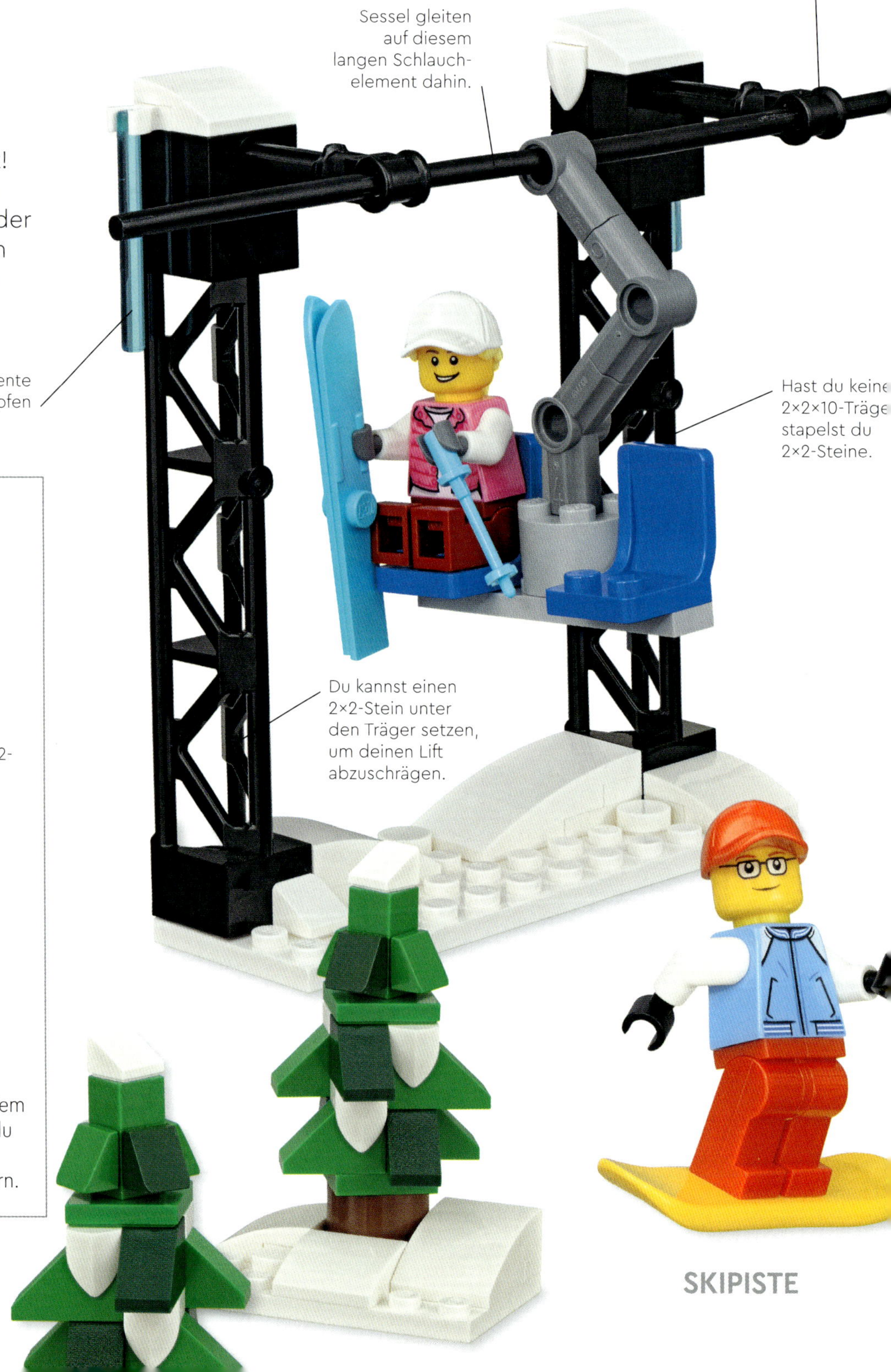

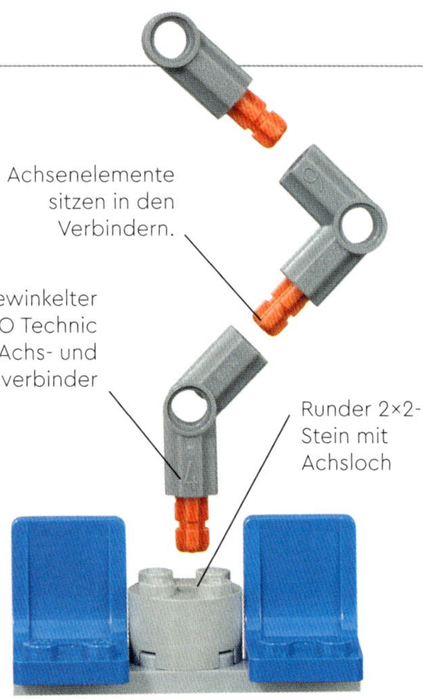

FAHREN UND GLEITEN

Dank LEGO Technic® Achs- und Pinverbindern bewegen sich diese Sessel entlang dem Schlauchelement am Skiliftmodell. Wenn du diese Teile nicht hast, probierst du es mit anderen Elementen mit Ringen und Löchern.

SKIPISTE

AUSBAUEN

Baue mit einem Freund eine Hütte oder eine Skisprungschanze für deine Minifiguren. Du könntest sogar einen ganzen Skiurlaubsort bauen!

VON HINTEN

SKIER UND GETRÄNKE

Keine Skier? Baue einen Skistand, damit Gäste für einen Tag Skier leihen können. Und natürlich noch einen Getränkestand!

SKIHALTER

ACHTUNG BÄUME!

Für eine malerische Winterlandschaft setzt du ein paar Kiefern in den Schnee. Aber lass genügend Platz für die Skipiste!

VERSCHNEITE BÄUME

Steckerplatten zentrieren Teile deiner Modelle. Setze die letzte Lage an Zweigen auf eine Steckerplatte, damit deine Kiefer kegelförmig aussieht.

BAUIDEE

Auftrag:	Baue eine Schatzsuche für Piraten.
Zweck:	Piratenabenteuer auf hoher See
Ausstattung:	Insel, Piratenschiff
Extras:	Schatztruhe, Schatz, kleine Boote

PIRATENABENTEUER

Bist du bereit, für ein Abenteuer mit deinen Minifiguren in See zu stechen? Denke an alles, was deine Piraten für eine Schatzsuche voller Action benötigen. Baust du eine verlassene Insel? Und wie wär's mit einem Schiff für den Kapitän? Vergiss den Schatz nicht – Goldmünzen, Juwelen oder sogar Pizza!

DIEBSTAHLSICHER

Staple den Schatz auf eine 1×3-Platte und stecke sie dann in die Truhe, damit dein Gold nicht herausfällt und auch vor räuberischen Piraten sicher ist!

AUSBAUEN

Diese verlassene Insel besteht nur aus einer Handvoll Elementen. Du könntest einen größeren Landstrich oder sogar eine Inselkette bauen.

SCHATZINSEL

Deine Piraten sind definitiv auf Schatzsuche, doch wo ist die Truhe versteckt? Du könntest sie auf eine verlassene Insel aus beigen Platten bringen, die wie ein Sandstrand aussehen.

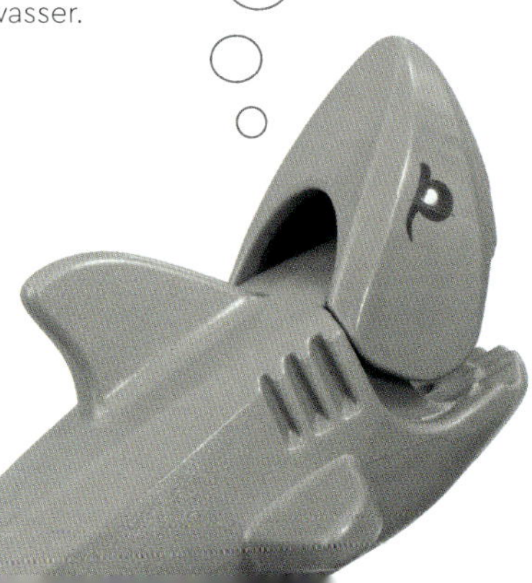

EIN MAST MUSS HER!

Ohne ein Segel kommen deine Piraten nicht weit. Baue den Mast und befestige daran eine beliebige Platte als Segel für das Schiff.

PIRATENSCHIFF

Ohne ein Schiff können Piraten nicht auf Schatzsuche gehen! Baue es gerade so groß, dass der Kapitän hineinpasst – oder groß genug für eine ganze Bande von Freibeutern.

VON HINTEN

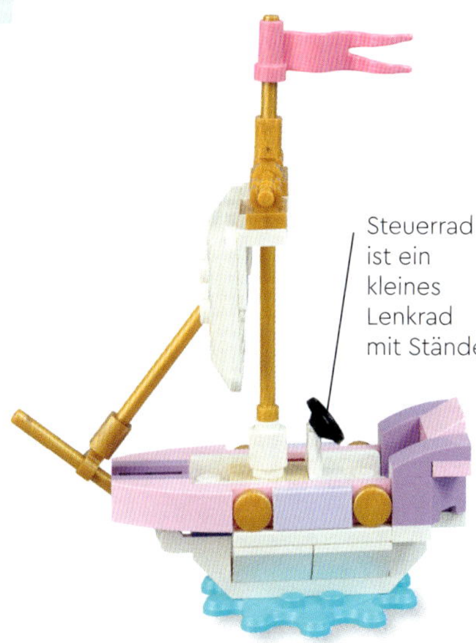

SEITENANSICHT

BOTTICHBOOT

Will der Kapitän sein eigenes Schiff haben, baust du mit den Elementen, die du hast, kreative Boote oder Flöße für die Schatzsuchercrew.

BAUIDEE

Auftrag:	Baue eine Kletteranlage.
Zweck:	Herausforderungen für Minifiguren
Ausstattung:	Wände, Griffe, Plattformen, Seile, Drahtseile
Extras:	Fluss, hungriger Alligator

KLETTERANLAGE

Wollen deine Minifiguren an ihre Grenzen gelangen? Errichte für sie eine LEGO® Kletteranlage, damit sie ihre Fitness und ihre Nerven testen können – und Spaß haben! Baue eine Kletterwand, eine Seilrutsche, Schaukeln und mehr. Und sichere deine Kletterer mit Gurtzeug, Seilen und Helmen!

Halbbögen halten die Sicherungsseile aus LEGO Schnur.

Baue Griffe aus kleinen Elementen wie einem Minifiguren-Schraubenschlüssel.

AUSBAUEN

Baue beide Modelle zu einer großen Outdoorkletteranlage aus. Sie könnte sogar ein spannendes Dschungel- oder australisches Outback-Thema haben.

KLETTERWAND

Für diesen packenden Sport stapelst du graue Steine zu einer Wand auf. Vergiss nicht, einige Steine mit Seitennoppen für Griffe einzubauen, an denen sich deine Minifiguren beim Klettern festhalten können.

Zaunelemente sichern deine Minifiguren.

Lange Platten stützen die Wand von hinten.

SEITENANSICHT

LAUFKATZE

Deine Minifigur kann dank eines Griffs an der Laufkatze auf der Seilrutsche hinabgleiten. Ein Stangenhalter mit Klemme verbindet die Laufkatze mit dem Handgriff, an dem sich die Minifigur unten festhält.

SEILRUTSCHE

Baue deine eigene Seilrutsche, an der die Minifiguren ins Tal gleiten können. Der Startpunkt muss höher als das Ziel sein, damit die Schwerkraft deine Minifiguren nach unten sausen lässt. Ein Fluss voller Alligatoren darunter (oder anderer Gefahren) erhöht die Spannung!

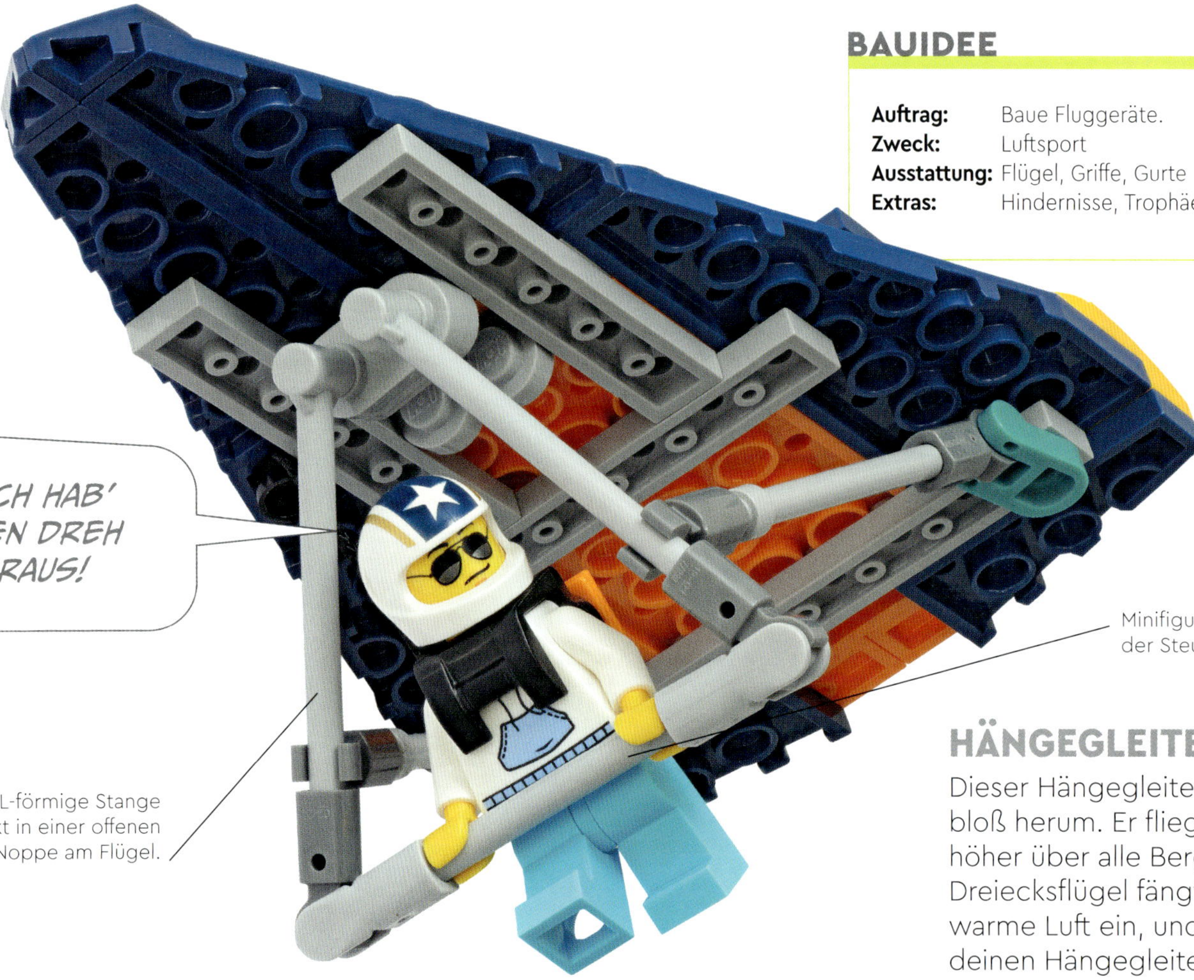

L-förmige Stange steckt in einer offenen Noppe am Flügel.

Minifigur hält sich an der Steuerstange fest.

BAUIDEE

Auftrag: Baue Fluggeräte.
Zweck: Luftsport
Ausstattung: Flügel, Griffe, Gurte
Extras: Hindernisse, Trophäe, Fallschirm

HÄNGEGLEITER

Dieser Hängegleiter hängt nicht bloß herum. Er fliegt höher und höher über alle Berge. Der große Dreiecksflügel fängt jede Menge warme Luft ein, und die hält deinen Hängegleiter hoch am Himmel.

FLUGABENTEUER

Wenn du Spaß hast, vergeht die Zeit wie im Flug – besonders wenn du fliegst! Baue ein Fluggerät für deine Minifiguren. Wie wäre es mit einem Hängegleiter oder einem fliegenden Hexenbesen? Diese Ideen sind nur ein Startpunkt. Baue Heißluftballons, Segelflugzeuge oder reitbare Vögel – nur der Himmel setzt dir Grenzen!

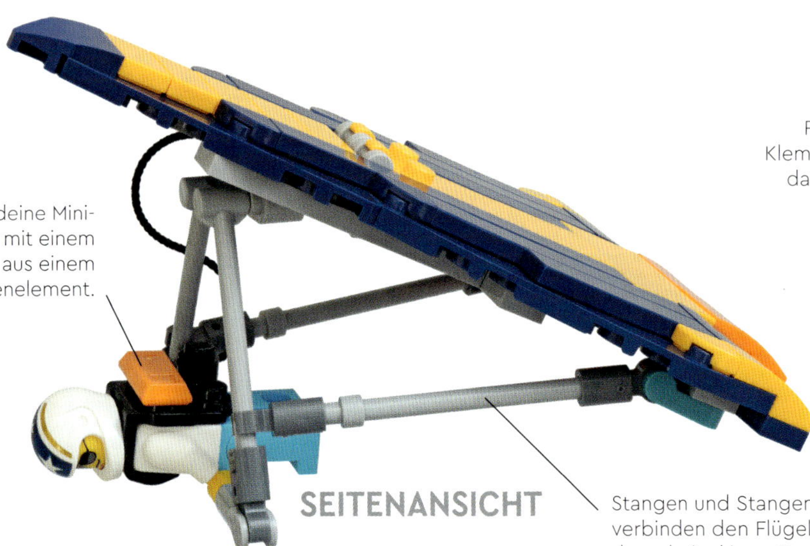

Sichere deine Minifigur mit einem Fallschirm aus einem Barrenelement.

Stangen und Stangenhalter verbinden den Flügel mit dem dreieckigen Trapez.

SEITENANSICHT

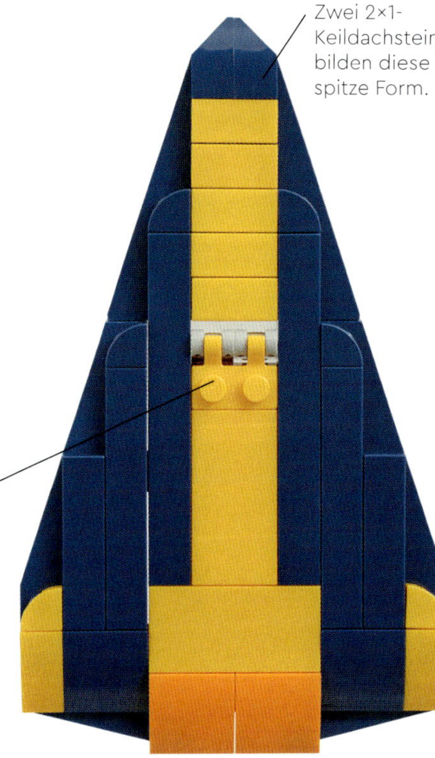

Zwei 2×1-Keildachsteine bilden diese spitze Form.

Platte mit Klemmen hält das Trapez.

VON OBEN

HEXENBESENRENNEN

An der Zauberschule ist Besenrennen angesagt! Baue einen Kurs mit Miniaufstellern und Hürden, über die die Teilnehmenden schweben. Welche Hexe, welcher Zauberer wird die Siegertrophäe stemmen?

Vier 2×2-Eckdachsteine als eleganter Trophäensockel

TROPHÄE

AUSBAUEN

Teste deine Geschicklichkeit beim Bauen und Fliegen auf einem Besenstielrennkurs. Baue Stangenhindernisse, Wassergräben, Steinwände oder Ringe.

Verwende Zaunelemente oder staple eine Steinwand auf.

WIESO BESENSTIELE? WEIL STAUBSAUGER ZU SCHWER SIND!

Hast du kein Besenstielelement, baust du eins mit Stange und Kegel.

Auf einem transparenten Ständer scheint die Minifigur zu „fliegen".

Megafonelemente halten diese Hürde.

Lämpchenelemente auf Kegel als Orientierungshilfe für die Fliegenden

1×1/1×1-Winkelplatte

1×4-Scharnierplatte wirkt wie ein gebeugtes Bein.

1×1-Kachel als Fuß

FESTHALTEN!

Die Beine der Minifigur sind so gebaut, dass sie auf dem Besenstiel zu sitzen scheint. Eine blaue Platte mit Klemme zwischen den Beinen ist am Besenstiel befestigt, um die Minifigur an Bord zu halten.

BOARDSPORT

Boardsport zählt zu den Funsportarten, und mit diesen LEGO Boardmodellen hast du jede Menge Spaß! Der Skatepark ist für eine urbane Minifigur, der schneebedeckte Hang für einen Wintersportler. Und dann geht's mit ein paar Dachsteinelementen die Rampe hinunter!

BAUIDEE

Auftrag:	Baue ein Gelände für Boardsport.
Zweck:	Boarden, Wettbewerbe
Ausstattung:	Rampen, Pisten
Extras:	Zäune, Graffiti, Landschaft

BAUTIPP

Skater und Snowboarder benötigen glatte Hänge. Verdecke alle Noppen, damit deine Minifiguren nicht ins Stolpern geraten.

1×2-Dachsteine für eine Ledge

Transparente Stange mit Winke noppe hält das Board in einem Winkel.

Umgekehrte 1×3×2-Bögen bestimmen die Neigung der Rampe.

RAMPE

Eine Rampe aus umgekehrten Bögen ist ideal für Minifiguren, um Drop-ins zu trainieren. Je höher die Rampe, desto schneller der Drop und umso mehr „Air" bekommt deine Minifigur auf der anderen Seite. Baue einen Skatepark mit Pipes, Benches und Rails!

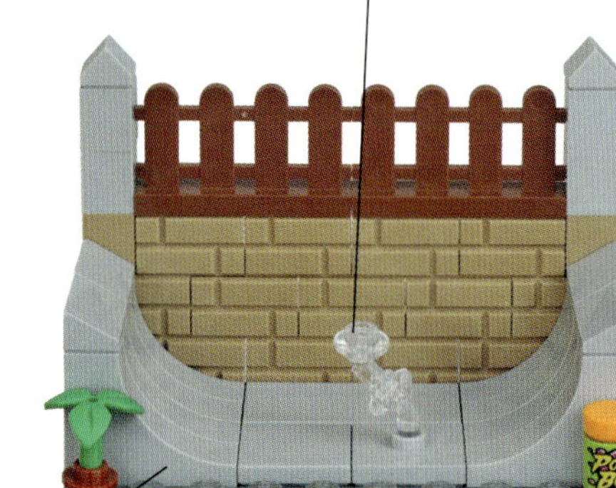

Zu grau? Baue farbige Elemente als Graffiti in deine Rampe ein.

VON VORN

VERSCHNEITE BÖGEN

Sechs weiße umgekehrte 1×3×2-Bögen bilden die Kurve dieser schneebedeckten Quarterpipe. Ein Stapel Steine und Dachsteine hinter den Bögen bietet Platz für eine Landschaft und einen Startpunkt für den Snowboarder.

UND LOS GEHT'S!

Wer kriegt hier kalte Füße? Nicht dieser Snowboarder! Weiße Steine und eine grüne Kiefer bilden eine passende Winterlandschaft für die Snowboardpiste.

BAUIDEE

Auftrag:	Stelle Wassersportarten dar.
Zweck:	Erholung, Wettbewerbe für Minifiguren
Ausstattung:	Boards, Boote, Segel
Extras:	Stromschnellen, Landschaft, Tiere

WASSERSPORT

Bei LEGO Wassersportmodellen ist für jeden Sportfan etwas dabei: Windsurfen, Kajakfahren oder Segeln. Wenn deine Minifiguren Herausforderungen mögen, baue doch noch ein paar Hindernisse, Felsen, herabstürzende Vögel oder sogar einen Hai ein, damit sie ordentlich ins Schwimmen geraten.

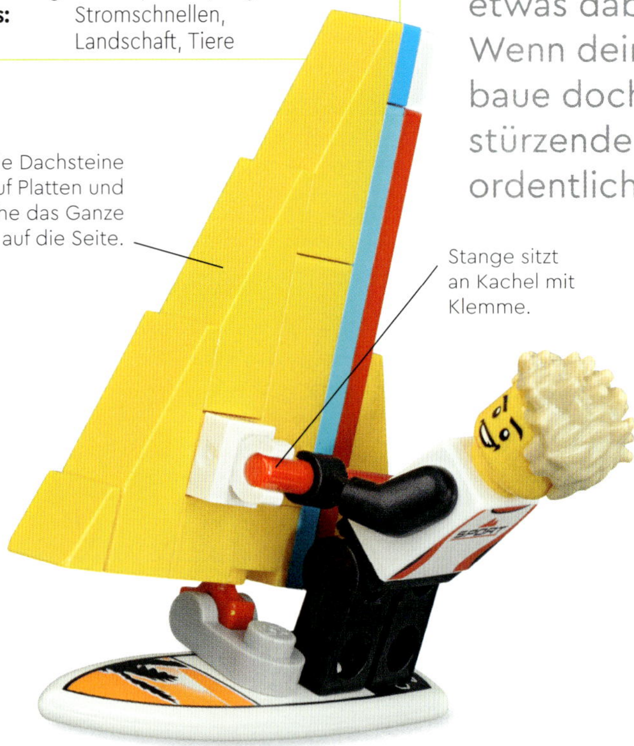

WINDSURFEN

Ah, was für eine herrliche Brise! Mit dem Wind im Segel (und in den Haaren) saust der Windsurfer übers Wasser. Dachsteine bilden die dreieckige Form des Segels.

SCHNELLER RUDERN!

Von einem langsamen Ruderboot gezogen zu werden macht der unerschrockenen Wakeboarderin wenig Spaß. Schon hat sie das unangenehme Gefühl zu sinken. Kannst du hinten einen Motor anbauen?

SCHIFFSFORM

Gebogene Dachsteine an Steinen mit Seitennoppen an beiden Enden bilden die Seiten des Ruderboots. Zwei 2×2-Eckplatten in der Mitte der Dachsteine sorgen für Stabilität und ermöglichen es, Dachsteine unten am Rumpf anzubringen, damit er seetüchtig wird.

WILDWASSERKAJAK

Kann die Kajakfahrerin ihr Boot sicher durch die steilen Stromschnellen steuern? Um es deiner Paddlerin noch schwerer zu machen, baust du stromabwärts weitere Felsen und Stromschnellen an.

SEITENANSICHT

FLUGSPORT

Diese altmodischen Flugzeuge werden nie die Schallgrenze durchbrechen, doch es macht viel Spaß, mit ihnen um die Wette zu fliegen. Baue Pfosten für Start und Ziel. Dann wirf die Propeller an. Müssen deine Flugzeuge durch oder über Hindernisse fliegen? Gib Vollgas!

BAUIDEE

Auftrag:	Baue Sportflugzeuge.
Zweck:	Luftfahrt und Flugsport
Ausstattung:	Tragflächen, Propeller, Cockpit, Leitwerk
Extras:	Zielpfosten, Streckenmarkierer, Hindernisse, Hangar

SPORTFLUGZEUG

Schau dir die nach oben gebogenen karierten Flügelspitzen dieses klassischen Fliegers an. Sie heißen Winglets und begünstigen die Luftströmung über den Flügel.

ZIELPFOSTEN

VERÄNDERN

Hole deine Freunde an Bord! Jeder baut ein Flugzeug, und dann tauscht ihr ein Teil eures Modells (Flügel oder Leitwerk) gegenseitig aus.

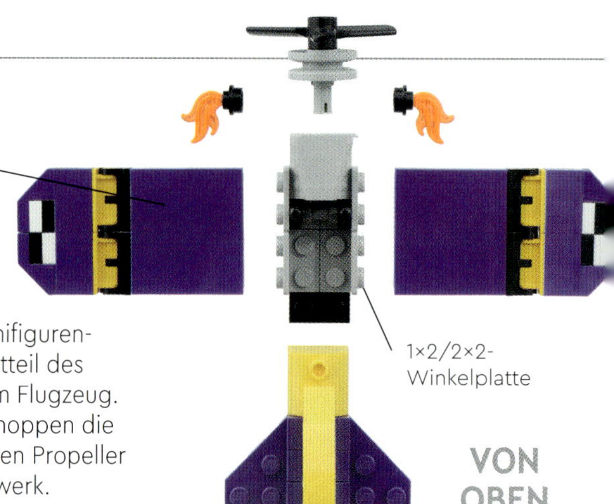

VON OBEN

ABFLUG

Das Cockpit des Minifigurenpiloten ist der Hauptteil des Rumpfes von diesem Flugzeug. Befestige an Seitennoppen die Steinflügel, vorn einen Propeller und hinten das Leitwerk.

KUNSTFLUGZEUG

Seit den 1920er-Jahren führen mutige Piloten Rollen, Loopings und Sturzflüge mit ihren Doppeldeckern vor. Dieser LEGO Doppeldecker lässt sich in einen Eindecker umbauen!

Dieser Stapel von 1×2-Holzblocksteinen stützt den Flügel.

Transparente 1×1-Platte als Landelicht

VON VORN

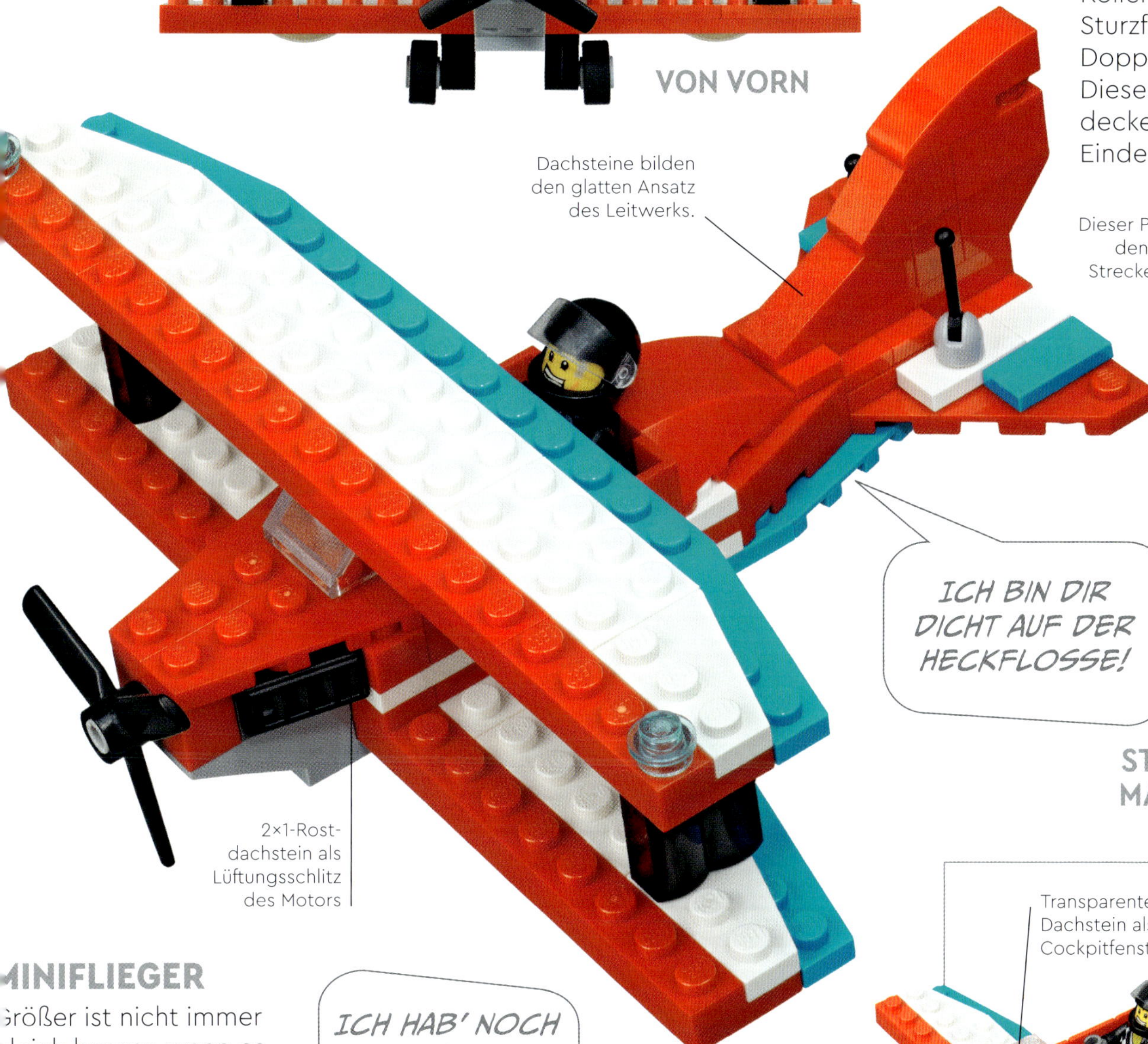

Dachsteine bilden den glatten Ansatz des Leitwerks.

2×1-Rostdachstein als Lüftungsschlitz des Motors

ICH BIN DIR DICHT AUF DER HECKFLOSSE!

Dieser Pfosten zeigt den Piloten den Streckenverlauf an.

STRECKEN-MARKIERER

MINIFLIEGER

Größer ist nicht immer gleich besser, wenn es um Flugzeuge geht. Dieses Miniflugzeug ist leicht, schnell und rasch zu bauen. Allerdings bietet es der Minifigur wenig Beinfreiheit.

ICH HAB' NOCH PLATZ AUF DEM FLÜGEL.

Nur eine Platte und ein gebogener 2×4×2/3-Dachstein bilden den Flügel.

Propeller dreht sich an einer 2×2-Kachel mit Pin.

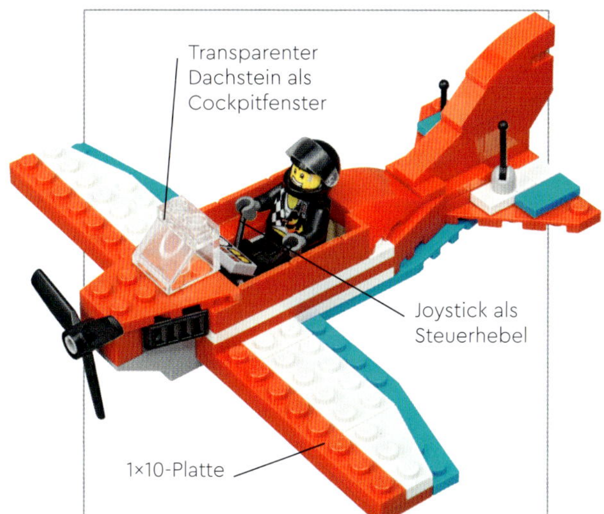

Transparenter Dachstein als Cockpitfenster

Joystick als Steuerhebel

1×10-Platte

EINDECKER

Das Kunstflugzeug wird von unten nach oben gebaut – die oberste Flügellage zuletzt. Willst du statt eines Doppeldeckers einen Eindecker bauen, lässt du die oberen Flügel weg. Für einen Dreidecker setzt du noch ein Flügelpaar auf den Doppeldecker.

CLEVERE KRABBLER

Diese kleinen LEGO Insekten sind genauso groß wie echte. Welche Abenteuer könnten einem Krabbeltier einfallen, wenn wir nicht hinschauen? Ein stepptanzender Tausendfüßer würde Aufsehen erregen, genauso wie Heu rechende Heuschrecken. Und ein Schmetterball spielender Schmetterling wäre ein echter Knaller!

BAUIDEE

Auftrag:	Baue fantasievolle Krabbeltiere in allen Größen und Formen.
Zweck:	Freizeitvergnügen und Spielszenen
Ausstattung:	Insekten, Spinnen- und Weichtiere
Extras:	Ständer, Piratenwaffen, Musikinstrumente, Lebensräume

AUSBAUEN

Du könntest deine Szenen zu einer ganzen Welt vereinen. Baue gemütliche Häuser, Schulen, Spielplätze und andere gesellige Orte für deine Insekten.

SKORPIONKÜNSTLERIN

Vorsicht vor der Skorpionmalerin! Sie könnte mit ihrem Stachel – oder ihrem Farbroller – zuschlagen, wenn sie gestört wird. Die Kachel mit Klemme am Schwanz sieht wie ein Stachel aus, ist aber auch ein praktischer Pinselhalter.

1×1-Kachel mit Klemme als Stachel

Runder 1×1-Stein als Roller

Beine aus Roboterklauenelementen

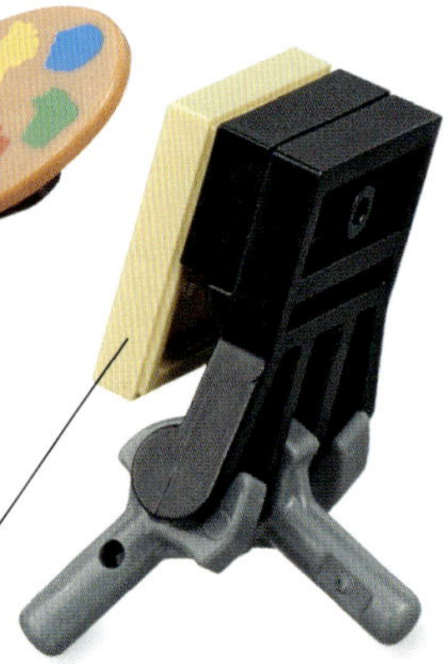

Einfache Kachel als leere Leinwand oder eine bedruckte als fertiges Kunstwerk

SCHNECKENPIRATEN

Diese bunte Weichtiercrew sucht auf den sieben Pflanzenmeeren nach Schätzen. Alle drei sehen dank ihrer Radarschüsselhäuschen wie typische Schnecken aus, werden aber auf unterschiedliche Weise aus vielen Elementen zusammengebaut.

Auf dieser runden 1×1-Platte sitzt das Haus.

Zahnplatte als Schwanz

VOR DEM HAUS

Jeder Schneckenkörper wird von innen nach außen mit kleinen Steinen, Platten und Dachsteinen gebaut. Zuletzt werden die Häuser seitwärts befestigt.

Klemme hält die Piratenwaffe.

1×2-Platte mit Stange bildet das Gesicht.

Größeres Häuschen aus einer 4×4-Radarschüss

Lenkstange als Bart

VON HINTEN

DRÖHNENDE BLÜTE

Kennst du Mohnmusik? Eine Krabbelband hat Stängel und Blätter einer Mohnblume in eine Bühne verwandelt. Die Blüte enthält sogar eine riesige Lautsprecheranlage! Welche Bandmitglieder könntest du noch hinzufügen?

DISCO-ANLAGE

Die Fliege lässt diese tolle Anlage richtig surren! Auf runden Platten mit Stangen drehen sich die runden 2×2-Kacheln. Discolampen sitzen zwischen zwei halbrunden Platten.

BAUIDEE

Auftrag:	Baue ein Wurfspiel.
Zweck:	Mit Freunden und der Familie spielen
Ausstattung:	Monsterköpfe, Geschosse
Extras:	Katapult, schnappende Kiefer

MAMPFENDE MONSTER

Wie wäre es mit einem Modell, das gleichzeitig ein lustiges Spiel ist? Diese Monster haben großen Hunger. Wenn du ihre Mäuler fertig hast, baust du ein Katapult. Spiele allein oder mit deinen Freunden – wer schleudert die meisten Leckereien in die Monstermäuler? Du kannst auch deine ganz eigene Challenge entwerfen.

KATAPULT

Das Baggerschaufelkatapult schleudert runde 2×2-Kacheln in die Monstermäuler, aber es klappt auch mit anderen LEGO Behältern – einer Kiste oder einem Fass. Oder du baust aus Steinen eine Box.

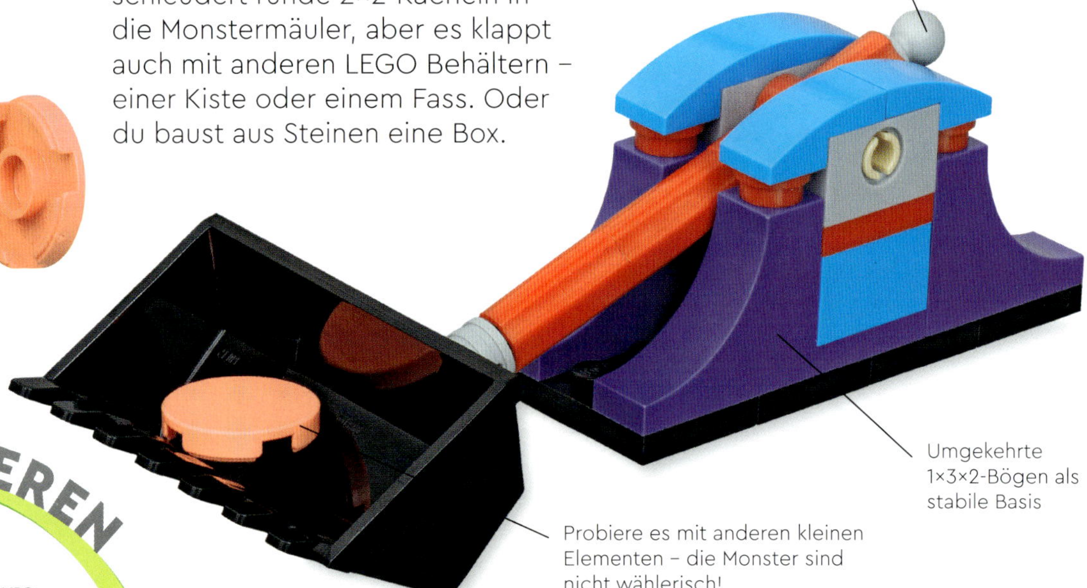

Drücke auf die Kugel, um die Kacheln zu schleudern.

Umgekehrte 1×3×2-Bögen als stabile Basis

Probiere es mit anderen kleinen Elementen – die Monster sind nicht wählerisch!

AUSPROBIEREN

Baue Boote, um „Kanonenkugeln" für ein Wurfspiel mit einem Piratenthema zu fangen, oder mittelalterliche Burgen mit offenen Dächern.

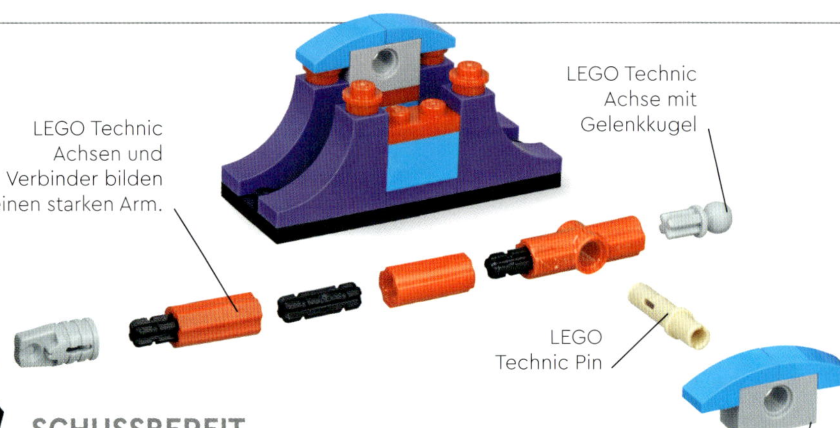

LEGO Technic Achsen und Verbinder bilden einen starken Arm.

LEGO Technic Achse mit Gelenkkugel

LEGO Technic Pin

Pin passt in diesen 1×2-Stein mit Loch.

Die Baggerschaufel hat an der Basis „Finger" aus zwei Klemmscharnieren.

SCHUSSBEREIT

Baue zuerst die Basis des Katapults und dann den Wurfarm. Er sitzt mitten in der Basis und ist an einem Ende mit LEGO Technic Pins befestigt. Dank der Pinverbinder bewegt sich der Arm auf und ab wie eine Wippe.

MONSTERMERKMALE

Mit ihren langen Mäulern und zuschnappenden Kiefern wirken diese Monster ein wenig wie fantasievolle Alligatoren. Sie haben die gleiche Kieferform, aber andere Merkmale oben auf ihrem Kopf wie Hörner, Wimpern und Nüstern.

GESCHLOSSENE KIEFER

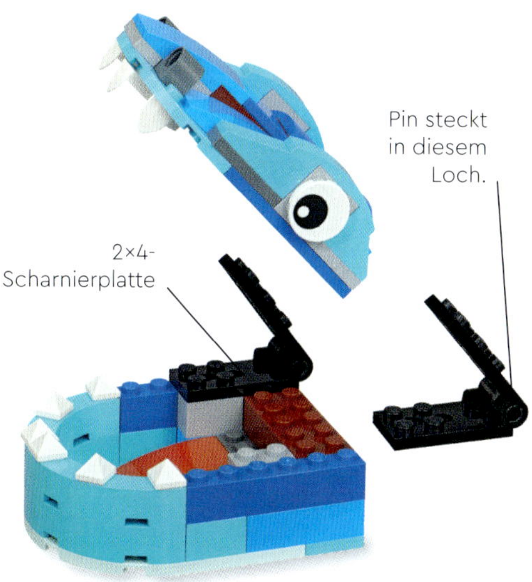

AUFGERISSEN

Der Oberkiefer des Monsters sitzt auf zwei LEGO Technic 2×4-Scharnierplatten mit Pinlöchern, die an zwei weiteren Scharnierplatten am Unterkiefer befestigt sind. So kann das Monster sein Maul aufreißen und damit zuschnappen.

MEERESTIERE

Platsch! Baue ein paar Meereskumpel und tauche ab in ein Unterwasserabenteuer. Doch pass auf, wo du hintrittst. Ein Seeigel könnte deine Story schmerzhaft enden lassen. Welche LEGO Meerestiere könntest du noch bauen? Wie wär's mit Muscheln, Quallen, Krabben oder sich windenden Wattwürmern?

BAUIDEE

Auftrag:	Baue Unterwassertiere.
Zweck:	Eine Unterwasserszene schaffen, die Natur kennenlernen
Ausstattung:	Schwänze, Arme, Stacheln, Klauen, Augen
Extras:	Korallenriff, Seepflanzen

HUMMER

Baue aus all deinen roten Elementen einen LEGO Hummer. Mach die Scheren wirklich groß, aber lass dich beim Bauen nicht kneifen. Autsch!

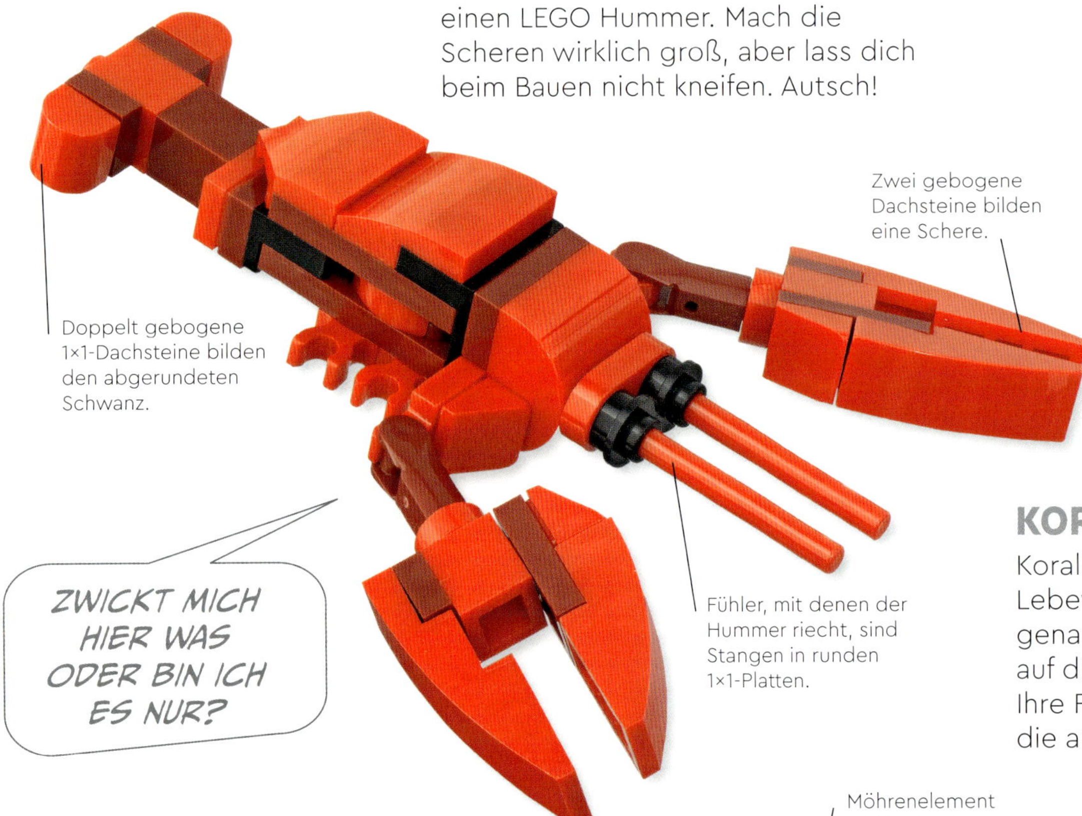

Doppelt gebogene 1×1-Dachsteine bilden den abgerundeten Schwanz.

Zwei gebogene Dachsteine bilden eine Schere.

Fühler, mit denen der Hummer riecht, sind Stangen in runden 1×1-Platten.

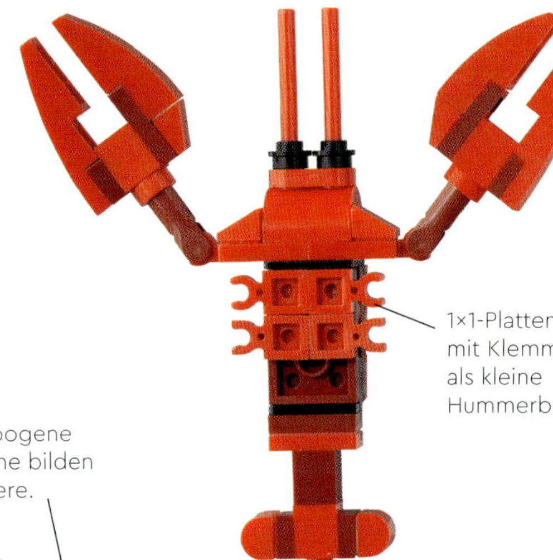

1×1-Platten mit Klemmen als kleine Hummerbeine

VON UNTEN

KORALLENRIFF

Korallen sind Gruppen kleiner Lebewesen. Echte Korallen sind genauso bunt wie die LEGO Arten auf diesem Meeresbodenmodell. Ihre Farben verdanken sie Algen, die auf ihnen leben.

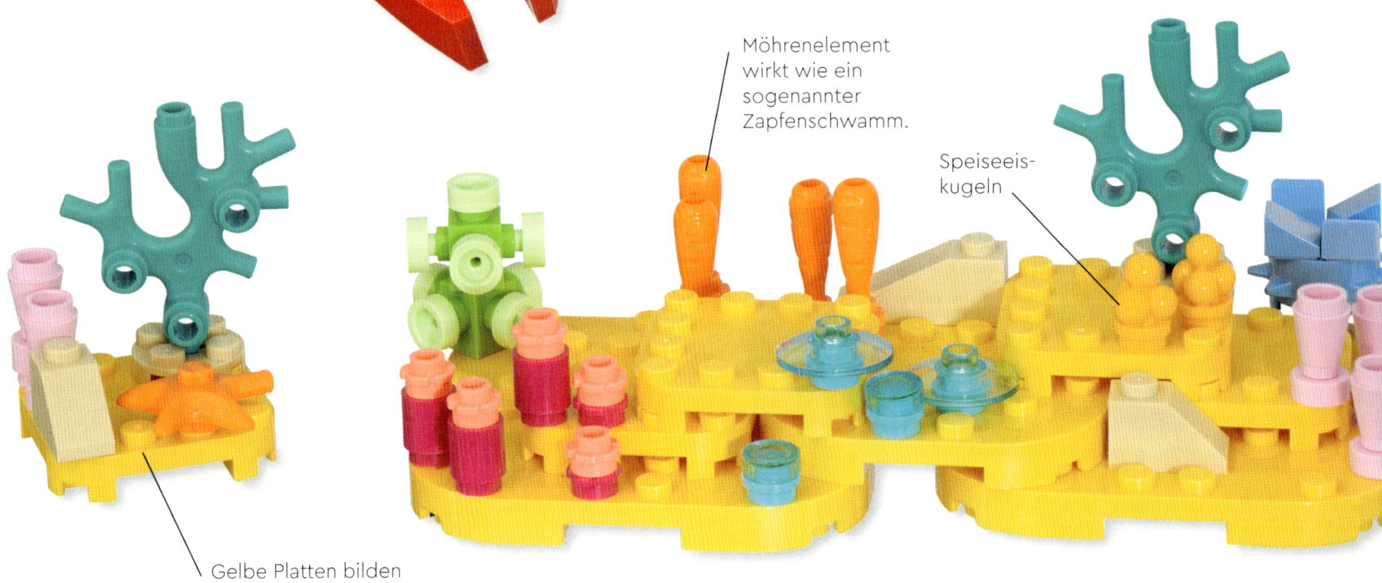

Möhrenelement wirkt wie ein sogenannter Zapfenschwamm.

Speiseeis-kugeln

Gelbe Platten bilden den Meeresboden.

SEGELFLOSSER

Diese schönen Fische sind nicht so gelassen, wie sie aussehen. Ständig streiten sie sich! Pass also auf, dass dir die Steine nicht um die Ohren fliegen, wenn du eine Schule Segelflosser baust. Der Körper des Fischs wird seitwärts von der Schwanzflosse aus gebaut.

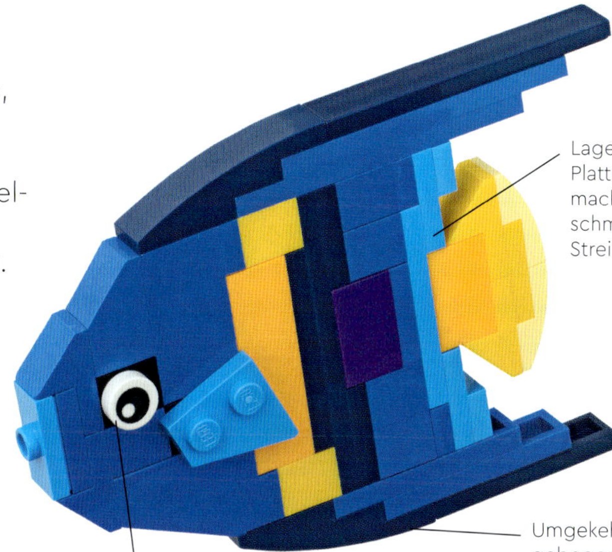

Lagen aus Platten machen schmale Streifen.

Die Augen sitzen an Steinen mit Seitennoppen.

Umgekehrt gebogener Dachstein und 1×4-Kachel bilden eine lange Flosse.

SEEIGEL

Was ist klein, krabbelt und schwimmt nicht? Ein schläfrig wirkender Seeigel! Aber schubse ihn nicht herum – seine Stacheln sind sehr schmerzhaft!

Echte Seeigel haben keine sichtbaren Augen, aber deine schon!

STACHLIG

Zwei aufeinanderliegende 2×2-Steine mit Seitennoppen bilden den Seeigelkörper. An den Noppen kannst du ringsum Elemente befestigen, die ein stachliges Seelebewesen ergeben.

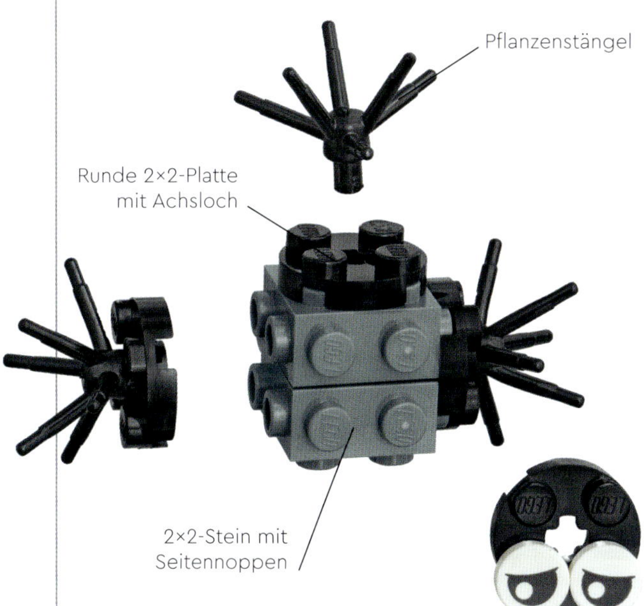

Pflanzenstängel

Runde 2×2-Platte mit Achsloch

2×2-Stein mit Seitennoppen

Diese runde 2×2-Platte mit achteckiger Stange ist die ideale Basis für einen Oktopuskörper.

VON UNTEN

OKTOPUS

Der Oktopus mit seinem großen Gehirn ist sehr neugierig. Unter anderem will er wissen, warum wir Menschen seine acht Arme „Tentakel" nennen.

4×4-Kuppel ist der Kopf oder „Mantel".

Tentakel aus Elefantenrüsselelementen

1×1-Kacheln mit Klemmen verbinden die Tentakel mit dem Körper.

BAUIDEE

Auftrag:	Baue eine Unterwasserszene.
Zweck:	Unterwasserabenteuer erleben
Ausstattung:	Korallenriff, Palast, Unterwasserfahrzeug
Extras:	Unterwasserpflanzen, Meeresboden, Kamera

UNTERWASSERWELT

Dieses LEGO Tauchboot erkundet den Meeresboden. Dort gedeihen Pflanzen und Korallen und es wimmelt vor Fischen. Um den Palast der Meerjungfrau ist alles friedlich. Aber wenn sie glaubt, dieser seltsame „Roboterfisch" mit Armen sei eine Bedrohung, und selbst mit einem Dreizack droht, was dann? Hoffentlich taucht das Tauchboot wieder auf!

Lagen aus Radarschüsseln in verschiedenen Größen formen das Dach.

SEITENANSICHT

MEERJUNGFRAUPALAST

Die Meerjungfrau lebt eindeutig im Einklang mit ihrer Umwelt. Sie lässt Seegräser gedeihen und heißt alle Fischbesucher in ihrem eleganten meergrünen Palast willkommen.

Hast du keine Bogenelemente, baust du rechteckige Fenster.

Illusion von schwimmenden Fischen durch Klemmen

Transparente Minifigurenköpfe wirken wie Blasensäulen.

TIEFSEETAUCHBOOT

Geologen untersuchen mit kleinen Tauchbooten die Tiefsee. Baue deines mit einer großen Windschutzscheibe für gute Sicht und mit beweglichen Armen, um Proben zu sammeln. Du könntest sogar eine Kamera einbauen.

AUSBAUEN

Die Meerjungfrau lebt nicht allein unter Wasser. Baue also auch noch ihr Volk! Es benötigt Behausungen und Begegnungsorte wie Läden und Restaurants.

TAUCHSITZ

Denke daran, die Wände deines Tauchboots höher als drei Steine zu bauen – also höher als eine sitzende Minifigur. Oben gebogene Steine bilden das Dach und gewähren dem Piloten genügend Kopffreiheit.

BAUIDEE

Auftrag:	Baue einen bezaubernden Garten.
Zweck:	Ein beruhigender Ort für Feen
Ausstattung:	Bäume, Teich, Pflanzen
Extras:	Springbrunnen, Wände, Bögen

FEEN-GARTEN

Glaubst du an Magie? Baue einen bezaubernden Garten, den Feen und Elfen besuchen. Betöre ihre Augen mit Farben, schimmernden Juwelen und funkelnden Elementen. Vergiss nicht, einladende Pflanzen und Blüten und sogar einen Springbrunnen einzubauen. Dann beobachte, ob dein Modell winzige, magische Besucher anzieht …

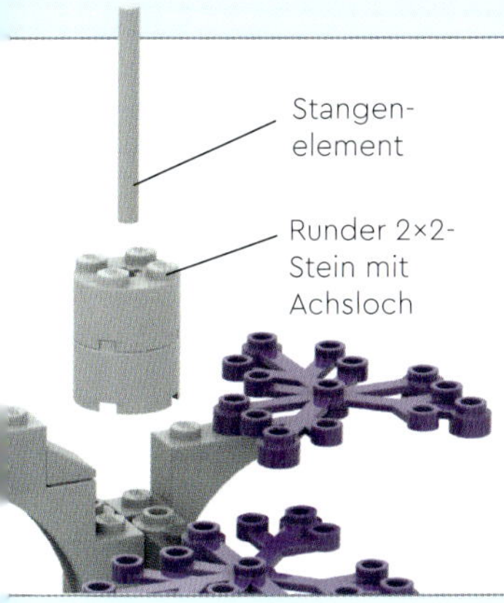

Stangen-
element

Runder 2×2-
Stein mit
Achsloch

STÄMMIGER STAMM

Staple runde 2×2-Steine mit Achsloch für den Stamm dieses Zauberbaums aufeinander. Stecke dann eine Stange durch die Löcher in den Steinen – das sorgt für zusätzliche magische Stabilität.

Graue Pflanzen-
stängel wirken wie
gemeißelter Stein.

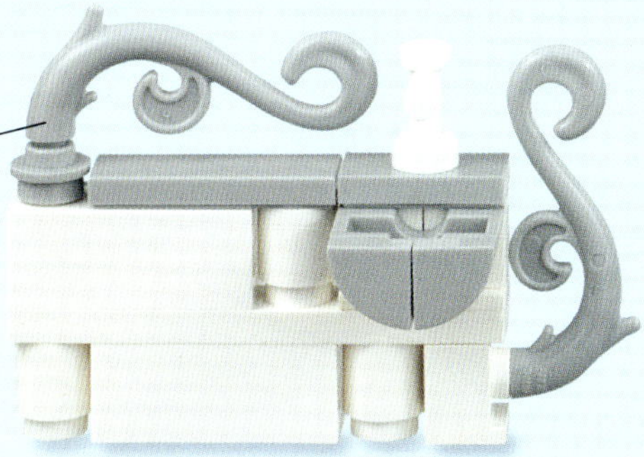

FEENWASCHBECKEN

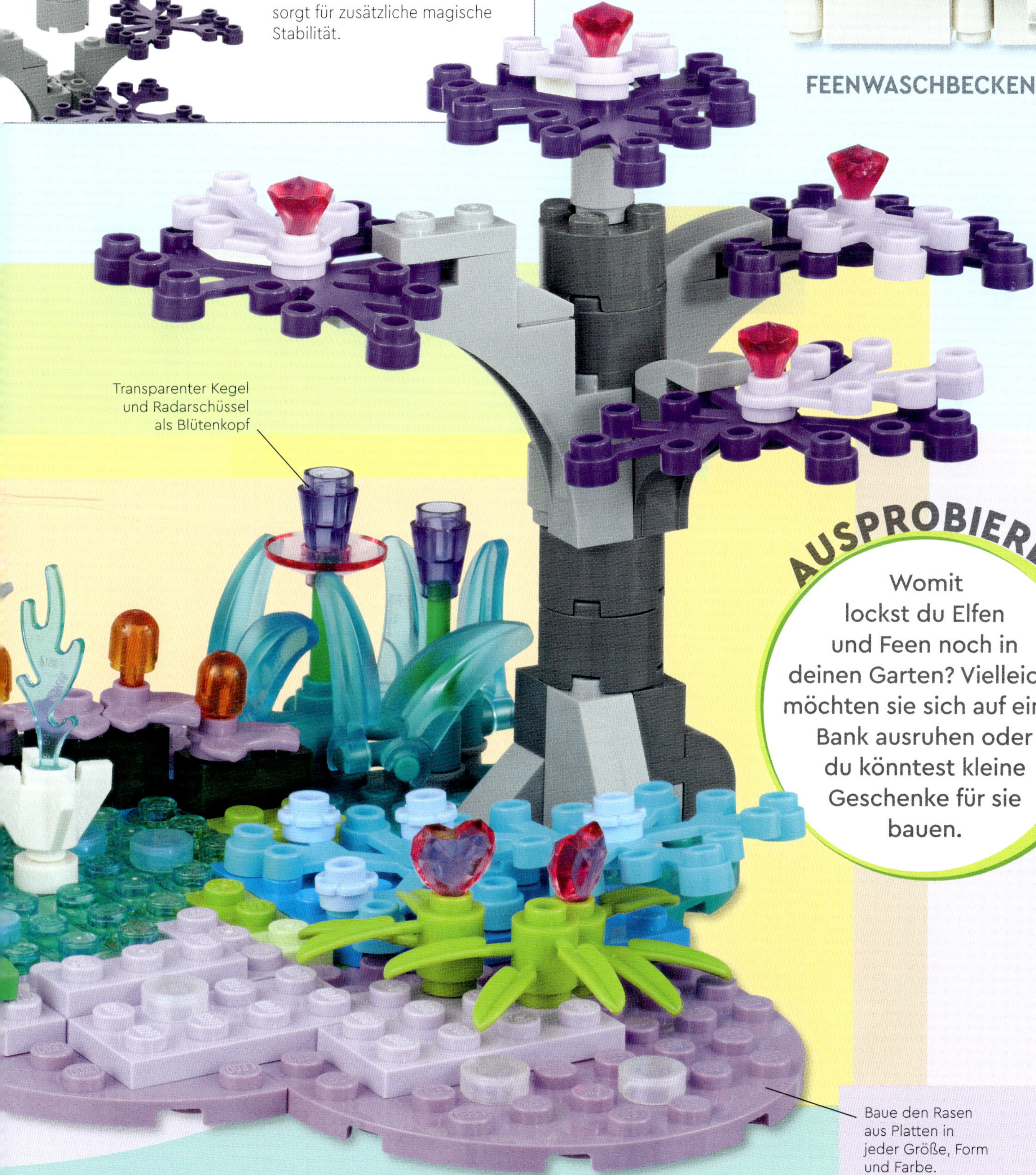

Transparenter Kegel
und Radarschüssel
als Blütenkopf

Baue den Rasen
aus Platten in
jeder Größe, Form
und Farbe.

AUSPROBIEREN

Womit lockst du Elfen und Feen noch in deinen Garten? Vielleicht möchten sie sich auf einer Bank ausruhen oder du könntest kleine Geschenke für sie bauen.

BAUIDEE

Auftrag: Baue Dampffahrzeuge.
Zweck: Fantastische Abenteuer
Ausstattung: Rohre, Räder, Ventile, Dampfmaschinen
Extras: Propeller, Beine, Flaggen, Hörner

RETROFAHRZEUGE

Stell dir eine Fantasiewelt vor, in der die Technik von früher noch genutzt wird. Eine zischende, scheppernde Welt voller Apparate, die nur durch Dampf angetrieben werden. Verpasse deinen Fahrzeugen einen Retrolook durch Ventile, Gelenke und Rohre, durch die der Dampf entweicht. Setz deine Schutzbrille auf und los geht's!

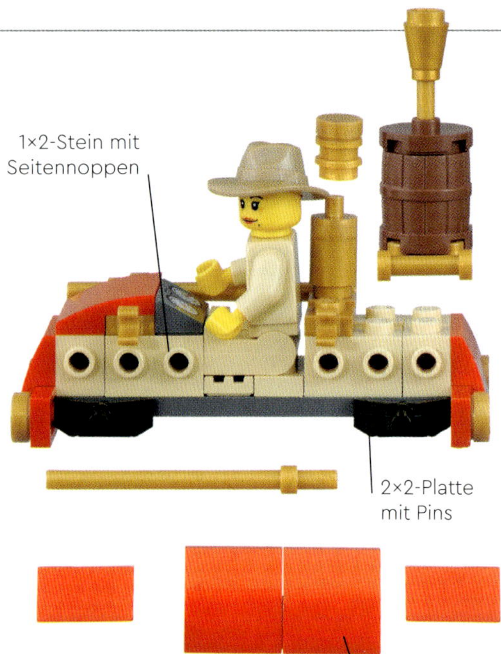

PLATTEN UND PANEELE

Die Basis dieses Fahrzeugs ist eine lange 2×8-Platte. Unter der Basis werden Platten mit Pins für die großen Räder befestigt. Über der Basisplatte halten Steine mit Seitennoppen die glatten Seitenpaneele des Autos.

DAMPFAUTO

Die großen Speichenräder an diesem Auto sehen aus wie die von einer Pferdekutsche. Hinten sitzt der Kessel, der es antreibt – samt dem Auspuffrohr, durch das der Dampf entweicht.

VON VORN

VON HINTEN

MINIFLIEGER

Diese Pilotin mit Brille ist ganz begeistert von ihrem Minidampfflieger. Hoffen wir, dass der Flugzeugmotor schön heiß ist. Ohne Dampf würde es die Pilotin echt hinunterziehen.

AUFBAUEN

Wenn du ein paar Retrofahrzeuge geschafft hast, probiere noch andere Verkehrsmittel aus. Du könntest sogar eine ganze Retrostadt bauen!

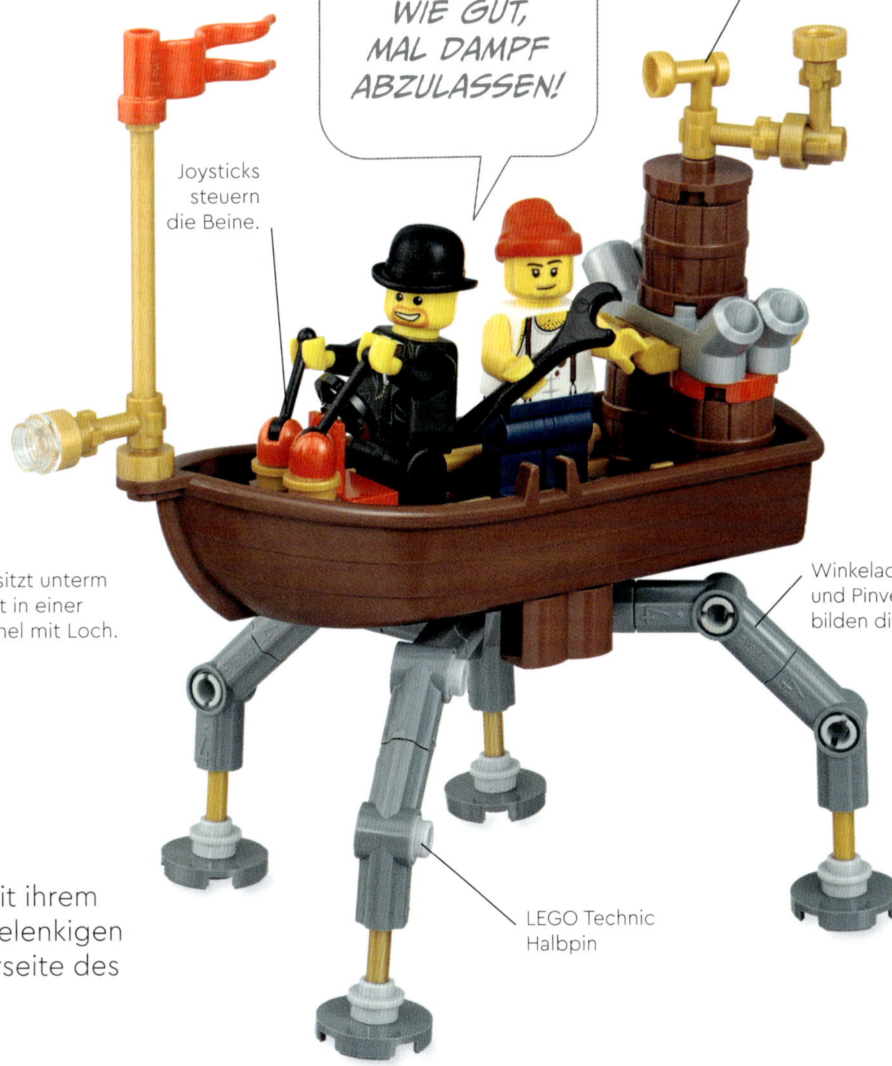

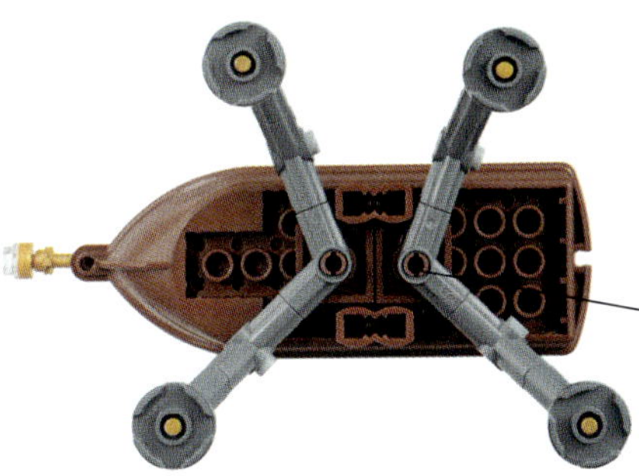

VON UNTEN

MASCHINENFÜSSE

Diese Retroausflügler laufen mit ihrem Boot zum Strand auf langen, gelenkigen Beinen. Sie sitzen an der Unterseite des Bootes an LEGO Technic Pins.

BAUIDEE

Auftrag:	Schaffe eine eigene Abenteuergeschichte.
Zweck:	Storys erzählen, ungewöhnliche Abenteuer
Ausstattung:	Held, Tiere, Verkehrsmittel
Extras:	Magische Früchte, Bergspitze

STEINSTORYS

Baue mit deinen LEGO® Elementen ein Märchen oder eine Legende nach – oder eine eigene Story! Helden zu erfinden macht viel Spaß. Diese Heldin ist halb Mensch, halb Apfel. Als ihre Karriere als Riesenschildkröten-Reiterin endet, fliegt sie in die Berge. Baue so lange, bis sich aus einer kleinen Idee etwas Tolles entwickelt!

APFELGEBURT

Wer platzt aus diesem Apfel? Es ist unsere Heldin Rosi! Sie ist in einem Apfel herangewachsen, wo sie sich nur von Obstsaft ernährt hat. Wie süß! Der Apfel ist aus Bogenelementen, die ein Loch bilden.

SCHILDKRÖTENRENNEN

In Rosis Apfelwelt sind Schildkrötenrennen Tradition. Die Schildkröten „jagen" hinter einer Frucht als Köder her. Die Farben und Sättel verraten, welche Schildkröte wem gehört.

VON UNTEN

BAUTIPP

Stelle zum Thema passende Elemente zusammen, bevor du zu bauen beginnst. Ein Wintermärchen benötigt weiße und blaue Teile, ein Zaubermärchen goldene und funkelnde.

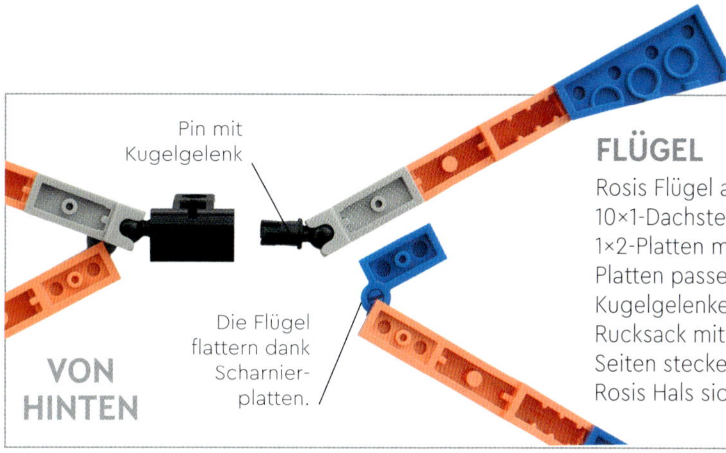

FLÜGEL

Rosis Flügel aus gebogenen 10×1-Dachsteinen sitzen an 1×2-Platten mit Pfannen. Die Platten passen auf Elemente mit Kugelgelenken, die in einem Rucksack mit Pinlöchern auf beiden Seiten stecken. Der Rucksack um Rosis Hals sichert ihre Flügel.

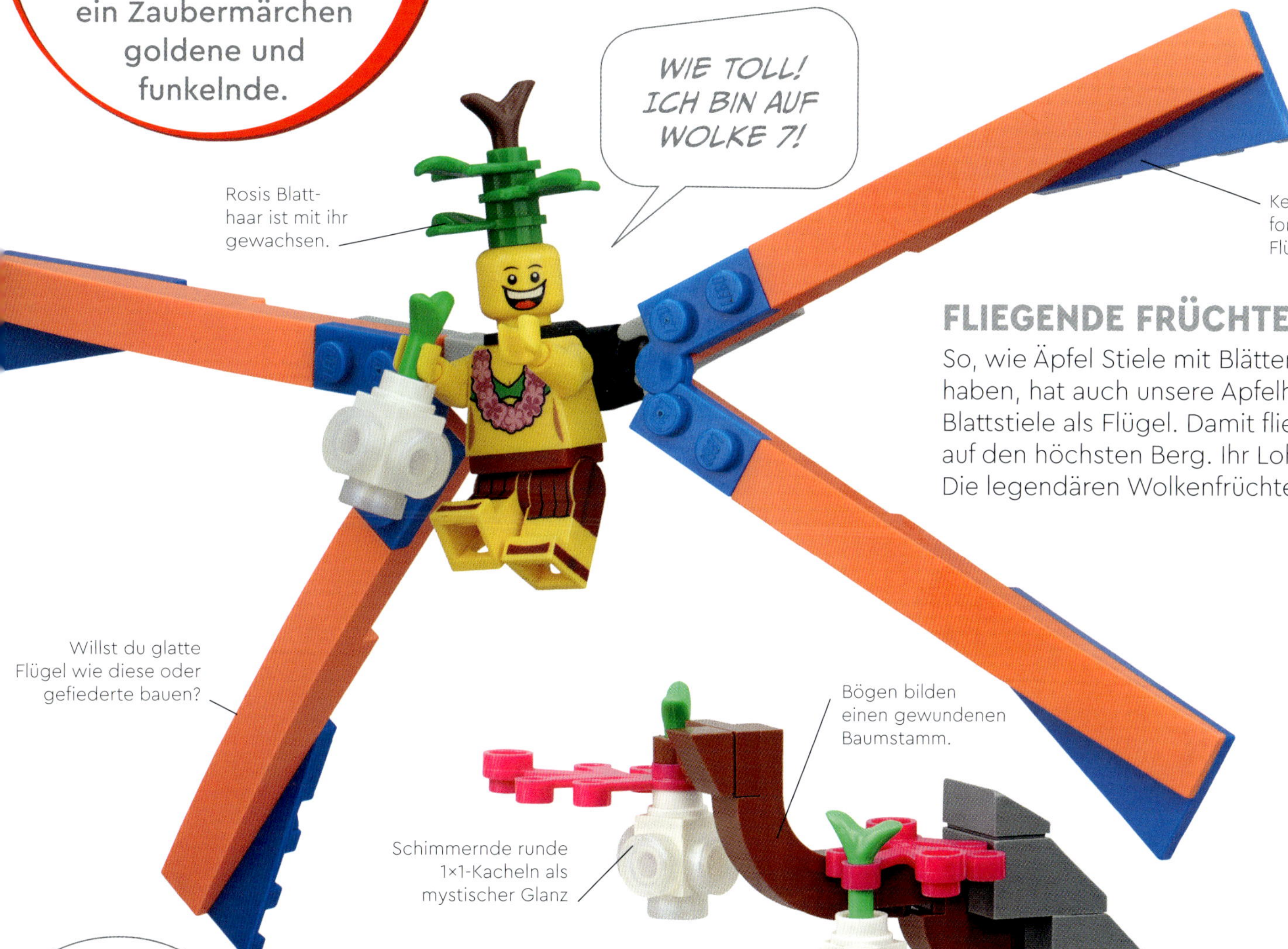

FLIEGENDE FRÜCHTE

So, wie Äpfel Stiele mit Blättern haben, hat auch unsere Apfelheldin Blattstiele als Flügel. Damit fliegt sie auf den höchsten Berg. Ihr Lohn? Die legendären Wolkenfrüchte.

WOLKEN-FRUCHTBAUM

Es gibt nur einen Wolkenfruchtbaum, und der wächst auf dem höchsten Berggipfel. Siehst du, wie Wolkenwirbel ihn umgeben? Die Früchte dieses legendären Baums bringen dem Glück, der sie pflückt. Gut gemacht, Rosi!

BAUIDEE

Auftrag:	Baue einen majestätischen Drachen.
Zweck:	Magische Abenteuer
Ausstattung:	Flügel, Hörner, Schwanz, Zähne, Reiter und Sattel
Extras:	Bewegliche Glieder

SEITENANSICHT

Ein Freund könnte den Körper bauen und du den Kopf!

BAUTIPP

Kleine Platten und Kacheln wirken wie Drachenschuppen. So sieht ein Modell detailreich und realistisch aus, selbst wenn es sich um ein mythisches Wesen handelt!

Flügel bewegen sich auf und ab dank Verbindungen aus Kugel und Pfanne.

Gebogene Dachsteine geben dem Kopf eine glatte Form.

Spitze Zähne aus neongrünen Hornelementen

1×1-Platten mit Zähnen wirken wie Drachenklauen.

DRACHE

Wenn du auf einem Drachen reiten dürftest, welche magischen Länder würdest du besuchen? Wenn du gegen Eiskrieger kämpfst, sollte dein Drache Feuer speien – und Eis, wenn du einen Flammensee überquerst. In ein Land, in dem alles blau ist, fliegst du auf einem leuchtend pinken Drachen. Je wilder deine Story, desto wilder sollte auch dein Drache aussehen.

GRÜNES WESEN

Dieser Drache hat traditionelle Merkmale wie Flügel, Klauen und einen langen Stachelschwanz. Aber er hat auch neongrüne Zähne, Klauen, Schwanzstacheln und transparente grüne Hörner. Daran könnte sich der Reiter klammern, damit er nicht herunterfällt!

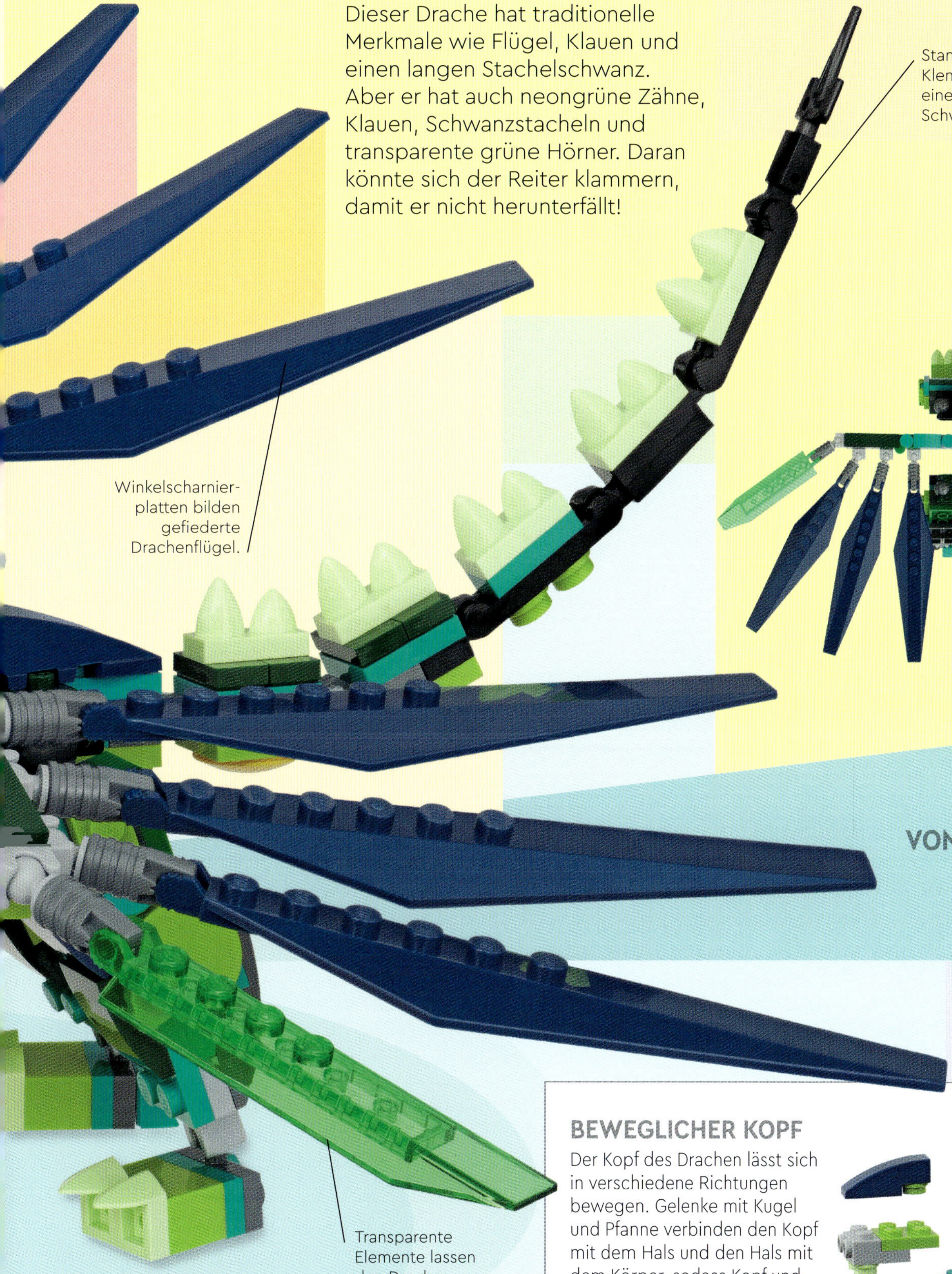

VON OBEN

BEWEGLICHER KOPF

Der Kopf des Drachen lässt sich in verschiedene Richtungen bewegen. Gelenke mit Kugel und Pfanne verbinden den Kopf mit dem Hals und den Hals mit dem Körper, sodass Kopf und Hals schwenkbar sind. Dank Klemmen und Stangen können sich auch Unterkiefer und Hörner auf und ab bewegen.

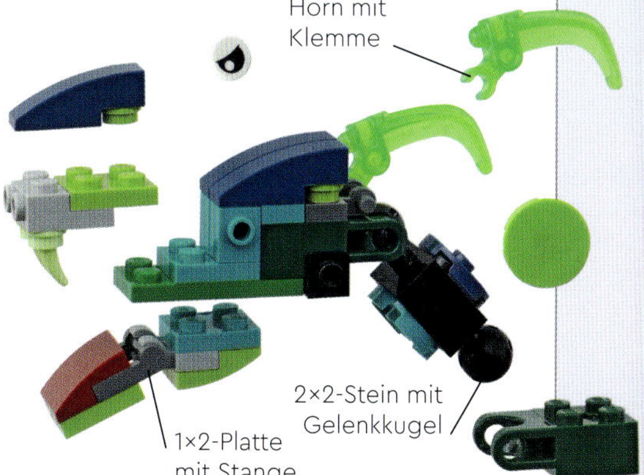

TÜR ZU EINER ANDEREN WELT

Wohin führt diese Tür? In einen Gang? Nein, in eine magische Wunderwelt. Täglich geht die Minifigur durch die Tür, um mit ihren Fantasiefreunden zu spielen. Manchmal geht auch Panda mit! Baue eine Tür zu einer magischen Welt, in der deine Minifiguren ihre eigenen Abenteuer erleben können.

BAUIDEE

Auftrag:	Baue eine Tür, die zu einem unerwarteten Ort führt.
Zweck:	Magische Abenteuer
Ausstattung:	Zimmer, Tür, Fantasieland
Extras:	Möbel, magische Freunde

KOMMODE

Diese schmale Kommode hat einen Kern aus 1×2-Standardsteinen und 1×1-Lampensteinen. Steckerplatten sitzen seitwärts an der Front und bilden die Schubladengriffe. Ganz oben steht Panda auf einer 2×2-Steckerplatte.

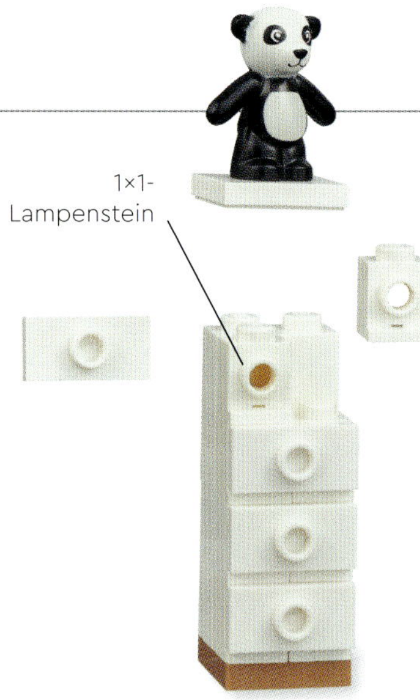

1×1-Lampenstein

GEGENSÄTZLICHE WELTEN

Baue zuerst ein ganz normales Zimmer. Hier ist nichts Aufregendes oder Ungewöhnliches zu sehen. Die Brauntöne stehen im Kontrast zu den lebhaften Farben des Fantasielandes hinter der Zimmertür.

Rundfenster mit Speichen bildet ein altmodisches Bettkopfteil.

Nachttischlampe aus Kegeln

1×1-Kacheln und -Dachsteine bilden das Muster einer Patchworkdecke.

Hast du kein Türelement, lässt du den Eingang einfach offen.

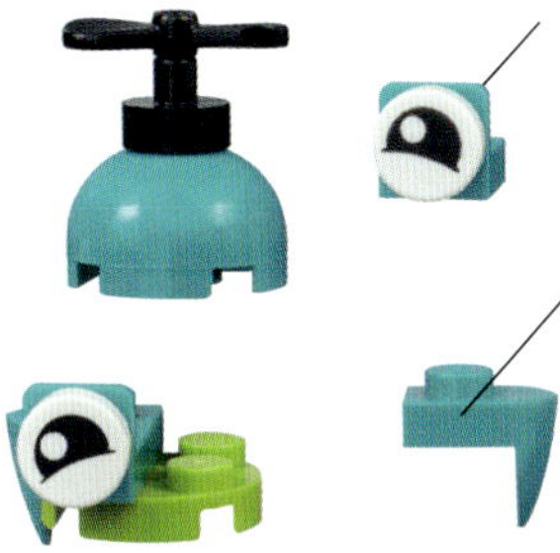

Umgekehrte 1×1/1×1-Winkelplatte

1×1-Zahnplatten als niedliche Ohren

KUGELKUMPEL

Dieses reizende Wesen ist aus runden Platten und Kuppeln. Die bedruckten Augenkacheln sitzen dank einer umgekehrten 1×1/1×1-Winkelplatte am Kopf.

VERÄNDERN

Ist deine Minifigur wieder zu Hause, tauschst du die Fantasiewelt gegen eine andere aus, die sie beim nächsten Mal besuchen kann.

Diese Bäume sind nicht grün, sondern lila.

SEITENANSICHT

Baue auch wachsende Bäume, die zeigen, dass diese Welt aufblüht.

Dank dem Propeller fliegt das Wesen herum.

Gestreifter Stamm aus runden 2×2-Steinen

Fassboot auf schäumendem blauem Wasser

Dieses Karussell dreht sich auf einer Drehscheibe.

REGENWALD

Regenwälder sind lebenswichtig für unseren Planeten. In ihnen leben über die Hälfte der Pflanzen- und Tierarten. Stell dir vor, du gehst durch einen dunklen, feuchtheißen Regenwald. Was raschelt da? Was äugt durchs Laub? Baue einen LEGO Regenwald für ein tropisches Abenteuer.

BAUIDEE

Auftrag:	Baue einen tropischen Regenwald.
Zweck:	Natur erkunden, Lebensräume
Ausstattung:	Tropische Pflanzen, Bäume, Wasserfall
Extras:	Regenwaldbewohner, Felsen

AUSPROBIEREN

Andere Wälder, etwa gemäßigte Regenwälder, beherbergen andere Pflanzen- und Tierarten. Recherchiere und baue einen anderen Typ von Wald.

REGENWALDLAGEN

Du benötigst vier Lagen: Die oberste Lage bilden richtig hohe Bäume. Darunter liegt eine dichte Lage Blattwerk, das das Sonnenlicht abhält. Die untersten beiden Lagen sind das belaubte Unterholz und der Waldboden.

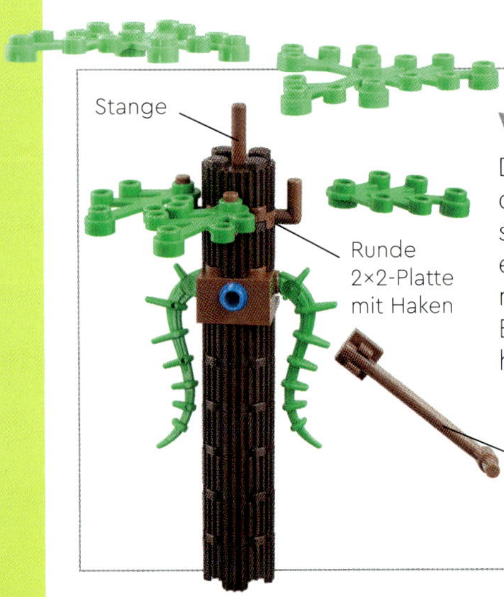

VERBORGENE HAKEN

Die unterste Laublage an diesem tropischen Baum sitzt auf einer in den Stamm eingebauten runden Platte mit Haken. Fädle weitere Blätter auf eine Stange, die im höchsten runden Stein steckt.

ÜPPIGER WASSERFALL

Tropische Vegetation umgibt diesen tosenden Wasserfall im Regenwald. Du könntest auch einen höheren Wasserfall bauen, mit zwei oder gar drei Stufen. Belebe doch deine Szene mit Tieren oder schwimmenden Minifiguren!

WASSERVORHANG

Der Wasserfall ist ein einziges Element. Wenn du es nicht hast, baust du es mit anderen blauen Elementen nach. Auch gebogene Dachsteine bilden eine schöne Kaskade. Und hinter dem Fall könnten Forscher einen geheimen Schatz entdecken!

SEITENANSICHT

BAUIDEE

Auftrag:	Baue eine Regenwaldflora und -fauna.
Zweck:	Tiere und Pflanzen beobachten, Regenwaldabenteuer
Ausstattung:	Beine, Schwanz, Schnabel
Extras:	Bewegliche Körperteile

SCHÖNE ÜBERRASCHUNG

Der linke Flügel des Papageis sitzt auf zwei runden 2×2-Platten mit Löchern, durch die eine Achse geht. Durch Ziehen am Flügel bewegt sich die Achse und dreht zwei Zahnräder im Körper. Diese ziehen dann eine LEGO Technic Achse zurück, die schließlich an eine Schwanzfederfalltür schlägt – heraus kommt der Papageienkot!

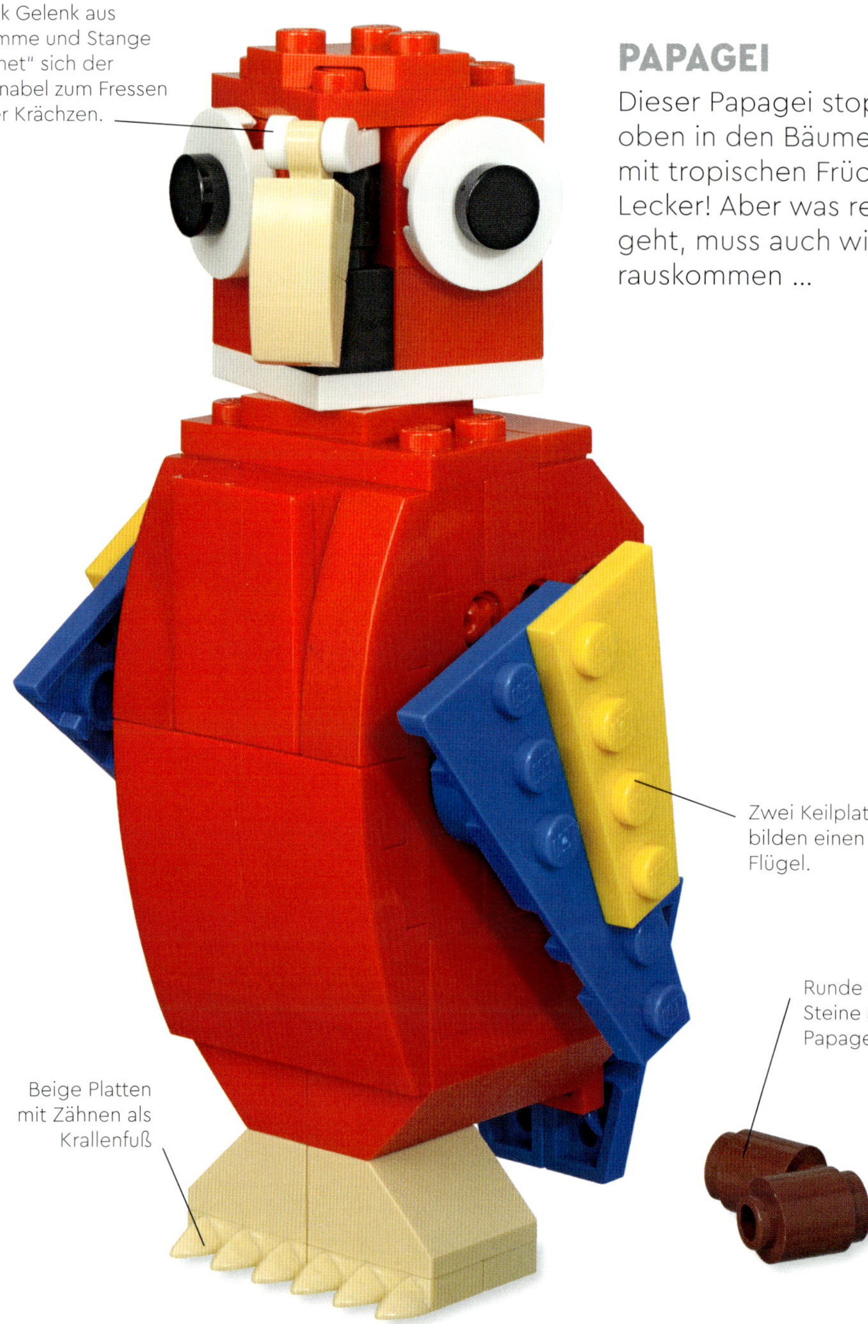

PAPAGEI

Dieser Papagei stopft sic oben in den Bäumen vol mit tropischen Früchten. Lecker! Aber was rein-geht, muss auch wieder rauskommen ...

LEBEN IM REGENWALD

Baue für deine Expedition Regenwaldbewohner. Werden deine Tiere gemeinsam für die Rettung des Regenwaldes demonstrieren? Was, wenn ein winziges Insekt die saftigste Frucht geklaut hat, während sich eine Papageienbande und eine Affengang darum streiten? Wenn du lieber eine lebens-echte Szene bauen willst, recherchierst du Regenwald-bewohner im Internet und baust ein genaues Modell.

VON HINTEN

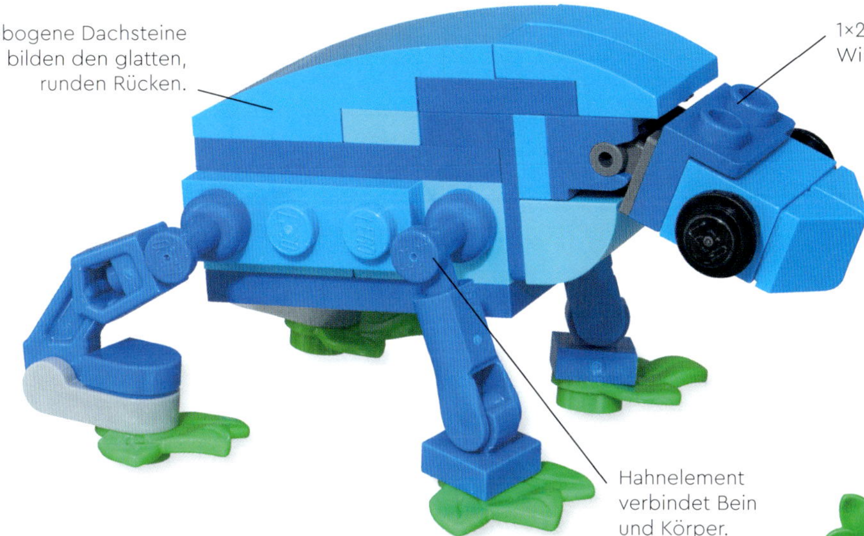

VERÄNDERN

Baue deinen Tausendfüßer in eine Schlange um! Lass dazu einfach Füße und Fühler weg. Befestige vorn ein Möhrenoberteil und schon hast du eine gespaltene Zunge!

VON UNTEN

GIFTIGER BAUMFROSCH

„Friss mich nicht – ich bin giftig!" Dieser bunte Frosch sendet ein Warnsignal, ohne je zu quaken. Baue Giftfrösche in Rot, Gelb, Grün und Gold. Je bunter, desto besser!

SCHIMMELIGE BLÄTTER? FAULENDES HOLZ? LECKER!

TAUSENDFÜSSER

Auf dem Waldboden ist Essenszeit für den Tausendfüßer. Faulende Pflanzen frisst er am liebsten. Gib ihm doch kleine braune LEGO Blätter zu fressen.

ORCHIDEE

An dieser beliebten Pflanze hat jede Blüte drei Blätter aus runden Eckplatten. Die braune Platte ist ein Zweig oder ein Stück Regenwaldboden, da Orchideen auf vielen Oberflächen wachsen können.

VON HINTEN

BAUIDEE

Auftrag: Verändere eine Szene passend zur jeweiligen Jahreszeit.
Zweck: Natur erkunden
Ausstattung: Pflanzen, Zaun, Baum, Baumhaus
Extras: Sportgeräte, Schnee, festliche Deko, Tiere

VIER JAHRESZEITEN

Ein Garten, vier Jahreszeiten – da verändert sich vieles! Dem Jahreslauf zu folgen fühlt sich wie ein großes Abenteuer an. Verändere die Details an einem Lieblingsmodell, um jede Jahreszeit zu veranschaulichen. Blumenkästen, Entchen, Teiche, fallende Blätter und Schneebälle erzählen die Geschichte eines Jahres.

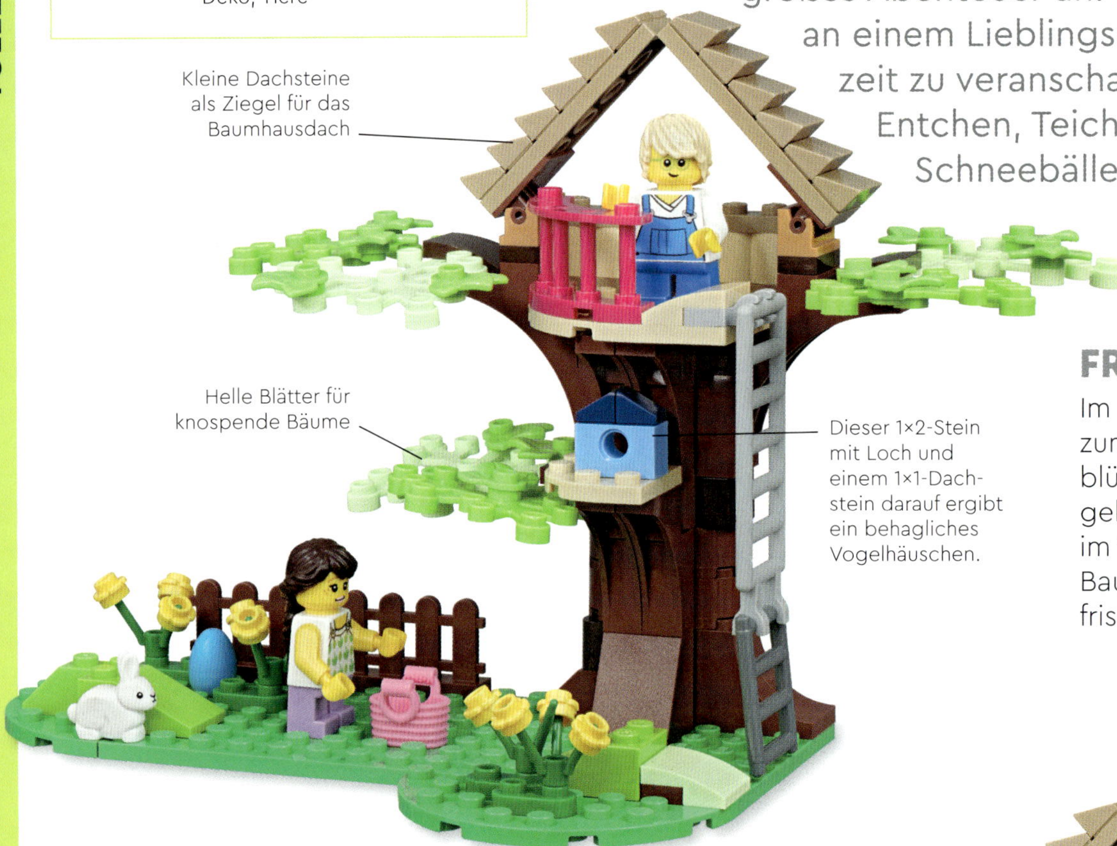

Kleine Dachsteine als Ziegel für das Baumhausdach

Helle Blätter für knospende Bäume

Dieser 1×2-Stein mit Loch und einem 1×1-Dachstein darauf ergibt ein behagliches Vogelhäuschen.

FRÜHLING

Im Frühling erwacht der Garten zum Leben. Gelbe Narzissen blühen, Häschenbabys werden geboren. Und bestimmt sind im Vogelhäuschen unter dem Baumhaus auch Vogelküken frisch geschlüpft.

SOMMER

Zeit für ein Sommerpicknick – für Tennis ist es zu heiß! Die Blätter sind nun dunkler und bieten guten Schatten. Sitzt da unter dem Baumhaus nicht eins der ausgewachsenen Küken?

Decke aus 1×1-Kacheln

SEITENANSICHT

Tausche hellgrüne Elemente gegen dunkelgrüne aus.

Leiterende klappt dank Klemmen auf.

Dunkelgrüne Platten als satte Sommerwiese

AUSBAUEN

Baue dein Baumhaus, wie es in einer anderen Jahreszeit oder nach Jahren, Jahrzehnten oder Jahrhunderten aussieht. Wie ändern sich Design und Deko?

HERBST

Der Herbst verwandelt alles in Gold und Braun. Spinnen tauchen auf, Pilze sprießen, Blätter fallen. Sie auszutauschen ist harte Arbeit, aber der Spaß an Halloween naht.

WINTER

Der Winterbaum ist kahl, überall liegt Schnee, und vom Baumhaus hängen Eiszapfen herab. Verhindere, dass deine Minifiguren den Schneemann allein lassen und reingehen. Aufwärmen geht auch mit einer Schneeballschlacht!

DIESER GARTEN MACHT DAS GANZE JAHR SPAß!

BAUMHAUSDACH

Ein Baumhaus braucht das ganze Jahr ein stabiles Dach! Beide Seiten des Spitzdaches werden von 1×2-Scharniersteinen und 2×2-Scharnierplatten in einem Winkel gehalten.

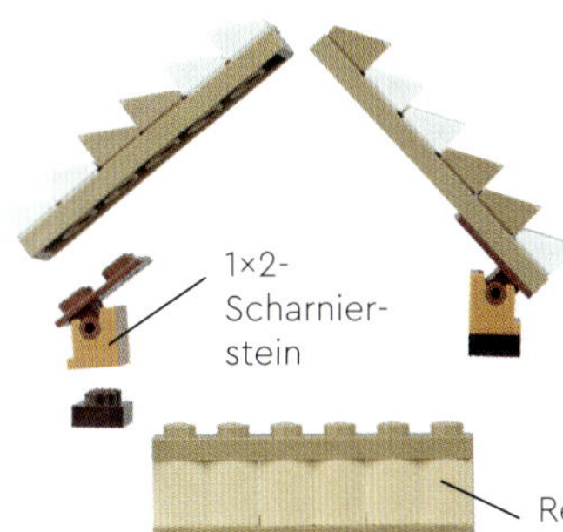

HEXENHAUS

Dieses skurrile Häuschen steht so tief im Wald, dass sich Baumwurzeln um seine Wände winden. Kannst du Häuser für andere Fantasy- oder Märchenfiguren bauen? Ein Vampir hätte gern ein Haus ohne Fenster und ein Werwolf eine Wohnung über einer Metzgerei. Oder baue ein neues Haus für Rapunzel, damit sie nicht für immer in ihrem Turm schmachten muss.

BAUIDEE

Auftrag:	Baue ein verhextes Haus.
Zweck:	Ein Zuhause für eine Märchenfigur
Ausstattung:	Tür, Fenster, Dach, magische Details
Extras:	Ranken, Garten, Falltür

HEIMELIGES HEIM

Mit dem hutförmigen Dach und den Gitterfenstern wirkt dieses Haus heimelig. Aber Vorsicht – die verwinkelten Stufen sind bemoost und schlüpfrig! Und wieso liegen Knochen am Weg?

VERÄNDERN

Baue erst die Basis des Hauses und füge dann Details für die jeweiligen Bewohner hinzu. Eine Elfe möchte vielleicht ein bunteres Hutdach, eine Fee etwas Glitzer!

VON VORN

HUT AB!

Zwei runde 2×2-Steine zwischen den einzelnen Lagen des Hutes halten ihn zusammen und zentrieren die Teile. Der runde Stein auf der 6×8-Platte stabilisiert die Platten und Dachsteine darüber.

REGENBOGENBUS

Dieser bunte Schulbus fährt auf dem Regenbogen. Dort gibt es natürlich eine LEGO Schule, wo die Schüler lernen, immer bessere Modelle zu bauen. Du könntest deinen Bus auch länger als diesen bauen, mit mehr Farben, Sitzen und Inneneinrichtung.

BAUIDEE

Auftrag:	Baue ein einzigartiges Fahrzeug.
Zweck:	Fahrten zur und von der Schule
Ausstattung:	Räder, Sitze, Lenkrad
Extras:	Stockbetten, Küche, abnehmbares Dach

FRÖHLICHE FAHRTEN

Trotz seines besonderen Farbschemas bietet dieser Bus alles für sichere und bequeme Fahrten. Er hat bewegliche Seitenspiegel, große Fenster, klobige Räder und ein ausklappbares „Bus hält!"-Schild.

Beim Thema Regenbogen benötigst du viele bunte Elemente.

1×1×3-Steine als Fensterrahmen

2×2-Kachel als ausklappbares Stoppschild

VON HINTEN

Kotflügel brauchen genügend Abstand zu den Reifen, damit der Bus wirklich rollt.

SEITENANSICHT

SCHULAUSFLUG

Du brauchst eine Pause vom Unterricht? Dieser Bus ist auch ein Ferienhaus auf Rädern. Baue also noch Betten, ein Waschbecken und eine Küche ein. Und ein abnehmbares Dach lässt die Sonne herein.

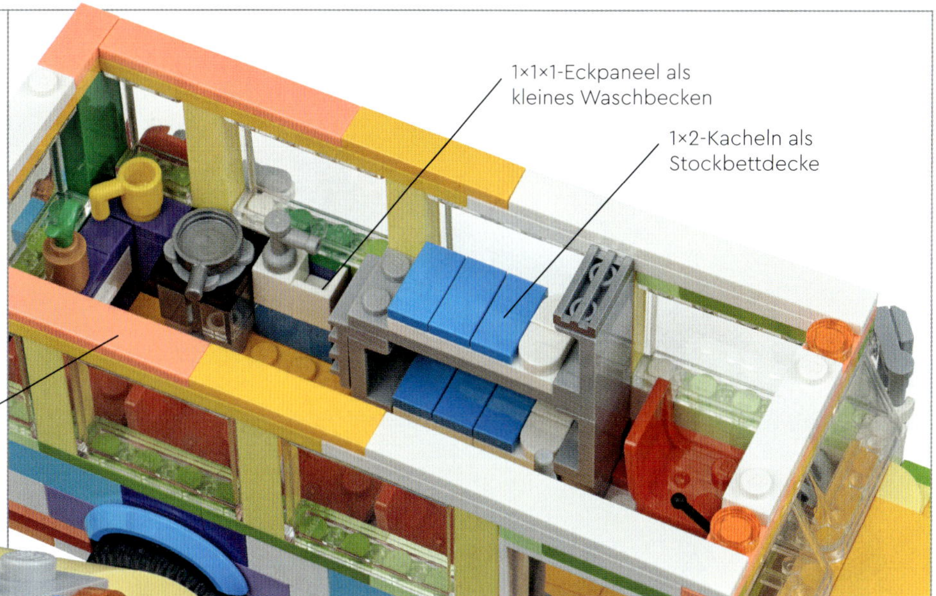

1×1×1-Eckpaneel als kleines Waschbecken

1×2-Kacheln als Stockbettdecke

Dank der Kacheln oben auf dem Bus lässt sich das Dach leicht abnehmen.

BAUTIPP

Die meisten LEGO Fahrzeuge werden vom Fahrgestell nach oben gebaut. Erst ganz zuletzt solltest du die Räder anbauen – sonst könnte dein Fahrzeug davonrollen!

2×2-Gleitplatten als Scheinwerfer

Transparente Tür öffnet sich nach außen.

DIESER BUS BASIERT AUF EINER IDEE VON LEGO FAN EMMETT L.

DAS BAUTEAM

ICH BAUE GERN FÜR DICH!
TIM GODDARD
BARNEY MAIN
MARIANN ASANUMA
ROD GILLIES
JASON BRISCOE
ICH ZEIG DIR, WIE'S GEHT!
JESSICA FARRELL
NATE DIAS

MARIANN ASANUMA

Was ist dein liebstes LEGO® Element?

Mein liebstes LEGO® Element ist sicher der 1×1-„Käsedachstein". Er ist so vielseitig und nützlich für viele Dinge – für Kurven eines Autos, als Detail eines Mosaiks oder als Teil eines Mikromodells.

STECKBRIEF

Wohnt in:
Salt Lake City, USA
Beruf:
LEGO Künstlerin
LEGO Spezialgebiete:
Mosaike, Architekturmodelle

Ein Blumenstrauß von Mariann, mit einer Vase aus transparenten Platten und Steinen

Was war das schwierigste Modell, das du je gebaut hast?

Keine leichte Frage, weil ich im LEGOLAND® Kalifornien fünf Jahre lang an so vielen Modellen gearbeitet habe. Das Schwierigste, das ich je gebaut habe, war wohl eine 1,5 m hohe Kathedrale aus 50 000 LEGO Elementen.

Woher kommen deine Ideen für das LEGO Bauen?

Einfach von überall her – aus Büchern, Filmen, Träumen. Lass dich von deiner Umgebung inspirieren. Geniale Designs und interessante Details gibt es auch in den kleinsten Dingen – schau genau hin, dann wirst du sie finden.

Baust du nach Plan?

Kommt darauf an, was ich baue. Bei echten Sachen recherchiere ich – meist hole ich mir aus dem Internet Bilder des Tiers, Menschen oder Bauwerks aus möglichst vielen Blickwinkeln. Bei Modellen aus meiner Fantasie mache ich manchmal Skizzen von meiner Idee.

MARIANNS LUNCHBOX
(SEITE 118–119)

Hast du einen Top-Tipp für LEGO Baumeister?

Üben, üben, üben! Wenn du eine LEGO Künstlerin wie ich werden willst, baust du am besten so viel wie möglich. So erlernst du viele unterschiedliche Bautechniken.

STECKBRIEF

Wohnt in:
Großbritannien
Beruf:
Elektroingenieur
LEGO Spezialgebiete:
Weltall, düstere Zukunftsvisionen

JASON BRISCOE

Was gefällt dir am besten am LEGO Bauen?

Ich probiere gern aus, wie sich Elemente neu verwenden und mit anderen Elementen verbinden lassen. Wenn ich ein Modell fertiggebaut habe, dann habe ich das echt tolle Gefühl, etwas Einzigartiges auf der Welt geschaffen zu haben.

Hast du einen Top-Tipp für LEGO Baumeister?

Die Leute sagen oft zu mir: „So was könnte ich nie bauen!" Doch, das könnt ihr! Mein Tipp: Experimentiere, spiele mit den Elementen. Schau dir auch die Modelle von anderen an – welche Steine haben sie verwendet und wie? Du lernst eine Menge, wenn du tolle Modelle studierst.

Baust du nach Plan?

Nein! Ich habe eine vage Vorstellung von dem, was ich bauen will, weiß aber nie, wie ich vorgehen werde. Beim Bauen probiere ich alle möglichen Ideen und Techniken aus, und dabei kommen mir neue Ideen.

Dieses Modell von Jason ist in einem unüblichen Maßstab gebaut. Die Feuerwehrmänner sind etwas größer als im Miniland in den LEGOLAND® Parks, genauso wie die Feuerwehr.

Was ist deine liebste Bautechnik?

Ich baue sehr gern mit Steinseiten und Kacheln glatte Oberflächen. Manche mögen LEGO Noppen an ihren Modellen, aber mir ist es lieber, wenn man nicht sofort merkt, dass meine Modelle aus LEGO Elementen sind!

Wenn du ein neues Set entwerfen dürftest, was wäre das?

Ich baue echt gern Raumschiffe, aber zum Thema Weltall gibt es schon eine Menge Sets und Fanideen … Cool fände ich eine Tram oder einen Raddampfer im großen Maßstab!

JASONS ZEITMASCHINE (SEITE 94)

NATE DIAS

Was war das schwierigste Modell, das du je gebaut hast?

Für das Finale der LEGO® Masters TV-Show habe ich einen lebensgroßen Mann gebaut, samt seinem Büro und seinem „inneren Kind" (unten rechts). Zusammen mit meinem Partner in der Show, meinem Freund Steve. Es war echt schwierig, weil das Modell so groß war und wir einen ganz engen Zeitrahmen hatten.

STECKBRIEF

Wohnt in:
Großbritannien
Beruf:
Physiklehrer
LEGO Spezialgebiete:
Tiere und Menschen

Was ist dein liebstes LEGO® Element?

Das klingt jetzt vielleicht langweilig: die 1×2-Platte! Sie ist das kleinste Element, mit dem du etwas mit Tiefe bauen kannst, und mit ganz vielen solcher Platten kannst du jeden „2×"-Stein ersetzen.

Baust du nach Plan?

Das kommt ganz auf das Projekt an. Manchmal mache ich von dem Modell eine Skizze auf Papier, manchmal entwerfe ich es am Computer. Oft sitze ich einfach mit einem großen Haufen LEGO Elementen da und sehe, was mir dazu einfällt.

Was gefällt dir am besten am LEGO Bauen?

Ich mag es, dass du alles auf der Welt (oder im Kopf) mit ein paar kleinen Plastikteilen bauen kannst. Alles, was dir einfällt, kannst du bauen!

NATES SUPERHELDIN, DIE LILA ZWINKIE (SEITE 124)

Nates Siegermodell für die allererste Ausgabe der britischen LEGO® Masters TV-Show (2017)

Was baust du gerade?

Fast lebensgroße LEGO Haustiere auf der Basis von Tierelementen im LEGO Minifiguren-Maßstab, aber viel größer. Ich hoffe, ich kann alle zusammen in LEGO Shows als eine Art LEGO Tierheim präsentieren.

STECKBRIEF

Wohnt in:
Irland
Beruf:
LEGO Künstlerin
LEGO Spezialgebiete:
Architektur, Kunst, organische Formen

JESSICA FARRELL

Erinnerst du dich noch an dein allererstes LEGO Set?

Ja, es war ein Basis-Bauset mit der Nummer 135. Meine Mutter hat es mir geschenkt, als ich vier war. Es gab keine Anleitung, nur Ideen auf der Box. Erst war ich frustriert, weil meine Modelle immer umfielen. Aber mit der Zeit wurde ich immer besser. Ich habe das Set noch immer, in der Originalbox.

Baust du nach Plan?

Wenn ich ein neues Modell baue, entwerfe ich selten Details auf Papier oder am Computer. Vielmehr stelle ich mir Formen, Farben und Verbindungen vor. Jede Menge Bilder und mathematische Berechnungen gehen mir durch den Kopf. Manchmal hab ich das Gefühl, das Modell ist schon fertig, bevor ich zu bauen anfange!

„Achtung, Drachen!" ist eines von Jessicas Lieblingsmodellen wegen seines lebendigen Farbschemas und des schäumenden Wassers.

Welches deiner Modelle in diesem Buch magst du am liebsten?

Die alte Burg (Seite 70–71), aber ich mag auch den Feengarten (Seite 164–165). Alte Architektur interessiert mich wirklich, wie die Burg zeigt, aber ich liebe auch die Natur und baue sehr gern erfundene Pflanzen.

Wie oft baust du?

Dinge aus LEGO Elementen zu schaffen ist meine Arbeit und mein Hobby, und daher baue ich fast jeden Tag! Allerdings geht's nicht nur ums Bauen: Ich verbringe auch viel Zeit damit, meine Steine zu ordnen und nach dem Bauen aufzuräumen ...

Hast du einen Top-Tipp für LEGO Baumeister?

Das ist ein Tipp, den ich von einem guten Freund bekam, einem LEGO Setdesigner: Wenn du auf ein neues oder interessantes LEGO Element stößt, tüftle damit herum und verbinde es mit allen möglichen anderen Teilen. Und dann stellst du dir neue Verwendungsmöglichkeiten für das Element vor.

JESSICAS ALTE BURG (SEITE 70–71)

ROD GILLIES

STECKBRIEF

Wohnt in:
Schottland
Beruf:
Vermarkter und Erfinder
LEGO Spezialgebiete:
Retro- und Mikromodelle

Welches deiner Modelle in diesem Buch magst du am liebsten?

Meine Mikrowahrzeichen – insbesondere die Sydney Harbour Bridge und die Oper (ganz unten). Ich liebe Mikromodelle, aber auch hier liegt der Teufel im Detail. Ich habe diese Wahrzeichen immer wieder umgebaut, demontiert und vereinfacht, bis sie endlich stimmten.

tlantica – **Rods U-Boot im Retrostil** nach en Werken des Autors Jules Verne

Wie alt warst du, als du mit LEGO Steinen zu bauen anfingst?

Ich begann damit, als ich sieben oder acht war, dann hörte ich als Teenager und in meinen Zwanzigern auf, wie viele Leute. Meine Liebe zum Bauen ist zurück, seit ich selber Kinder habe – sie lieben LEGO, wenn auch wohl nicht ganz so wie ich.

Was machst du, wenn ein Modell nicht nach Plan funktioniert?

Ich lege es beiseite und baue etwas anderes. Schließlich kommt mir eine neue Idee und dann denke ich an die Technik, die ich benötige, oder daran, wie das Modell funktionieren könnte, und baue weiter. Wichtig ist, dich nicht frustrieren zu lassen. Von der Inspiration bis zur Fertigstellung läuft es nicht immer glatt!

Was gefällt dir am besten am LEGO Bauen?

Mir gefällt es, dass ich für so viele Themen ein so kreatives Medium habe. Und dass ich diese kreative Vielfalt mit einer sympathischen Fan-Community im Internet teilen kann.

Wenn du ein neues Set entwerfen dürftest, was wäre das?

Ein großformatiges Set des U-Boots *Nautilus* aus Jules Vernes Roman *20.000 Meilen unter dem Meer*, einem meiner liebsten Bücher und Filme. Vielleicht kriege ich eines Tages die Chance, aber das wäre ein anspruchsvolles Projekt – im Minifigurenmaßstab wäre es 1,8 m lang!

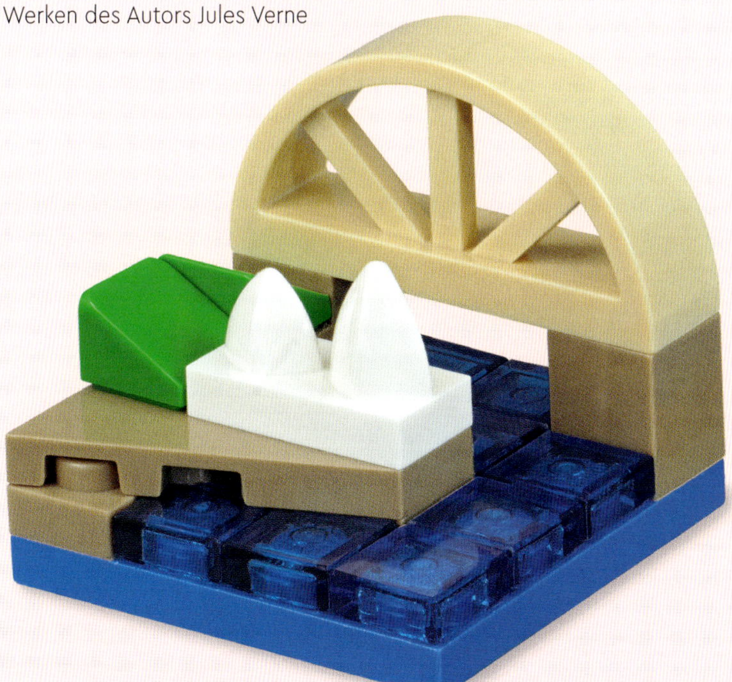

RODS SYDNEY HARBOUR BRIDGE
(SEITE 54–55)

STECKBRIEF

Wohnt in:
Großbritannien
Beruf:
Manager eines Labors für analytische Chemie
LEGO Spezialgebiete:
Roboter, Raumschiffe, alles Futuristische

TIM GODDARD

Welches deiner Modelle in diesem Buch magst du am liebsten?

Ich mag das galaktische Fitnessstudio (S. 78–79), das erste Modell, das ich für dieses Buch gebaut habe. Dieser aufregende Mix aus einem echten Sportcenter auf der Erde und Aliensportlern hat so viele lustige Details: den funktionierenden Getränkeautomaten, die Dusche und jede Menge Fitnessgeräte für Aliens.

Was ist dein liebstes LEGO Element?

Im Moment ist es der Barren. Ursprünglich gab es dieses Element nur in Gold als Goldbarren, aber heute ist es in allen Farben erhältlich. Damit kannst du interessante Wände, Fußböden oder Dachziegel bauen. Auch für futuristische Merkmale von Robotern und Raumschiffen eignet es sich gut, besonders in Weiß und Grau.

Woher kommen deine Ideen für das LEGO Bauen?

Ideen kriege ich von überallher. Manchmal inspiriert mich ein neues Teil dazu, etwas zu bauen, oder ein Film, ein Kunstbuch oder ein Computerspiel regt meine Fantasie an.

TEAL (Technical Engineer Assistant Labourer), einer von Tims tollen Weltallrobotern

Was machst du, wenn ein Modell nicht nach Plan funktioniert?

Ganz einfach: Ich nehme das Detail weg, das nicht funktioniert, und probiere etwas anderes! Das ist ja das Tolle am LEGO Bauen – was dir nicht gefällt, baust du ganz leicht ab oder um. Bauen ist immer ein praktisches Herumprobieren.

Was baust du gerade?

Einen Weltraumrover mit sechs Rädern! Er wird vorne einen Wohnbereich und hinten eine Landeplattform für Raumschiffe haben. Ich brauche noch ein paar Wochen. Wenn mir zwischendrin nicht gefällt, wie etwas aussieht, höre ich für ein paar Tage auf, bis mir eine neue Idee kommt. Dann fange ich wieder an zu bauen.

DUSCHENDER ALIEN IN TIMS GALAKTISCHEM FITNESSSTUDIO (SEITE 80)

BARNEY MAIN

STECKBRIEF

Wohnt in:
Großbritannien
Beruf:
Konstrukteur
LEGO Spezialgebiete:
Ferngesteuerte Kampfroboter

Welches deiner Modelle in diesem Buch magst du am liebsten?

Den Heißluftballon auf Seite 61. Ich habe ein ähnliches Modell für das erste LEGO Ideen-Buch (2012) gebaut und seither viele Modelle gesehen, die davon inspiriert waren. Die neue Version ist etwas kleiner und gleicht eher einer Glühbirne, hat aber mehr Abenteuer-Details.

Ein geschäftiges Cowboy-Bergwerk von Barney

Wenn du eine Minifigur wärst, welches deiner Modelle in diesem Buch würdest du am liebsten ausprobieren?

Es macht so viel Spaß, mit dem Juroren-Mechanismus in der TV-Talentshow (Seite 50–51) zu spielen. Ich würde bestimmt die Fische abkriegen!

Erinnerst du dich noch an dein allererstes LEGO Set?

Das Piraten-Set Schatzüberraschung (Set 1747, erschienen 1996) – eine kleine Insel mit einem Piraten und einem Felsen mit einem Schatz darin. Es ist einfach, aber wunderbar!

Was machst du, wenn ein Modell nicht nach Plan funktioniert?

Ich nehme es nicht auseinander! Es ist praktisch, halbfertige Modelle zu haben, die sich zu etwas Neuem mixen lassen. Der Zauberstab links war von einem anderen Modell übrig, passt aber viel besser zur Mittelalterband.

BARNEYS MITTELALTERBAND
(SEITE 74–75)

Was baust du gerade?

Seit ein paar Jahren baue ich an einem lebensgroßen römischen Gladiatorroboter. Ich weiß nicht, ob er je fertig wird! Er lässt sich mit Motoren und Elektronik bewegen, aber der Hals verhakt sich immer wieder und knirscht.

STEINARTEN

Du weißt bestimmt, dass es viele Arten von LEGO® Elementen gibt. Aber weißt du auch, wie sie heißen? Es kann nützlich sein, mehr über die LEGO Elemente in deiner Sammlung zu erfahren, aber du brauchst nicht all diese Teile hier für tolle Modelle. Kreativ sein kannst du auch mit den Elementen, die du hast.

Achtung! Erstickungsgefahr. Kleinteile. Nicht für Kinder unter 3 Jahren geeignet.

0-3

MASSEINHEITEN

Die Größe eines LEGO® Elements wird von der Anzahl seiner Noppen definiert. Ein Stein, der zwei Noppen breit und drei Noppen lang ist, heißt 2×3-Stein. Bei größeren Teilen wird zusätzlich auch die Höhe in Standardsteinen angegeben.

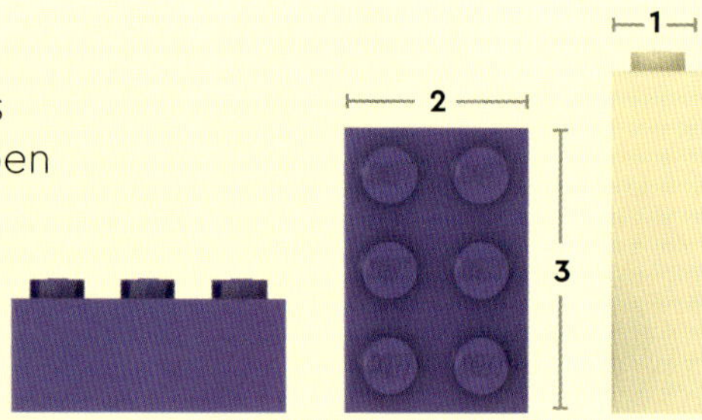

2×3-Stein (Seitenansicht)

2×3-Stein (von oben)

1×1×3-Stein

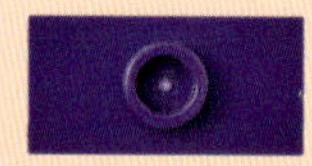

1×2-Steckerplatte

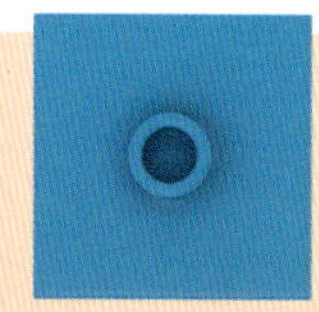

2×2-Steckerplatte

STECKERPLATTEN

Diese Platten haben nur eine Noppe in der Mitte, aber die gleichen Maße wie Standardplatten. Steckerplattennoppen stecken zwischen den normalen LEGO Noppen. Damit lassen sich Dinge in deinem Modell zentrieren.

STEINE

Steine, das entscheidende Grundelement von LEGO, sind die Basis der meisten Modelle. Es gibt sie in vielen Formen, Größen und Farben.

2×2×3-Stein

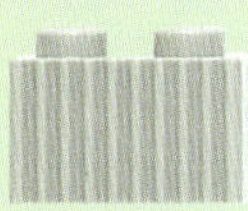

1×2-Riffelstein

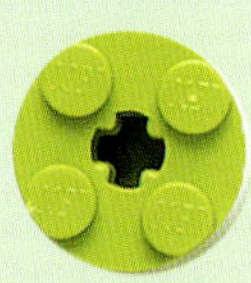

Runder 2×2-Stein

2×2-Eckstein

1×2-Strukturstein

KACHELN

Kacheln haben unten Röhren, aber oben keine Noppen. Sie bilden in Modellen glatte Oberflächen, und bedruckte Platten können interessante Details beisteuern.

Bedruckte runde 1×1-Kachel

2×2-Kachel

Runde 2×2-Kachel

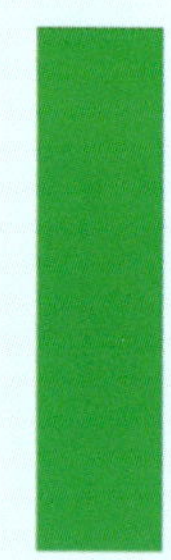

1×4-Kachel

PLATTEN

Platten ähneln Steinen. Sie haben oben Noppen und unten Röhren, doch Platten sind dünner. Drei gestapelte Platten haben die gleiche Höhe wie ein Standardstein.

Runde 4×4-Eckplatte

Drei 1×2-Platten

1×2-Stein

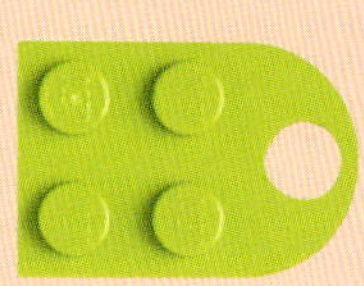

Gebogene 2×3-Platte mit Loch

AUF DER WELT GIBT ES LEGO ELEMENTE IN ÜBER 150 FARBTÖNEN.

SEITENNOPPEN

Willst du in andere Richtungen bauen, nimmst du Elemente mit Noppen an mehr als einer Seite. Mit solchen Teilen kannst du aufwärts wie seitwärts bauen.

1×4/1×2-Winkelplatte

1×1-Stein mit einer Seitennoppe

1×1-Lampenstein

1×1-Stein mit vier Seitennoppen

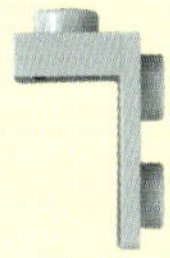

1×2/2×2-Winkelplatte (Seitenansicht)

DACHSTEINE

Dachsteine haben schräge Winkel. Es gibt sie in vielen Größen, und sie können auch gebogen oder umgekehrt sein.

2×1-Dachstein

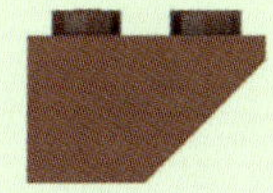

Umgekehrter 2×1-Dachstein

Gebogener 3×1-Dachstein

KLEMMEN

Elemente mit Klemmen werden an Elementen mit Stangen befestigt.

1×2-Platte mit Klemme

1×1-Platte mit Klemme

1×2-Platte mit zwei Klemmen

1×1-Kachel mit Klemme

2×3-Kachel mit zwei Klemmen

7×3-Leiter mit zwei Klemmen

SCHARNIERE

Mittels Scharnierelementen werden deine Bauwerke beweglich. Mit Scharnierplatten und Scharniersteinen können sich deine Modelle hin und her oder auf und ab bewegen.

1×4-Scharnierplatte

1×2-Scharnierstein mit 2×2-Scharnierplatte

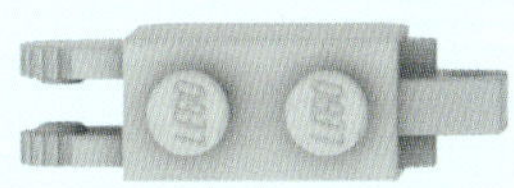

1×2-Klemmscharnierstein (von oben)

1×2-Scharnierstein mit 1×2-Scharnierplatte (von oben)

STANGEN

Diese langen, dünnen Elemente passen genau in die Hand einer Minifigur. Zusammen mit Klemmen können sie deine Modelle auch beweglich machen.

1×1-Platte mit Stange

1×2-Platte mit Stange

Stange mit Stopper

GELENKE

Platten und Steine mit Gelenkkugeln und -pfannen bilden flexible, bewegliche Verbindungen an deinen Modellen.

1×2-Platte mit Gelenkkugel

1×2-Platte mit Gelenkpfanne

2×2-Stein mit zwei Gelenkkugeln

LEGO® TECHNIC

Diese vielseitigen Elemente erweitern die Funktionen deiner Modelle. Sie sind besonders geeignet für Modelle mit vielen beweglichen Teilen oder technischen Details.

Reibungspin

Achse

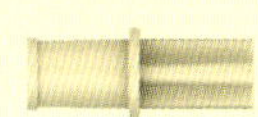

Achspin

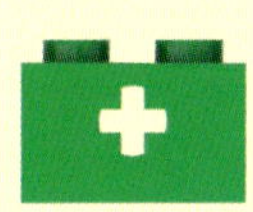

1×2-Stein mit Achsloch

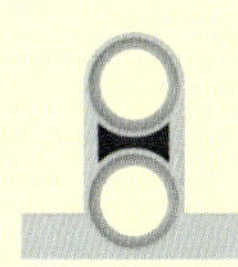

1×2×1⅔-Verbinderplatte mit zwei Löchern

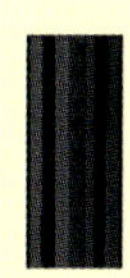

Achsverbinder

Achse mit Gelenkkugel

1×3-Träger

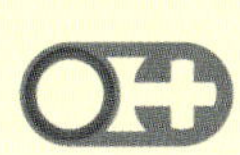

Achs- und Pinverbinder

Winkelachse und Pinverbinder

NÜTZLICHE ELEMENTE

Alle LEGO® Elemente sind hilfreich beim Bauen von Modellen, aber einige Teile sind besonders praktisch, wenn du etwas Spezielles baust, etwa ein Fahrzeug oder ein Tier. Hier sind diese nützlichen Teile nach der Art des Modells eingeteilt. Hast du welche in deiner Sammlung?

FAHRZEUGE

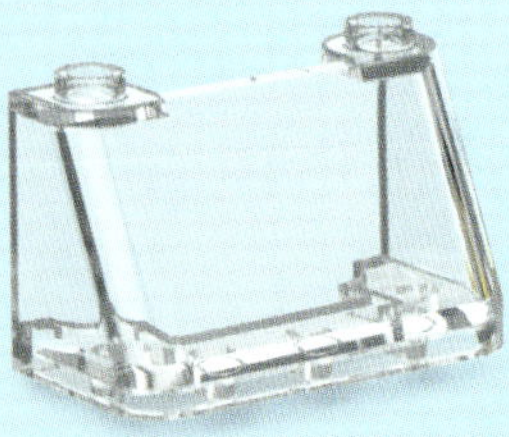

2×4×2-Windschutzscheibe

1×2-Lenkrad mit Ständer

Lenkstange

1×4×1⅔-Stoßstange

2×2-Drehscheibe

Wagenrad

Joystick

LEGO® Technic Achspin

Gebogener 2×2-Dachstein

Gebogener 1×4×1⅓-Dachstein

LEGO Technic Achse mit Rillen

Gebogener 4×4×⅔-Keil

Reifen mit Spikes

Kleiner Propeller mit drei Flügeln

TIERE

Mittelgroßes Horn

Kleines Horn

Winkelachs-verbinder

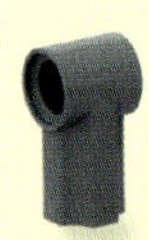

Abgewinkelter Achs- und Pinverbinder

Bedruckte LEGO Technic Kugel

Bedruckte runde 1×1-Kachel

1×2-Platte mit drei Zähnen

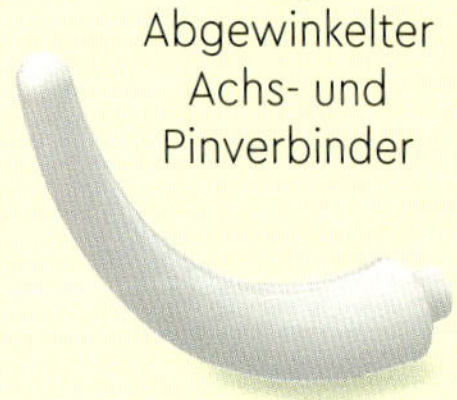

Dinosaurier-Schwanzende

Einhornhorn

1×1-Platte mit vertikalem Zahn

1×1-Dachstein

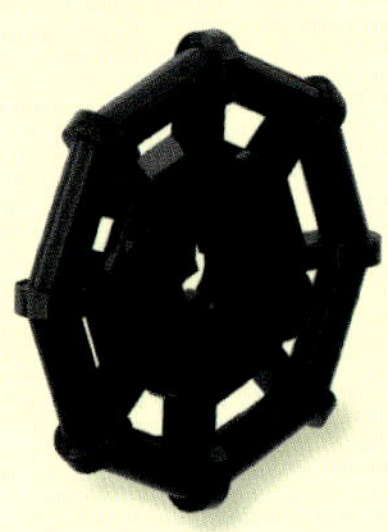

Runde 2×2-Platte mit achteckiger Stange

1×1-Platte mit horizontalem Zahn

2×2-Stein mit Klemmscharnier-finger

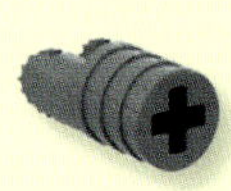

Klemmscharnier-zylinder mit Achsloch

Abgerundete 1×2-Platte

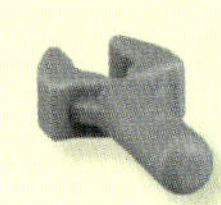

Mechanische Klaue

BAUWERKE

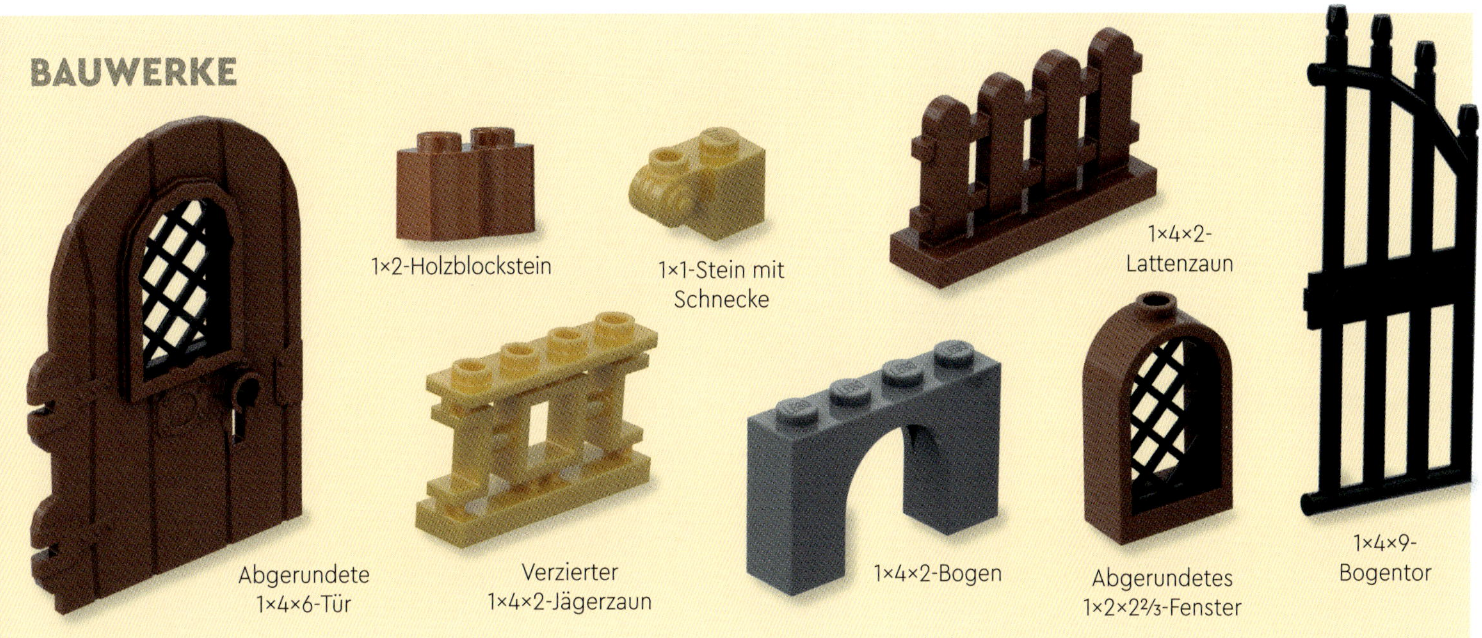

Abgerundete 1×4×6-Tür

1×2-Holzblockstein

1×1-Stein mit Schnecke

Verzierter 1×4×2-Jägerzaun

1×4×2-Bogen

1×4×2-Lattenzaun

Abgerundetes 1×2×2⅔-Fenster

1×4×9-Bogentor

PFLANZEN UND BÄUME

2×2×4-Dornbusch

Palmenspitze

Schwertblättrige 6×5-Pflanze

Seetang

Runder 2×2-Riffelstein

1×5×4-Bogen

Pflanzenstängel mit drei Blättern

Eisbecher mit vier Kugeln

Geringelter Pflanzenstängel

Runde 1×1-Platte mit drei Blättern

Blütenstängel mit sechs Stielen

Koralle

DEKO

Wehende 4×1-Flagge

Peitsche

Runde 1×1-Platte mit Blütenblättern

Runde 2×2-Kachel

Feder

Runde 1×1-Platte mit Schnecke

1×1-Juwel

Papagei

Glühbirne mit Stange

Runde 2×2-Platte mit Zahnkranz

Skistock

VON DER IDEE ZUM LEGO® MODELL

In den letzten Jahrzehnten haben die begabten Designer und Designerinnen der LEGO Gruppe im dänischen Billund Tausende von LEGO® Sets entworfen. Aber was inspiriert sie zu ihren Ideen? Hier erfährst du von zwei LEGO Designern, wie aus ihren Einfällen die großartigen Modelle werden, mit denen du spielst!

Lauren Cullen King, Chefgrafikdesignerin

George Gilliatt, Designer

Wie kamst du zum LEGO® Design-Team?

Lauren: Nach dem Studium in den USA blieb ich mit vielen Professoren in Kontakt. Dann mailte mir einer einen Link zu einer Anzeige für einen Grafikdesignerjob bei der LEGO Gruppe in den sozialen Medien. Ich ergriff die Chance, bewarb mich – und hier bin ich nun!

George: Während meines Studiums zum Produkt-Designer machte ich ein Praktikum bei der LEGO Gruppe. Ich begann beim Creative Play Lab mit dem Design neuer LEGO Elemente und Spielerlebnisse und machte dann ein zweites Praktikum im Creator-3-in-1-Team. Danach ging ich wieder an die Uni und machte meinen Abschluss als Designer, bevor mir ein Job als LEGO Produkt-Designer angeboten wurde.

Was ist das Beste an deinem Job? Und das Schlimmste? Warum?

Lauren: Das Beste ist die Zusammenarbeit mit tollen, kreativen Menschen aus der ganzen Welt. Und was mich persönlich auch motiviert: dass ich jeden Tag zeichnen darf. Was mir am meisten schwerfällt: dass ich so weit entfernt von meinen Freunden und meiner Familie in den USA lebe. Zum Glück bleiben wir übers Telefon und durch die sozialen Medien in Kontakt.

George: Für mich ist das Beste an meinem Job das Feedback auf die Produkte, die ich mitentworfen habe, und dass Fans jeden Alters von ihnen inspiriert werden. Hoffentlich werden die LEGO Produkte von heute die Baumeister von morgen inspirieren. Und ich hoffe, dass so etwas wie das LEGO® Creator Spaceshuttle-Abenteuer (Set 31117) Kinder davon träumen lässt, einmal Astronauten zu werden!

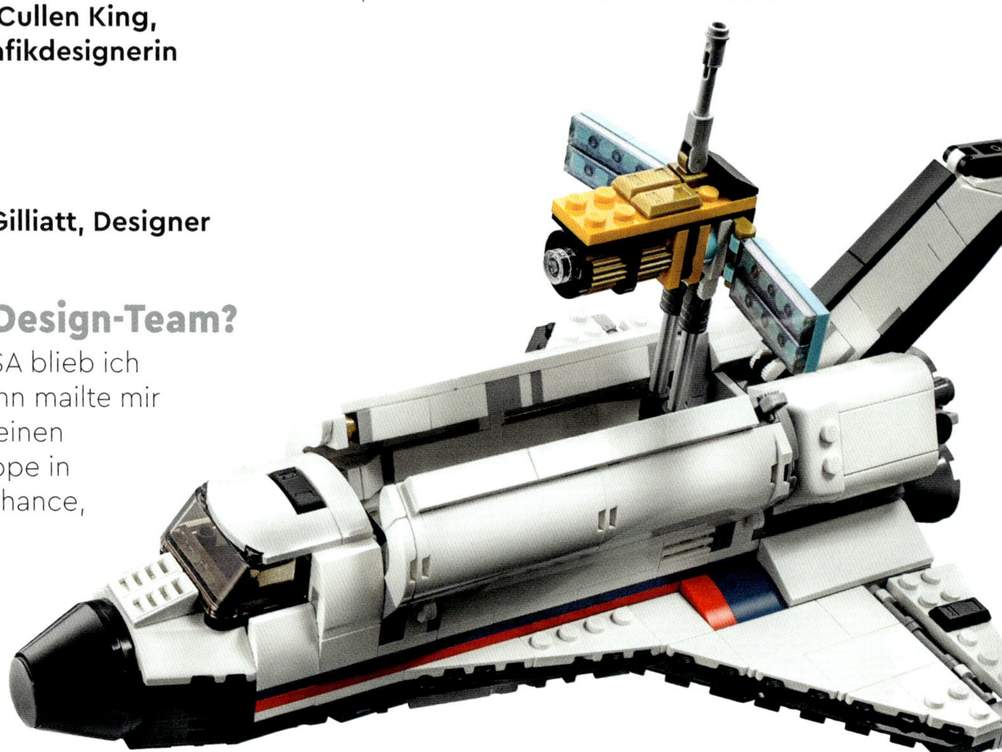

LEGO CREATOR SPACESHUTTLE-ABENTEUER

LEGO BIONICLE™ KOPAKA

Vann hast du angefangen, nit LEGO Elementen zu bauen?

eorge: Mein allererstes LEGO Set war der LEGO® IONICLE™ Kopaka (Set 8536) von 2001. Seitdem abe ich nie aufgehört, mit Konstruktionsspielzeug u spielen!

Georges UFO-Pyramide, mit der er es als Teenager 2011 bis ins Viertelfinale eines Bauwettbewerbs schaffte

Gibt es ein Lieblingsmodell, das du us LEGO Elementen gebaut hast, evor du Designer wurdest?

eorge: Mit 13 begann ich, an Online-Bauwett- ewerben teilzunehmen (mit Erlaubnis meiner Eltern), ei denen einige der weltbesten LEGO Designer ihr önnen bewiesen. Mein Lieblingsmodell war eine ombination von zwei LEGO Themen: LEGO® Alien onquest und LEGO® Pharaoh's Quest. Ich baute ine riesige Ufo-Pyramide! Dieses Modell war für nich etwas ganz Besonderes, da ich auf dem ild zu sehen war, das ich im Internet postete – nd da wurde es allen Wettbewerbsteilnehmern auter Erwachsenen!) klar, dass sie gegen einen eenager antraten! Und mir wurde bewusst, dass u alles schaffen kannst, egal wie alt du bist, wenn u dich dafür engagierst und hart arbeitest.

Was war das erste Modell, dass du designt oder mitdesignt hast? Was hast du daraus für das Bauen von Sets gelernt?

Lauren: Mein erstes Set war das LEGO® Junior Einfamilienhaus (Set 10686). Die meisten Minifiguren-Dekoteile, die ich designte, gibt es noch heute in anderen Sets!

George: Das erste LEGO Produkt, das ich mitentwickelt habe, war das LEGO Hausboot (Set 31093), designt von Gemma Anderson. Gemma hat mir so viel über das Design eines offiziellen LEGO Produkts beigebracht, und es hat mir so viel Spaß gemacht, mir Alternativen auszudenken und herauszufinden, wie man starke, baubare Modelle umsetzt.

LEGO JUNIOR EINFAMILIENHAUS

LEGO HAUSBOOT

Wie viele Menschen sind nötig, um eine Idee in ein LEGO Set umzusetzen?

George: Eine ganze Menge begabter Menschen! Neben einer Designerin, einem Designer oder mehreren Designern des Sets ist eine Grafikdesignerin wie Lauren beteiligt, wenn das Produkt irgendwelche Dekoelemente hat. Projektmanager und Projektleiter achten darauf, dass Produkte termingerecht und im Etatrahmen produziert werden. Dazu kommen noch Verpackungsdesigner, Marketingleute und natürlich die Leute, die die Fabriken leiten, welche alle LEGO Elemente produzieren. Eine echte Teamleistung!

Woher kommen die Ideen für LEGO Sets?

George: Von überallher. Manchmal bekommen wir von unseren Vorgesetzten einen Auftrag, manchmal liefern uns Fans Anregungen und hin und wieder haben wir einfach selbst eine coole Idee!

Inspirieren euch manchmal auch von Fans gebaute Modelle?

Lauren: Ja, unsere engagierten und kreativen Fans entwickeln so tolle, inspirierende Modelle! Ich suche gern nach den kleinen Details, die Fans bemerken. Manchmal entdecken sie etwas, das mir vielleicht entgangen ist.

Werden LEGO Fans jemals am LEGO Set-Design beteiligt? Testen sie beispielsweise neue Entwürfe?

George: Jedes neue LEGO Set wird von den allerbesten Fans überhaupt getestet – den Kindern! Wir geben die Modelle stets in die Hände der Kinder, denn am Ende sind sie meist diejenigen, die die Sets bauen und mit ihnen spielen. Und immer entdecken sie etwas zum Verbessern, das uns Erwachsenen entgeht.

Lauren: Auf der Website von LEGO® Ideen können Fan Setideen einstellen. Wenn sie 10.000 anderen Fans gefallen und von LEGO Juroren angenommen werden setzen wir mit den Fandesignern ihre Konzepte um!

önnt ihr uns den Prozess der Imwandlung einer Idee in ein EGO Set beschreiben?

eorge: Am Anfang stelle ich selbst gründliche echerchen für ein neues LEGO Set an, das ich auen will. Als ich zum Beispiel das Set LEGO reator Majestätischer Tiger (Set 31129) entwarf, chaute ich mir eine Menge Videos von Tigern an nd recherchierte, wo und wie sie leben. Als ächstes baue ich ein Konzeptmodell, um mir rob vorstellen zu können, wie das Modell aussehen vird. Dann wird das Modell über mehrere Monate erbessert, bis es seine endgültige Form erreicht hat.

Velchen Schwierigkeiten begegnest lu bei diesem Prozess?

eorge: Manchmal ist es knifflig, eine Form mit EGO Elementen nachzubauen, oder Dinge fallen useinander, weil sie nicht stabil genug sind. Meist at jemand anderes das gleiche Problem wie du und arum hilft es immer, darüber zu sprechen und um lilfe zu bitten. So können wir zusammen als Team ine Lösung erarbeiten.

Müssen sich LEGO Designer an viele Bauregeln halten?

Lauren: Als Grafikdesignerin bei der LEGO Gruppe muss ich mich beim Design von Charakteren, Deko und Stickern an jede Menge LEGO Richtlinien und Regeln halten. Natürlich müssen auch Produktions-, Qualitäts- und Sicherheitsstandards beachtet werden.

George: Ja! Wir müssen dafür sorgen, dass jedes LEGO Set unserem Markenethos und den Fähigkeiten der Baumeister bestimmter Sets oder Themen entspricht. LEGO Sets können über Generationen weitergegeben werden und darum müssen wir dafür sorgen, dass sie langlebig, sicher und die besten Produkte sind, die es gibt.

Welche Tipps habt ihr für angehende Entwickler von LEGO Sets?

George: Bauen, abbauen, neu bauen ... Als Kind habe ich am liebsten meine Sets in so viele Dinge wie möglich umgebaut. Die natürlichen Grenzen beim Bauen mit einer beschränkten Auswahl an Elementen regen die Kreativität an und zwingen dich, die Steine und Elemente auf ungewöhnliche Weise zu verwenden. Stell dich der Herausforderung, etwas völlig Neues zu kreieren!

LEGO CREATOR 3-IN-1 MAJESTÄTISCHER TIGER

DK | Penguin Random House

Lektorat Tori Kosara, Beth Davies, Paula Regan, Mark Searle
Gestaltung und Bildredaktion Anna Formanek, Jo Connor
Umschlaggestaltung Mark Penfound
Herstellung Siu Yin Chan, Lloyd Robertson
Fotos Gary Ombler

Producing Plum Jam
Lektorat Hannah Dolan
Gestaltung und Bildredaktion Guy Harvey

Modelle Jessica Farrell, Tim Goddard, Jason Briscoe, Rod Gillies, Barney Main, Mariann Asanuma, Nate Dias
Regenbogenbus nach einem Design von Emmett L., gebaut von Jessica Farrell

Der DK Verlag und Plum Jam danken:
Randi Sørensen, Heidi K. Jensen, Lydia Barram, Paul Hansford, Amy Jarashow, Martin Leighton Lindhart und Nina Koopman von der LEGO Gruppe, Victoria Taylor für zusätzliche Texte und Unterstützung des Lektorats sowie Lisa Robb, Karan Chaudhary, Tom Bletso und James McKeag für Unterstützung bei der Gestaltung.

Für die deutsche Ausgabe:
Projektbetreuung Sebastian Twardokus
Herstellungskoordination Claudia Rode
Herstellung Claudia Bürgers

Titel der englischen Originalausgabe:
The LEGO Ideas Book New Edition

Manufactured by Dorling Kindersley,
20 Vauxhall Bridge Road
London, SW1V 2SA
under licence from the LEGO Group.

Übersetzung Dr. Michael Schmidt
Lektorat Tanja Schröpfer

ISBN 978-3-8310-4572-3
5902-321878-22577-05

Druck und Bindung Leo Paper Products, China

FSC MIX Papier | Fördert gute Waldnutzung FSC® C018179

www.dk-verlag.de